이너힐링 INNER HEALING

특별히_____님께
이 소중한 책을 드립니다.

★★★★★
내적치유
핸드북!!
★★★★★

하늘처럼.. 바다처럼..

이너힐링
INNER HEALING

우광성 지음

나침반

프롤로그

건너고… 넘어서… 나가자

영국에서 태어난 셰익스피어는 영국 사람만이 아니고 전 세계적으로 인정받는 최고의 극작가이지만, 영국 사람들이 셰익스피어 다음으로 좋아하는 소설가가 오스카 와일드이다. 그가 쓴 『행복한 왕자』, 『나이팅게일과 장미』 같은 소설들은 우리에게도 많이 친숙하지만, 그가 의도적으로 쓴 『지옥단편』이라는 소설에는 특별한 이야기가 있다.

각색해서 설명한다면, 예수께서 많은 사람의 병을 고치시고 삶을 변화시키는 은혜를 베푸셨는데, 하루는 그들이 어떻게 사는지 궁금해지셨다. 그들을 찾아 나선 길에 처음 만난 사람은 알코올 중독자였다. 예수께서 물으셨다.

"어떻게 하다가 이렇게 주정뱅이가 되었소?"

그러자 그는 대답했다.

"나는 원래 절름발이에다 거지였소. 그때는 손만 내밀면 얻어먹을 수가 있었지요. 그런데 당신이 나를 고쳐주어서 두 발이 다 성하고 보니 아무도 나를 도와주지 않았지요. 직장 구하기도 힘들고, 나에게 일을 주는 사람도 없고, 홧김에 날마다 술을 먹다 보니 지금은 술주정뱅이가 됐지요."

그 다음에 만난 사람은 추하게 늙은 창녀였다. 어디선가 본 듯해서 어떻게 이렇듯 비참해졌느냐고 예수께서 물으셨다.

그녀는 대답했다.

"나는 본래 창녀였어요. 그런데 당신을 만나서 새사람이 되었지요. 하지만 막상 새사람이 되고 보니까 아무도 내게 눈길도 주지 않고, 세상사는 재미도 없고, 너무도 외롭고 따분해서 다시 옛날의 재미를 따라 살다 보니 이렇게 늙었지요."

세 번째 사람은 동네에서 소문난 불량배였다. 그가 말했다.

"나는 본래 소경이었어요. 그런데 당신이 제 눈을 뜨게 해주셨지요. 그때는 너무도 감사했지요. 하지만 막상 눈을 뜨고 보니 세상이 어떻게나 더러운지, 못된 놈들도 많고, 부조리한 것도 많이 보았지요. 그래서 화를 참지 못하고 살다 보니 그만 깡패가 됐습니다."

이것이 모든 치유의 한계이다. 치유가 되었다고 해서 인간의 모든 문제가 해결되는 것이 아니란 뜻이다. 치유(healing)란 상하거나 망가지기 전의 본래 상태로 회복시킨다는 뜻이지, 치유 자체가 보람이나 행복 혹은 성숙에 이르는 지름길은 아니다. 그저 상한 것을 고친 것이고, 이제 본래의 상태로 돌아간 본전이라는 뜻이다. 그래서 질병을 치료하고 병원을 나선다고 해서 '고생 끝 행복 시작'이라고 생각하면 오산이다. 인생의 또 다른 문제들이 기다리고 있기 때문이다.

그래서 성경에서는 치유 자체가 목적인 경우는 거의 없다. 항상 치유의 강을 건너고 성공의 산을 넘어서 사명의 바다에까지 나가라고 권면한다. 그 사명의 바다에는 인생을 걸만한 가치도 있고, 눈물을 상쇄하는 보람도 있고, 존재 자체의 기쁨도 있기 때문이다. 하지만 바로 이러한 이유 때문에 이너힐링에 대한 이해가 서로 나뉘게 된다.

첫째는, '이너힐링'도 치유의 범주에 포함되어 있고, 치유 사역은 그 자체를 최종 목표로 삼을 수가 없기 때문에 별로 중요하지 않다고 생각하는 경향이다. 그래서 이너힐링에 대해 아무런 관심도 갖지 않는 시각이다. 이러한 관점은 앞서 오스카 와일드가 지적했듯이, 건강을 회복했다고 해서 인생의 모든 문제가 끝난 것이 아니라는 생각과도 비슷하다. 즉 치유보다 더 중요한 사역이 있다고 믿기 때문에 이너힐링을 중요하게 생각하지 않게 되는 것이다.

둘째는, 좀 더 부정적인 태도로서 이너힐링을 심리학에 기초를 둔 세상적 방법이라는 시각이다. 즉 천하보다 소중한 영혼의 문제를 세상적 심리학으로 해결하려는 시도로 이해가 되기 때문에 이너힐링 사역에 대해 오히려 부담을 느낄 수 있다. 하지만 이러한 시각은 이너힐링에 대한 무지나 오해 때문에 생기는 것이다. 이너힐링은 일반 심리학이 해결할 수 없는 뿌리 깊은 죄의 문제나 영혼의 치유를 통해 하나님과의 친밀감을 이루는 데 까지 나아갈 수 있기 때문이다.

셋째는, 인생에서 치유보다 더 중요한 사역이나 목표들이 있지만, 그 목표에 도달하기 위한 근본적 조건 중의 하나로서의 이너힐링을 생각하는 경향이다.

예를 들면 높은 건물을 세우려면 기초 자체가 튼튼해야 하는 것과 같다. 그래서 이너힐링 사역을 인생이나 사명 혹은 행복한 삶이라는 높은 빌딩을 세우는 기초공사로 이해하는 것이다.

'밑 빠진 독에 물 붓기'라는 속담처럼 성격이나 인생관 혹은 습관이나 사고방식 등 인생의 기초가 되는 부분, 즉 뿌리 자체가 잘못되어 있으면 아무리 노력해도 변화시킬 수 없는 한계에 이르기 때문에 어쩔 수 없이 기초를 돌아보는 이너힐링 사역에 관심을 갖게 되는 것이다. 그래서 이너힐링 자체는 목표가 아니지만, 제자도의 한 과정으로서 이너힐링을 적용하기도 하고, 그러는 과정에서 아무리 노력해도 변화가 되지 않던 사람들이 이너힐링 사역을 통해 진정으로 회심하고 거듭났다는 간증들도 많은 것이 사실이다.

넷째는, 창조주 하나님에 대한 믿음, 성경에 대한 신뢰 그리고 양을 돌보아야 하는 목자의 차원에서 이너힐링을 생각하는 것이다. 즉 라이선스가 있는 정신과 의사나 훈련받은 전문 상담원들은 질병이나 당면한 문제로부터의 해방을 치유의 목표로 삼는다. 하지만 이너힐링의 또 다른 관점은 단순한 치유나 행복 혹은 제자훈련의 차원을 넘어 그보다 훨씬 높은 차원인 하나님의 형상회복 즉 그리스도를 닮아 가는 장성한 분량에까지 이르는 전 과정으로 이해를 하는 것이다.

오늘날, 인간을 주제로 다루는 학문적인 분야가 매우 다양하지만 그들이 공통적으로 가지고 있는 견해는 과거의 사건이나 경험이 오늘의 나를 형성한다는 것이다. 프로이드로부터 시작된 정신분석학이나 심리학, 교육학, 특히 발달 심리학 등은 말할 것도 없이 유년기의 환경과 교육이 각 사람의 삶에 매우 심각한 영향을 줄 수 있다는 점에 주목하고 있다.

여기에서 말하는 심각한 영향이란 그 사람의 본질적인 자아에 끼칠 수 있는 영향력으로서, 예를 들면 그 사람의 인격, 개성, 성격, 인생관, 가치관, 직업, 종교, 양심, 삶의 태도, 죄, 습관, 무의식 등의 형성에 끼치는 영향력을 의미한다. 물론 누구든지 정상적인 환경과 교육을 통한 성숙한 삶을 원하지만 그렇지 못한 경우가 의외로 많이 있고, 오히려 많은 사람들은 과거의 상처로 인해 이미 부정적으로 고착된 자기 이미지나 성격 혹은 삶의 태도와 습관 속에서 갈등을 느낄 수밖에 없는 것이 현실이다.

이 책은 바로 이 점에 주목하고 있다. 태어나면서부터 온갖 상처와 아픔에 노출되어온 우리의 삶을 객관적으로 돌아보고, 그 후유증으로 나타나는 삶의 모든 부정적 모습들을 치유하기 원하지만, 단순한 치유를 넘어 그리스도 안에서의 진정한 자유와 보람, 그리고 자신의 삶에 대한 근본적 감사와 대만족을 가져오는 성숙한 삶을 기대하는 것이다.

끝으로, 다른 사람들에게 절대로 말할 수 없는 상처를 가졌던 사람들, 아무도 없는 곳에서 숨죽이며 흐느껴 울던 사람들, 반항으로 얼룩져서 모든 것을 부정하며 밤거리를 방황했던 사람들, 거절할 수 없는 상처로 가슴에 멍이 든 사람들, 너무 아파서 신음조차 낼 수 없었던 사람들, 자신의 존재 자체에 자부심을 가질 수 없었던 사람들, 그런데 주님 앞에 와서 엉엉 울고, 주님이 내 마음을 만지셨다고, 그래서 자신의 삶이 새로워졌다고 고백할 이름 모를 모든 분들에게 친밀감을 느끼며 이 책을 바친다.

- 우광성

차례

프롤로그 ⋯ 5

제1장 이너힐링에 눈뜬 이야기

1-1 이너힐링이 중요한 이유 ⋯ 19
1-2 이너힐링이란 무엇인가 ⋯ 24
1-3 상처의 통로 ⋯ 29
1-4 이너힐링이 과연 필요한가 ⋯ 34
1-5 뒤틀린 자기인식 ⋯ 39
1-6 역린 이야기 ⋯ 44
1-7 동양에 역린이 있다면 서양엔 아킬레스가 있다 ⋯ 47
1-8 그게 뭐 그렇게 심한 말이라고? ⋯ 51

제2장 이너힐링의 심리학적 기초

2-1 이너힐링과 일반 심리치료의 차이 ⋯ 57
2-2 이너힐링과 전인건강 ⋯ 62
2-3 프로이드와 이너힐링 ⋯ 66
2-4 프로이드의 정신분석 ⋯ 70
2-5 마이클 스캘런과 내적치유 ⋯ 74
2-6 에릭 번의 교류 분석 ⋯ 77
2-7 찰스 휫필드의 성인아이 ⋯ 83
2-8 브루스 탐슨의 다림줄 ⋯ 87
2-9 하워드 클라인벨의 목회 심리치료 ⋯ 93

제 3 장 무의식의 비극

3-1　프로이드와 무의식 … 99
3-2　고정관념의 비극 … 103
3-3　무의식으로 학습된 삶의 스타일 … 108
3-4　칼 융의 집단 무의식 … 112
3-5　집단 무의식의 노예 … 117
3-6　무의식과 선입관 … 122

제 4 장 양의 탈을 쓴 가정과 성인아이

4-1　가정의 순기능 … 129
4-2　양의 탈을 쓴 이리 … 134
4-3　무서운 아버지와 성인아이 … 138
4-4　성인아이와 쓰라린 눈물 … 142
4-5　성인아이의 분노 … 146
4-6　성인아이의 완벽주의 … 149
4-7　성인아이와 충동욕구 … 152
4-8　성인아이와 중독 … 155
4-9　성인아이와 우상 … 160
4-10　성인아이와 대물림 … 166
4-11　성인아이와 무의식 … 170

제5장 학대를 먹고 자라난 성인아이

5-1 인격의 학대와 성인아이 … 177
5-2 성인아이와 희생양 … 181
5-3 멍해지는 순간 … 184
5-4 언어의 폭력과 성인아이 … 188
5-5 과잉보호와 정서적 학대 … 192

제6장 성인아이의 치유

6-1 성인아이와 방어기제 … 199
6-2 성인아이 치유와 거룩한 각성 … 203
6-3 성인아이 치유를 위한 슬픔 드러내기 … 207
6-4 성인아이 치유를 위한 나눔의 중요성 … 211
6-5 성인아이의 치유와 용서 … 215

제7장 스스로 참담한 분노의 포로

7-1 내면적인 아픔과 분노 … 221
7-2 분노의 노예 … 226
7-3 분노의 특징 … 230
7-4 내면적인 아픔과 분노의 후유증 … 234
7-5 진주조개에서 미꾸라지로 … 238
7-6 분노처리는 이렇게 … 242

제8장 영적 배설물의 하수처리장인 용서

8-1 왜 용서를 해야 하는가? … 249
8-2 용서하지 못하는 마음은 사탄의 요새 … 254
8-3 용서는 예수님의 라이프 스타일 … 258
8-4 용서에 대한 통찰력 … 262
8-5 용서의 적-무지 … 267
8-6 용서가 진짜 안 된다면 … 271
8-7 정말로 용서하기 원한다면 … 275

제9장 눈물과 치유

9-1 눈물의 신비와 치유 … 281
9-2 용서의 눈물 … 285
9-3 영화 보고 울은 이야기 … 291
9-4 요셉과 덕수의 눈물 … 295

제10장 아무도 모르는 내면의 아픔

10-1 내면적인 아픔 … 301
10-2 내면적인 아픔과 상실감 … 305
10-3 내면적인 아픔과 슬픔 … 309
10-4 내면적인 아픔과 죄책감 … 313
10-5 내면적인 아픔과 두려움 … 317
10-6 내면적인 아픔과 불신감 … 321
10-7 내면적인 아픔과 우울증 … 325
10-8 내면적인 아픔과 정신질환의 시작 … 329

제 11 장 내면의 아픔 씻어내기

11-1 관심과 배려를 통한 내면의 치유 … 335
11-2 복음을 통한 내면의 치유 … 339
11-3 자기 상처에 눈뜨기 … 343
11-4 내면적 상처 치료의 방해물 … 347
11-5 장례식을 통한 내면적 아픔의 치료 … 351

제 12 장 이너힐링의 기본 원리

12-1 상처에 대한 거룩한 각성 … 357
12-2 배우는 것이 약 … 363
12-3 아픔(Grieving)을 드러냄 … 367
12-4 용서를 통한 치유와 해방 … 374
12-5 회심의 심리학적 도전 … 379
12-6 지속적인 양육 … 385
12-7 치유 인도자를 위한 12가지 주의 사항 … 388

에필로그 … 395

제 1 장

이너힐링에 눈뜬 이야기

1-1
이너힐링이 중요한 이유

프로이드로부터 시작된 정신분석학이나 심리학, 교육학, 상담학과 같이 인간의 성품이나 인격 혹은 인간 자체의 문제를 다루는 모든 분야의 전문가들이 말하는 일치된 견해 중의 하나는 유년기의 환경이나 교육 혹은 과거의 사건이나 경험이 각 사람의 삶에 매우 심각한 영향을 준다는 것이다.

여기에서 말하는 심각한 영향이란 그 사람의 본질적인 자아에 끼칠 수 있는 영향력을 말한다. 예를 들면 그 사람의 인격, 개성, 성격, 인생관, 가치관, 직업, 양심의 정도, 삶의 태도, 죄, 습관, 무의식을 비롯해서 삶 자체에 치명적인 영향을 줄 수 있는 모든 요소를 의미한다. 물론 누구든지 정상적인 교육과 좋은 환경 속에서 자라기를 원하지만 그렇지 못한 경우가 의외로 많이 있고, 오히려 많은 사람들은 부정적으로 고착된 자기 이미지나 성격 혹은 삶의 태도와 습관 속에서 평생 갈등하며 살게 된다.

필자가 내적치유(Inner Healing)의 중요성에 눈뜨게 된 것은 미국에서 이중문화 가정을 섬겼던 나의 목회 현장 때문이었다. 지금은 떠나왔지만 내가 하와이에서 섬겼던 교회는 한국에서 말하는 국제결혼, 즉 한국에서 미군과 결혼을 한 후 미국으로 이주해온 여성들이 중심이 된 교회였다.

행복을 위해서 혹은 삶의 돌파구로 국제결혼을 했지만 문화와 전통이 다른 사람들이 만나서 가정을 이루는 것은 결코 쉬운 일은 아니었다. 더군다나 당시에 미군들과 결혼한 한국 여성들은 대부분 학력도 그리 높은 편이 아니었다. 부부지간의 대화도 가장 기본적인 것에 불과했다. 영어가 그리 능통하지 못했기 때문이다. 부부 사이만 그런 것이 아니라 부모 자녀 간에도 마음에 있는 깊은 대화들은 애초에 안 되는 가정들도 많았다.

문제는 가정에서만의 문제가 아니고 교회에서도 크고 작은 갈등들이 그치지를 않았는데, 문제의 대부분은 인간관계의 문제였다. 아무것도 아닌 일 같은데 이상하게 상처를 받는 일들이 많고, 그냥 말로 해결할 수 있는 큰 문제가 아님에도 불구하고 감정적으로 표현하는 일이 많아졌다.

"나를 뭘로 보는 거야? 나를 무시하는 것이 아니냐? 네가 잘났으면 얼마나 잘났어?"라는 피해의식 혹은 열등의식의 문제였다.

또 다른 문제는 아무리 은혜를 받아도 삶이 변화되는 분들이 좀처럼 나타나지를 않았다. 부흥회를 하거나 아니면 찬양을 부르면서 뜨거운 눈물을 흘려도, 돌아서서 감정적으로 한번 폭발하게 되면 이전에 받은 은혜가 모두 사라지고 본래의 모습이 나타나는 것이었다.

이런 일들이 반복되면서 내가 알게 된 것은, 그들의 문제는 지금 현재 현실로 나타나는 피해의식이나 열등의식이 아니라, 그러한 성격으로 고착될 수밖에 없었던 과거의 어떤 상처라는 것이었다.

물론 모두가 그런 것은 아니지만, 그중 어떤 분들은 어린 시절에 성적인 폭행을 당한 분들도 있었고, 몇몇 분들은 근친상간의 아픔들도 있었다. 결손 가정이라고 볼 수밖에 없는 환경에서 자란 분들도 많았고, 무엇보다 지독한 가난속에서 자란 사람들이 많았다. 말하자면 정상적인 가정이 아니라 역기능 가정에서 자란 분들이 너무도 많이 있었던 것이다.

그리고 그들의 상처들은 대부분 상상 이상의 비통한 상처들이 었는데, 이렇게 치료되지 못한 어린 시절의 상처가 부정적 성격으로 고착이 되었던 것이다. 상처가 지나치게 부어올라 예민해 질대로 예민한 상태이다 보니까 작은 말 한마디에도 또다시 아픔을 느끼게 되고, 그때마다 교회는 몸살을 앓게 되는 일이 반복되는 것이었다.

여기에서 한 가지 중요한 것은, 이미 어린 시절부터 곪아온 상처들이 치유되어지지 못한 상태이기 때문에, 이미 활동이 끝난 사화산이 아니라 지금도 그 마음에서 부글부글 끓고 있지만 언제나 다시 폭발할 가능성을 가진 휴화산이라는 점이다. 그래서 별 의미없이 던진 사소한 말이 작은 불씨가 되어서 일단 뇌관에 불이 붙게 되면 그동안 쌓아 놓았던 분노들이 한꺼번에 폭발하게 된다. 그래서 실수로, 즉 작은 말 한마디로 자존심을 긁은 것뿐인데, 돌아오는 것은 최초에 상처를 주었던 사람에게나 쏟아 부을만한 엄청난 양의 분노가 쏟아지니까 결국 회복하기 어려운 상태에까지 이르게 되는 것이다.

그래서 교회를 부흥시키고자 하는 노력을 포기하고, 그들로 하여금 자신의 상처가 무엇인지 이해할 수 있도록 돕기 시작했다. 어릴 때의 상처가 성격에 어떤 영향을 미치는지, 그 후유증이 무엇인지, 또한 문제가 많음에도 불구하고 하나님께서 우리를 얼마나 사랑하시는지를 설명하기 시작했다. 그리고 그 사랑을 정말 느낄 수 있도록 하는 것을 목회의 첫 과제로 꼽았다. 당연히 그들의 태도가 바뀌고 교회는 은혜롭게 변해가기 시작했다.

여기에서 아주 중요한 것은, 이중문화 가정만 내적치유(이너힐링)가 필요한 게 아니라는 것이다.

하와이를 떠나 남가주로 목회지를 옮겼는데, 이번에는 이중문화 가정들이 모인 교회가 아니고 그저 평범한 한인 이민 1세대로 형성되어 있는 전형적인 이민교회였다. 하지만 겉으로 드러나는 양상만 다를 뿐 내용은 마찬가지였다. 왜냐하면 상처 없는 가정이 없고 상처 없이 자라난 사람은 없기 때문이다.

성경에서는 이러한 관점을 보다 명확하게 설명하고 있다.

"너희는 하나님의 은혜에 이르지 못하는 자가 없도록 하고 또 쓴 뿌리가 나서 괴롭게 하여 많은 사람이 이로 말미암아 더럽게 되지 않게 하며 음행하는 자와 혹 한 그릇 음식을 위하여 장자의 명분을 판 에서와 같이 망령된 자가 없도록 살피라"(히12:15-16).

위의 말씀은 인생의 지독한 상처로 이해되는 쓴뿌리의 악한 영향을 명확하게 밝히고 있다. 너무나 치명적인 마음의 상처를 방치하면, 인간은 괴롭게 되고, 더럽게 되며, 음행하게 되고, 망령된 자가 되고 더 나아가 하나님의 진정한 은혜에 이르지 못하는 불행한 인생이 될 수 있으니 그렇게 되지 않도록 살피라는 것이다.

그러므로 누구든지 직장이나 사업을 비롯하여 삶의 열매가 나타나지 않을 때, 혹은 목회의 열매가 나타나지 않을 때는 열매가 없다고 나무를 보고 한탄하기에 앞서서, 겉으로는 보이지 않지만 그 나무를 지탱하고 있는 삶의 뿌리, 즉 자신의 성품이나 인격의 기초가 건강한지를 먼저 살펴볼 일이고, 이러한 도움을 주기 위한 것이 곧 내적치유 사역인 것이다.

1-2
이너힐링이란 무엇인가

    이너힐링(Inner Healing : 내적치유)을 한 문장으로 설명하는 일은 쉽지 않다. 왜냐하면 내적치유 사역을 전문으로 하는 사람들이 각 나라마다 다른 모습으로 사역을 하고 있고, 또한 전문 사역자들 각자가 가지고 있는 신학적인 배경이나 입장에 따라 내적치유 사역의 이론과 실제가 서로 다르고 그 방법이 너무도 다양하기 때문이다.

    사용하는 용어도 물론 다르다. 한마디로 심층 심리학(Deep Psychology)과 비슷한 언어들이지만, 사람들에 따라서 깊은 내면의 치유, 상처의 치유, 어린 과거의 치유, 마음의 치유, 슬픈 기억의 치유, 상처 입은 감정의 치유, 성인아이의 치유, 내면으로부터의 치유, 목회 심리치료(Pastoral Psychotherapy) 등의 여러 가지 말로 표현이 된다.

그러므로 내적치유를 정의하는 일은 쉽지 않지만, 내적치유의 의미를 분명히 하기 위해 **내적치유가 아닌 것들**을 먼저 살펴보면 내적치유에 대한 이해가 비교적 쉬워진다.

첫째, 적극적 사고방식, 즉 Positive Thinking은 내적치유가 아니다. 내적치유는 물론 긍정적인 의미에서의 마음자세를 추구하지만, 적극적인 사고방식을 사용하도록 유도하는 것은 아니기 때문이다. 적극적 사고방식은 한때 미국의 수정교회를 담임했던 로버트 슐러 목사에 의해서 한국에 널리 퍼졌던 삶의 한 패턴이었다. 가능한 안 된다는 부정적인 생각을 버리고, 상황이 아무리 안 좋아 보여도 항상 가능성을 바라보는 태도를 의미한다.

여기에다 전능하신 하나님은 불가능이 없으시니 하나님을 전심으로 의지하고 적극적인 태도로 살아가는 것이 꿈을 이루는 성공자의 자세라는 것이다. 하지만 내적치유는 누군가의 꿈을 이루기 위해서 삶의 태도나 시각을 교정해 주는 사역이 아니다. 보다 더 근본적이고 광범위한 인간 실존의 내면을 다루기 때문이다.

둘째, 뉴에이지 운동도 아니다. 뉴에이지 운동이란 하나님과 전혀 관계가 없는 자연세계의 신비한 영성과 인간의 잠재력에 초점을 맞추어 인간 자체의 영성을 개발하려는 운동이기 때문이다. 그러므로 내적치유 사역은 하나님과 관계없는 인간의 영성을 다루는 뉴 에이지 혹은 자기 최면과는 전혀 관계가 없다.

셋째, 의학적인 정신 치료법, 즉 정신 병동에서 치료하는 정신과 의사의 치료도 내적치유가 아니다. 프로이드나 칼 융이 기초를 놓은 정신의학계의 산물들이 현대인들의 정신적 질환을 치유하는 데 지대한 공헌을 한 것은 명확한 사실이다.

또한 의학적인 정신치료법의 많은 성과들이 내적치유 사역을 설명하거나 내담자 스스로가 자기의 상처를 발견하는 일에는 큰 도움을 주지만 내적치유는 정신의학의 한계를 뛰어넘어 인간의 영적인 치유까지 감당하기 때문이다. 더욱 중요한 것은 일반 정신병동이 추구하는 치료의 목표는 객관적 사고방식이 가능한 정상인으로서의 기능 자체가 목표이지만 내적치유는 인생의 목표, 가치관, 세계관 더 나아가 영적 존재로서의 존엄성을 회복하는데까지 이를 수가 있기 때문이다.

넷째, '만병통치약'이 아니다. 내적치유를 통해서 자신의 삶을 치유하고, 죄의 충동을 이기며, 상한 감정의 후유증에서 해방되어, 자신의 인생을 완전히 새롭게 변화시킬 수는 있지만, 인간의 모든 문제를 내적치유만으로 해결할 수는 없기 때문이다.

그렇다면 내적치유란 과연 무엇인가?

우선 내적치유란 우리가 보통 마음이라고 일컫는 지적, 의지적, 감정적 영역들을 말하지만, 더 나아가서 정서, 심리, 혼, 영과 관련된 영역들도 포함된다. 즉 우리의 마음속에 있는 원망이나 한, 열등감이나 우울증, 죄책감, 두려움, 슬픔, 미움, 정죄, 소외감 등의 삶에 장애를 가지고 오는 모든 내면적 요소들을 치료하여 인간됨의 모든 갈등으로부터 해방되는 전인적인 치유를 의미한다.

대부분의 사람들은 자신이 생각하는 것보다 훨씬 더 아름다운 삶을 살아갈 수가 있다. 그러나 어디에서부터 어떻게 다시 시작해야 하는지를 모르기 때문에 그냥 세월만 보내는 사람들이 의외로 많은 것을 발견하게 된다. 자신이 원치 않는 각종 중독에 그냥 끌려가는 사람들도 많고, 파괴된 대인 관계를 회복하지 못한 채 불행하게 살아가는 사람들도 많다. 또한 무의식이나 고정관념 선입견의 포로가 되어 전혀 삶이 개선되지 않는 사람들도 많다.

어쩌면 그런 현상들은 자신이 경험했던 과거의 상처 때문일수 있다. 더 정확히 말하면 과거에 경험했던 부정적인 아픔으로 인해 자신의 자아가 부정적인 습관이나 성격 더 나아가 무의식속에 이미 고착됐기 때문일 수도 있다. 즉 문제가 다른 데 있는 것이 아니라 바로 나 자신일 수 있다는 말이다.

내적치유란 인간의 모든 문제를 해결하는 만병통치약은 아니지만, 인간에게 일어나는 많은 일들이 자기의 마음에서 비롯되기 때문에 자신의 자아, 즉 마음을 바로 세우면 삶이 바로 세워질 수 있다는 것을 전제로 한다.

예수님도 이러한 현상을 주목해 보셨다. 그래서 "어찌하여 형제의 눈 속에 있는 티는 보고 네 눈 속에 있는 들보는 깨닫지 못하느냐"(마 7:3)고 반문하셨다. 이 말씀에 의하면, 내 인생의 가장 큰 문제는 바로 나 자신이라는 것이고, 나를 돌아보려니 어쩔 수 없이 과거를 살펴보게 되는 것이다.

왜냐하면, 현재의 많은 갈등들은 우리의 자아와 깊은 관계가 있으며, 이 자아를 조절하는 우리의 의식이나 무의식 더 나아가 현재 내가 가지고 있는 습관이나 성격 자체가 모두 과거의 산물이기 때문이다.

이러한 통찰은 단순한 인간적 사고에서 나온 것은 아니다. 하나님께서도 이렇게 이야기하시기 때문이다.

"모든 지킬 만한 것 중에 더욱 네 마음을 지키라 생명의 근원이 이에서 남이니라"(잠 4:23).

즉 그것이 무엇이든지 간에 과거로부터 오는 모든 부정적인 후유증을 제거하여 마음을 지키고 마음을 바로 세우는 일이 무엇보다도 중요하다는 말씀인데, 이러한 모든 과정을 가능케 하는 또 하나의 중요한 도구도 바로 내적치유 사역인 것이다.

1-3

상처의 통로

어떠한 모습으로든지 '삶의 장애'가 나타나는 경우에는 내적치유가 필요하다. 여기에서 말하는 '삶의 장애'란 "나는 분명히 뭔가가 잘못되어 있다"고 느끼는 경우이다. 이렇게 느껴지는 중요한 이유 중의 한 가지는 자신의 삶에 열매들이 없기 때문이다. 성공이나 성취를 원하지만 전혀 근처에도 가보지 못하고, 행복을 원하지만 더욱 불행해지며, 하는 일마다 실패하게 되면 비로소 자기 자신을 돌아보기 때문이다.

또한 본인은 전혀 느끼지 못하고 있는데, 주변의 모든 사람들은 그가 얼마나 많이 꼬여 있는지 알고 있는 경우이다. 애물단지처럼 버릴 수도 없고 관계를 끊을 수도 없다. 그렇다고 당사자에게 "당신은 애물단지"라는 말도 감히 할 수가 없다. 뒷감당이 안 되기 때문이다.

그렇다면 삶의 장애를 만들어 내는 마음의 상처는 어떤 통로를 통해 우리에게 들어오는 것일까?

첫 번째 통로는, 바로 사람이다. 말하자면 사람들에 의해서 치명적인 상처를 받게 되는 것인데 그것도 가장 가까운 사람들, 특히 부모들을 비롯해서 교사나 목사처럼 아이들에게 절대적인 영향을 끼칠 수 있는 사람들을 의미한다.

여기서 한 가지 주목해 봐야 하는 것은, 누구든 자기와 가장 가까운 사람들, 혹은 자기 인생에서 가장 중요한 관계를 맺고 있는 사람들에게서 가장 큰 상처를 받는다는 것이다. 얼핏 생각하면 자기를 미워하거나 별로 관계가 없는 사람들에게서 상처를 받는다고 생각할 수 있지만 이것은 착각이다. 왜냐하면 자기와 관계가 별로 없는 사람들은 자기의 인생과 엮일 일이 별로 없기 때문이다. 말하자면 잘 모르는 지나가는 행인에게서 인격에 나쁜 영향을 받을 만큼 상처를 받는 일은 거의 없다. 애초에 모르는 사람이니까 말도 섞지 않고 그냥 스치고 지나가기 때문이다. 오히려 상처는 자기를 낳아주고 길러준 부모에게서, 즉 자신의 인생에서 가장 중요한 사람들로부터 상처를 받는 것이다.

예를 들면, 부부싸움을 많이 하는 부모들이나, 술을 먹고 행패를 부리는 아버지, 아니면 성적으로 문란한 가정들, 혹은 강간이나 근친상간, 아니면 알코올 중독자의 가정 같은 결정적 결함을 가진 경우는 물론이고, 아니면 매우 엄격한 부모들로부터도 얼마든지 심각한 상처를 받을 수가 있는 것이다.

가까운 사람들을 통해서 고통을 당한 사람의 이야기가 성경에 많이 있지만, 그 중에 대표적인 사람이 요셉이다. 아버지는 한 분이었지만 어머니는 네 분이나 되는 비정상적인 가정이었다. 그 사이에서 태어난 12명의 형제들이 당연히 시기와 질투를 가질 수밖에 없는 상황이었고, 바로 그의 친형들이 요셉을 노예로 팔았기 때문이다. 어린 시절부터 인생의 꿈을 꾸며 자란 요셉이지만 그 꿈을 이루도록 도와주기는커녕 아예 요셉의 인생을 방해한 사람들이었다. 하나님의 개입이 없었다면 요셉의 인생은 가장 비참한 인생이 될 뻔했는데, 그 원인제공은 요셉이 전혀 모르는 나쁜 사람들이 한 것이 아니라 가장 가까운 친형제, 즉 가족이었던 것이다.

인간에게 고통을 주는 **두 번째 통로는,** **바로 환경이다.** 이 환경은 자신의 힘으로 바꿀 수 없는, 자신이 태어나기도 전에 이미 형성되어 있는 환경을 의미한다. 예를 들면, 가난한 가정이나 결손가정에서 태어난 경우, 유전적인 질병이나, 그리고 각종 사고와 천재지변을 당해서 형성된 불행한 환경으로부터 온 상처일 수도 있다.

예를 들면, 한때 한국은 물론 세계적으로 떠들썩하게 큰 사건을 일으켰던 지존파 이야기가 여기에 해당된다. 불행한 일이지만 지존파의 대부분은 극단적 가난 속에서 자랐다. 아주 어린 초등학교 시절부터 가난으로 인해서 온갖 모욕과 멸시를 받았다. 결국 초등학교도 졸업을 못하고 어린아이들이 노가다라고 불리는 공사판을 전전하게 되었다. 하지만 일용직 막노동판에서 이 어린아이들의 인격을 챙겨주는 사람들은 없었다. 오히려 나이가 어리니까 일은 많이 시키고 임금은 제대로 주지 않았다. 항의를 하면 돌아오는 것은 주먹과 발길질이었다.

상상할 수 없는 상처에 고스란히 방치된 채로 하루하루 살얼음판 같은 공사장을 전전하며 자라던 아이들이, 제2의 반항에 눈뜬다는 사춘기를 지나면서 사회의 구조적 불평등과 모순을 처절하게 경험하게 된 것이다. 그리고 자신들이 경험했던 고통의 양만큼이 사회에 고스란히 돌려주고자 했던 것이다.

이렇게 환경 자체가 가지고 있는 고통의 현장에서 노출된 자신들의 상처가 전혀 치유되지 못한 상태로 발전이 되면서 불특정 다수에 대한 분노로 이어졌고, 결국 행복해 보이는 사람들에 대한 분노로 폭발되어 수많은 희생자를 내게 된 것이다.

태어난 환경에 의해서 상처를 받았던 성경의 케이스는 야곱이다. 만약 야곱이 장남으로 태어났다면 에서 형과 싸울 필요도 없었을 것이고, 하란으로 도망도 안 갔을 것이다. 야곱이 자신의 삶을 '험악한 세월'로 표현할 만큼 많은 고통의 터널을 지나온 것은 둘째로 태어났던 환경 때문이었다.

세 번째, 통로는 인간의 영혼을 파괴시키는 죄이다. 첫 번째의 경우가 타인의 죄 때문에 내가 받는 상처라면, 이 세 번째 경우는 바로 자신이 행한 죄의 결과로서 자신이 깊은 상처를 받을 수도 있다는 것이다.

자신이 저지른 간음이나 동성연애 혹은 태아의 유산이나 낙태 등으로부터 오는 죄의식의 뿌리가 삶에 부정적인 영향을 주게 되는 것이다. 아무도 모르는 일이라고 해도 극단적인 죄를 반복해 저지르게 되면 결국 양심이 마비되어 더 큰 나락으로 빠지게 된다.

자신의 죄로 인해 극단적 상처를 받은 사람 중 하나가 바로 삼손이다. 반복되는 죄의 유혹을 이기지 못해 결국 죄로 인한 고통 속에서 두 눈이 뽑히고 비극적인 인생을 살게 된 것이다.

그러나 그것이 어떤 경로로 우리에게 주어졌든지, 주님은 우리의 모든 상처와 질고를 이미 알고 계신다. 그리고 이렇게 말씀하신다.

"수고하고 무거운 짐 진 자들아 다 내게로 오라 내가 너희를 쉬게 하리라"(마 11:28).

1-4
이너힐링이 과연 필요한가

　얼마 전 신문에 보도된 이야기지만, 비행기 추락 사건으로 인해 자녀를 잃은 한 어머니가 슬픔을 견디지 못하고 결국은 자살을 한 일이 있었다. 이 슬픈 이야기가 남달리 이목을 끄는 것은, 자녀가 사고로 죽은 직후에 이 어머니가 금방 따라 죽은 것이 아니고, 10년이 넘도록 아주 오랜 세월 마음의 병을 앓다가 목숨을 끊었기 때문이다.

　다시 말하면 10년이란 긴 세월이 흘렀으니 상처가 이젠 치유됐을 법도 한데 전혀 그렇지 않았다는 것이며, 오히려 그 상처가 작아지기는커녕 점점 커져서 삶을 지탱하기에 너무 큰 무게로 작용했다는 것이다.

　너무도 슬픈 이야기지만, 모든 상처가 이러한 삶의 고통을 가지고 오는 것은 아니다. 위의 어머니보다 더 큰 상처를 경험한 H. G. 스패포드(Spafford)라는 시카고의 한 변호사가 있었다.

온 가족이 프랑스를 여행하려고 계획을 세웠는데, 변호사의 업무가 많아서 일단 자기 아내와 네 명의 자녀들을 뉴욕에서 출발하는 '빌 드 아브르'라는 여객선에 태워 프랑스로 먼저 보냈다. 스패포드는 중요한 일을 처리한 후 가족들의 뒤를 따라 프랑스로 떠날 예정이었던 것이다. 하지만 이 배는 대서양 한가운데에서 철갑선이던 로첸호와 충돌해 타고 있던 승객 대부분이 사망하는 사고를 당했다. 다행히 스패포드의 부인은 로첸호의 선원들에 의해 구조되었으나 네 아이들은 모두 생명을 잃고 말았던 것이다.

구사일생으로 유럽에 도착한 스패포드 부인은 남편에게 전보로 이 비극적인 소식을 전했다.
"대서양에서의 배의 침몰로 네 명의 자녀가 모두 죽고 혼자만 구조됐음!"
그 끔찍한 소식을 접하고 한숨도 자지 못한 스패포트가 대서양의 사고현장으로 가기 위해 프랑스로 가는 배에 몸을 싣고 떠난다.
이렇게 상상도 못했던 인생의 큰 상처를 안고 망망대해 대서양 사고 현장에 도착했을 때, 그는 그의 마음을 어루만져 주는 것과 같은 특별한 위로를 경험하게 된다. 그래서 사고현장 갑판에 서서 시를 하나 쓰는데, 그것이 우리가 애창하는 "내 평생에 가는 길 순탄하여 늘 잔잔한 강 같든지 큰 풍파로 무섭고 어렵든지 나의 영혼은 늘 편하다"라는 찬송시이다.
똑같이 불행을 경험했지만 어떤 사람은 마음의 고통을 이겨내지 못해서 더 큰 비극의 주인공이 되는가 하면, 또 다른 사람은 오히려 더 많은 사람들을 위로하는 삶을 누리기도 한다. 내적치유가 필요한 이유는 우리의 삶 속에는 우리가 감당할 수 없는 고통들이 너무도 많이 있고, 더욱이 수많은 사람들이 상처의 후유증을 안고 평생을 살아가고 있기 때문이다.

그런 점에서 애즈베리 신학교의 프랭크 스트레인저(Flank Stranger) 교수의 말을 귀담아 들을 필요가 있다. 그에 의하면, 우리는 발달된 첨단기술과 고도의 지식 정보사회로 이루어진 현대 문명 속에 살고 있지만 오히려 그렇기 때문에 **내적치유가 더욱 필요한 현실적인 이유**를 다음의 몇 가지로 설명하고 있다.

첫째는, 현대 사회가 강력히 추구하는 기술화와 과학화로 인한 급격한 비인간화 경향에 대응하여 손상된 인간성을 회복하는 내적치유가 절실히 요구된다는 것이다. 갈수록 과학 문명은 발달된다. 특히 컴퓨터나 인터넷의 대중화로 인해서 세계는 초정보화시대에 들어선 지 이미 오래되었다. 이제는 제4의 문명을 이야기하며 인공지능을 가진 고도로 발달된 로봇 시대를 앞두고 있지 않은가? 하지만 중요한 것은 과학이 발달되면 발달될수록 인간의 인격과 인간성은 파괴되고 손상될 수밖에 없기 때문에 손상된 인간성을 회복하기 위해서는 내적치유가 정말 필요하다고 생각을 하는 것이다.

둘째는, 오늘날의 인간은 하나의 통일된 유기체로 간주되고 있

기 때문이다. 유기체란 말은 인간의 영·혼·육이 서로 밀접하게 연결되어서 상호 영향을 끼친다는 말이다. 즉 인간의 영적인 상태와 정신적인 상태도 깊이 연관되어 있다고 보기 때문에, 인간의 마음을 치유하는 내적치유를 통해서 영적인 치유까지도 가능하다고 보는 것이다. 예를 들면, 아주 뜨거운 물을 컵에 부으면 실제로 뜨거운 물이 닿는 부분은 컵의 안쪽이지만, 뜨거움의 영향력은 컵의 바깥쪽까지 이어져서 컵 전체가 뜨거워지는 것과 같다. 이처럼 인간의 마음을 진정으로 치유할 수 있다면, 그 영향력이 인간의 영혼에까지도 긍정적으로 작용할 수 있다고 보는 것이다.

셋째는, 교회 내부에서도, 즉 현대의 많은 교회들이 이제는 전인적인 목회에 눈을 뜨게 되면서 내적치유의 필요성을 절감하기 시작했다는 것이다. 예를 들면, 현대의 많은 교회들이 단순한 성경공부의 차원을 넘어서 보다 구체적인 목표를 가지고 아버지학교, 어머니학교, 부부교실, 혹은 노인대학이나 아기학교처럼 인간의 전인성에 바탕을 둔 목회에 눈을 뜨기 시작했는데, 그중의 하나가 내적치유 사역이라는 것이다.

결국 프랭크 교수는, 고도의 과학 문명의 발달은 인간의 삶을 편리하게 하는 데 공헌했지만 동시에 인간성의 파괴, 가정의 파괴, 그리고 사회의 혼란과 각종 범죄로 인한 더 많은 상처의 희생자들이 생길 것을 예견하면서, 그들을 위한 전인적인 치유의 중요성을 새롭게 인식하고 있는 것이다.

특별히 중요한 것은, 자기 자신을 지도자라고 인식하는 사람일수록 내적치유가 필요하다는 점이다. 자신의 마음속에 참된 기쁨과 자유, 그리고 참된 평화가 있는 사람이 또 다른 사람에게도 참된 평화와 자유를 나누어 줄 수 있기 때문이다.

즉 설교자의 마음속에 평화가 없는데, 어떻게 그 설교를 듣는 사람들의 마음을 평화롭게 만들 수가 있겠는가? 설교자의 마음속에 은혜가 없는데, 어떻게 청중들에게 은혜를 끼칠 수 있겠는가? 가르치는 사람의 마음속에 사랑이 전혀 없고 오히려 매 맞고 자란 강아지처럼 사나움만 남아 있는데, 어떻게 그런 사람의 설교를 듣는 회중 속에 사랑이 실현될 수 있을까? 내게 온화함이 없는데 어떻게 다른 사람을 온화하게 만들 수 있겠는가?

가장 쉽게 설명해서 내게 돈이 없는데 어떻게 다른 사람들에게 돈을 나누어 줄 수 있을까?

그러므로 지도자에게도 치명적 상처는 있을 수 있으나 지도자일수록 상처의 치유가 먼저 요구되는 것이다. 자기 마음의 상처조차 치유하지 못하는 지도자는 다른 사람들의 상처도 치유하기 힘들 것이고, 더욱 중요한 것은 치유하지 못한 권위자는 그 누군가에게 또 다른 상처를 입히게 되기 때문이다.

1-5
뒤틀린 자기인식

　어느 시골 마을에서 성폭행 사건이 일어났다. 50대를 넘긴 동네의 한 아저씨가 딸 같은 한 아가씨를 강간한 것이다. 불행하게도 임신이 되었다. 결혼을 하기도 전에 강제로 임신을 하게 된 이 아가씨는 치욕과 고통의 씨앗인 이 임신한 아기를 지우기로 결심을 한다. 이 아가씨의 노력은 처절했다. 아이를 지우기 위해 산에서 굴러 보기도 하고, 높은 담에 올라가 자신의 몸을 던지기도 했지만 결국 딸을 낳았고, 다른 동네로 이사를 가게 된다.

　이 어린 딸이 자라 사춘기가 될 무렵, 어머니는 늘 하던 대로 친구들과 술을 마시며 취중에 자기 딸에 대한 출생의 비밀을 털어놓게 된다. 자기가 처녀였을 때 동네의 나쁜 건달에게 강제로 겁탈을 당해서 자신의 팔자가 다 망가졌다고 하소연했다. 뿐만 아니라 자고 있는 저년이 그때 생긴 년이고, 그래서 자기가 저 원수 같은 년을 키우고 있으니 자기 팔자가 얼마나 기구하냐고 하면서 술에 취해 자기의 한풀이를 한 것이다.

문제는 초등학교 3학년 나이였던 이 딸이 자는 척하면서 어머니의 고백을 모두 들었다는 것이다. 자신의 신분, 즉 출생의 비밀을 알게 된 아이는 그 일을 감당할 수 없었지만, 그러면서도 그동안의 모든 일들이 하나씩 이해가 되기 시작했다. 왜 어머니가 자신을 그토록 미워했는지, 왜 그렇게 아프게 때렸는지, 힘든 일만 골라 시켰는지, 나중에는 학교에도 못 가게 하고 그토록 자기를 학대했는지 그 이유를 알게 된 것이다.

상상할 수 없는 큰 충격을 감당하기에 이 아이는 너무 어렸다. 결국 이 여자아이는 가출을 하여 집을 나왔는데, 그 어린 여자아이가 갈 곳은 없었다. 마침 누군가의 소개로 남의 집의 어린 식모로 들어가게 되었지만, 그곳에는 또 다른 지옥이 기다리고 있었다. 주인아저씨가 갈 곳 없는 나이 어린 식모를 그냥 두지 않았기 때문이다. 결국 그 집에서도 오래 견디지 못하고 다방종업원을 거쳐서 술집으로 팔려갔고, 그러다가 마지막에는 기지촌까지 흘러 들어가 한 미군 병사를 만나 미국으로 오게 된 것이다.

이 자매가 친구를 따라 교회에 나오게 되었는데, 교회에 나오니까 교회에 당장 문제가 생겼다. 우선 인간관계에 문제가 생기면서 주변의 사람들이 상처를 받게 된 것이다. 왜냐하면 이 자매에겐 열등감과 피해 의식이 있어서 조그만 일에도 너무도 쉽게 화를 내고 공격적이 되었기 때문이다. 부흥회나 주일예배 혹은 새벽예배를 통해서도 은혜를 받고 눈물을 흘리지만, 문제는 일단 한번 마음이 뒤틀리면 절제가 되지 못하기 때문에 시한폭탄처럼 사람들을 늘 불안하게 만든다는 것이었다.

그러던 어느 날 이분이 내적치유 세미나에 참석하게 되었다.
그리고 자신이 과거 상처의 노예였으며 부정적 개성, 적개심과 분노, 그리고 반항적인 성품은 과거의 상처 때문이라는 것을 알게 되었다. 그리고 자기 스스로 자기는 인생의 실패자, 혹은 아예 태어나지 말았어야 하는 존재, 혹은 아무에게도 절대로 환영받을 수 없는 존재로서의 자기 인식을 가지고 있었다. 하지만 그것이 얼마나 잘못된 생각이었는가 하는 것을 알게 되었다.

왜냐하면 아무도 그녀를 진정으로 사랑해주지 않은 것이 아니라, 하늘의 하나님 아버지께서 그녀의 모든 것을 보고 계셨고, 함께 눈물을 흘리셨고, 진정 그녀를 사랑한다는 것을 알았을 때 그녀는 뜨거운 눈물을 흘리며 사람들 앞에서 자신의 상처를 객관화시켜 자신의 아픔을 처음으로 고백할 수 있게 된 것이다.

어떻게 이런 일이 가능할 수 있을까 반문할 수 있지만, 낳아준 생모의 사랑보다 더 큰 사랑을 만나면 이런 일은 얼마든지 가능하다. 그리고 이러한 사랑이 존재한다는 것에 대해서는 이미 이사야 선지자가 우리에게 설명한 바 있는데, 누구든지 그 하나님의 사랑을 진실로 경험하게 되면 자기가 하나님의 자녀라는 새로운 정체성을 갖게 되는 것이다.

"여인이 어찌 그 젖 먹는 자식을 잊겠으며 자기 태에서 난 아들을 긍휼히 여기지 않겠느냐 그들은 혹시 잊을지라도 나는 너를 잊지 아니할 것이라"(사 49:15)

그날 이후 그분은 몰라보게 달라졌다. 공격적인 성품이 온순해지기 시작했다. 술과 담배, 마약을 완전히 끊고, 예수님을 영접함으로써 그리스도 안에서 새로운 존재가 되었다. 여선교회 활동은 물론 나중에는 성가대원으로도 봉사를 했지만 다른 사람들과 어울리는 일에 아무런 문제가 없었다.

어떻게 이러한 일이 가능할 수 있겠는가?

그것은 물론 주님의 크신 은혜지만, 더 구체적으로 말하면 그녀를 정복하고 있던 마음의 상처들, 즉 뒤틀려 있는 부정적인 자기인식으로부터의 해방을 통하여 가능했다고 볼 수 있다.

중요한 것은 사람은 누구나 '나는 이런 사람이다'라고 스스로 확신하는 자아의 인식에 따라 인생을 다르게 살게 된다. 자신을 깡패로 인식하는 사람은 깡패처럼 살 것이고, 자기 스스로 실패자라고 생각하는 사람은 실패자처럼 살 것이고, 스스로 정직한 사람이라는 자의식을 가진 사람은 매사에 정직해지려고 노력할 것이기 때문이다.

여기에서 중요한 점은, 이러한 자의식은 자기가 좋은 쪽으로 스스로 만들어 가는 것이 아니고, 외부로부터 이미 주어진 환경과 도전에 반응하면서 나도 모르게 고착되어 지는 것이다.

그러므로 첫 단추를 바로 꿰어야 마지막 단추를 바로 꿸 수 있다는 괴테의 말처럼, 자신을 하나님의 사랑받는 소중한 존재로서 인식하는 자의식을 갖는 것이 인생의 첫 단추라는 점에도 동의가 될 것이다. 속도보다 중요한 것이 방향이라면 그 삶의 방향을 결정하는 것은 자기 스스로를 어떻게 인식하는가 하는 자의식이기 때문이다.

그런 점에서 내적치유는 가장 위대한 자의식을 갖도록 도와줄 수가 있는데, 그것은 곧 하나님의 존귀한 자녀로서의 자의식을 의미한다. 왜냐하면 우주의 한가운데에는 사랑의 하나님이 계시기 때문인데, 내적치유 사역으로 이런 인식을 확고히 할 수가 있기 때문이다.

1-6

역린 이야기

    내적치유 사역에서 무의식을 중요하게 여기는 이유는, 일반적으로 사람들에게 형성되어 있는 기본적인 성품이나 습관, 혹은 삶의 태도들이 이미 형성된 무의식에 의해 지배를 받기 때문이다. 더군다나 내적치유 사역이 단순히 슬픈 마음을 위로하는 것이 아니라 삶에 나타나는 모든 부정적인 열매를 치유하고자 하는 것이기 때문에, 무의식의 세계를 바로 이해하지 못하면 열매가 없을 수도 있다.

    이러한 무의식은 물론 나의 삶 속에도 많이 형성되어 있다.

    예를 들면, 나는 강원도 어느 농촌 마을에서 자랐다. 내가 초등학교를 다녔던 시절, 당시에는 주로 검정 고무신을 신고 다녔는데, 하루는 친구들과 함께 논두렁을 지나가고 있었다. 신나게 이야기를 하며 지나가는데, 갑자기 나의 발등에 아주 차가운 무엇인가가 걸린 느낌이 들었다. 깜짝 놀라 내려다보니 무서운 뱀이었다.

너무도 놀란 나는 나도 모르게 축구공을 차듯이 뱀을 차버리고 얼마나 도망을 갔는지 모른다. 그날 이후 나는 남들보다 뱀을 더 무서워하는 사람이 되었다. 나이를 먹고 장성한 사람이 되어도 여전히 뱀은 공포의 대상이다. 산이나 숲을 가도 무엇보다 뱀에 신경이 쓰이는 사람이 되었다.

그러나 내가 살던 미국에는 많은 아이들이 뱀을 무서워하는 것이 아니라 오히려 좋아하는 아이들이 있는 것을 알게 되었다. 특히 미국의 웬만한 애완용 동물샵에는 강아지, 고양이, 예쁜 물고기는 물론 꽤 많은 종류의 뱀들이 자기들을 사랑해줄 새 주인을 기다리고 있다. 뱀에게 무서움을 당해보지 않은 아이들에겐 뱀 역시 아름다운 색깔로 옷을 입은 신기한 동물일 뿐이다.

무의식의 또 다른 예를 생각해 보자.

예로부터 중국에서는 용을 선한 동물로 보아왔다. 그래서 용은 신선을 태우고 하늘을 날아다니고, 신선의 말을 잘 듣는 순한 동물로 묘사가 된다. 물론 주인의 명령에 따라서 악한 사람들에겐 불을 뿜어 혼내 주기도 한다. 용은 이렇게 순하고 주인에게 길들어져 있는 선한 동물로 묘사가 되고 있지만, 동시에 용의 온몸은 단단한 비늘로 무장되어 있어서 어떤 무기로도 용의 가죽을 뚫고 들어올 수가 없는 튼튼한 동물이기도 하다.

그러나 용의 목 바로 밑, 그러니까 심장 바로 앞가슴에는 비늘이 거꾸로 달려 있는데, 중국 사람들은 그것을 역린(逆鱗)이라고 부른다. 그런데 바로 이 역린이 문제이다. 용의 심장, 즉 급소를 보호하는 비늘이 하필이면 역린, 즉 거꾸로 서 있어서 칼이나 창 등 어떤 무기로든지 이곳을 공격하면 쉽게 뚫고 들어와서 용이 죽게 된다. 즉 용에겐 치명적인 급소이며 약점이 된다.

문제는 용도 자신의 치명적인 약점을 잘 알기 때문에 상대가 누구든지 일단 역린쪽으로 가까이 오기만 하면, 본능적으로 흥분하며 화가 폭발하여 상대가 누구든지 가리지 않고 잔인하게 공격을 하게 되는 것이다. 설령, 평상시에 그렇게 잘 따르던 신선이라 하더라도 일단 자신의 역린을 건드리기만 하면 인정사정보지 않고 공격을 하게 되는 것이다.

대부분의 사람들은 치명적인 약점, 즉 열등감을 갖고 있고 그 약점 때문에 많은 날들을 고민하고 아파하게 된다. 결국 그것은 상처가 되며, 많은 세월이 흘러도 여전히 그 상처는 남아서 우리를 괴롭힌다. 누군가가 나의 약점, 즉 역린을 건드리면 나도 모르게 감정적으로 폭발을 해서 분위기를 썰렁하게 만들게 되고, 때론 머리의 뚜껑이 열리기도 한다.

경치가 얼마나 아름다운지 '가든 스테이트'라고 불리는 뉴저지의 어느 교회에 치유집회를 갔을 때도 물었고, 애틀랜타의 아름다운 숲속을 보면서도 나를 안내해 주는 분에게 질문을 한 적이 있었는데, 그때마다 내 질문을 받은 분들에게서 받은 공통점들이 있었다. '이 아름다운 숲을 보면서 생뚱맞게 왠 그런 질문?'이라는 반응이었다. 나는 정말 궁금해서 물어 보았는데, 그 질문은 바로 이것이었다.

"이 숲엔 뱀은 없습니까?"

1-7
동양에 역린이 있다면 서양엔 아킬레스가 있다

역린이 치명적 약점이라는 것을 설명하기 위해 중국의 한비자(韓非子)는 그의 세난편(說難篇)에서, 이 역린의 주인공을 각 나라의 황제로 비유했다. 즉 각 나라의 왕이나 임금이나 황제들은 용으로 비유되는 절대 권력을 가지고 있는데, 아무리 어질고 선한 왕이라도 역린, 즉 치명적인 약점이 있어서 이 약점을 건드리게 되면 왕의 분노를 사게 되고, 결국 왕으로부터 죽임을 당하게 될 것이라고 경고하고 있는 것이다. 어진 임금조차도 절제할 수 없는 분노에 휩싸이게 할 만큼 무의식적 상처가 마음속에 있다는 뜻이었다.

군주만이 역린을 갖고 있는 것은 아니다. 대부분의 사람들은 치명적인 약점, 즉 열등감을 갖고 있고 그 약점 때문에 많은 날들을 고민하고 아파하게 된다. 결국 그것은 상처가 되며 많은 세월이 흘러도 여전히 그 상처는 남아서 우리를 괴롭힌다. 누군가가 나의 약점, 즉 역린을 건드리면 나도 모르게 흥분해서 평상심을 잃어버리게 되는 것이다.

동양에 역린이 있다면 서양에는 아킬레스가 있다.
아킬레스는 트로이 전쟁의 영웅이었다. 그리고 트로이 전쟁의 이야기가 실려 있는 호메로스의 서사시인 일리아스에 의하면, 아킬레스는 인간의 아들 펠레우스와 바다의 요정 테티스 사이에서 태어난 아들이었다. 어머니 테티스 요정은 자기의 아들을 불사신으로 만들기 위해 아이가 태어나자마자 신성한 스틱스 강물에 목욕을 시킨다. 스틱스 강은 죽은 사람들이 모여 있는 저승에서 흐르는 강이었는데, 이 강물이 묻으면 어떤 상처도 입지 않는 기적의 강이었다.

문제는 아킬레스의 어머니가 아들의 몸을 물에 담그는 과정에서 아기의 발뒤꿈치를 잡고 물속에 넣는 바람에 그 부분이 물에 젖지 않은 것이다. 결국 물에 젖지 않은 발뒤꿈치가 그의 약점이 되었고, 아킬레스는 그곳에 화살이 박혀서 죽게 된다. 그곳이 바로 아킬레스의 건(腱)이었다.

아킬레스건은 발뒤꿈치 뼈에 붙어있는 힘줄을 말한다. 물론 인체 중에서 가장 굳센 힘줄이며, 걸을 때나 뛰어 오를 때 온 몸을 지탱하여 발끝을 뻗게 하는 기능을 한다. 그래서 이 아킬레스건이 상하면 더 이상 정상적으로 생활을 할 수가 없게 된다. 그래서 아킬레스건이라는 말은 치명적인 약점을 비유적으로 표현하는 말이 되었다.

그런 점에서 숨겨진 상처의 역린이나 아킬레스건은 마치 수류탄의 뇌관과 같다고도 할 수 있다. 일단 건드리면 터지는 것처럼 역린이나 아킬레스를 건드릴 때마다 또다시 마음의 상처가 재발되기 때문이다.

그러므로 역린을 생각할 때 우리는 **두 가지 점에서 주의**를 기울일 필요가 있다.

첫째는, 나의 역린을 찾아내서 치유하는 것이다. 예를 들면 나 자신이 무엇인가에 지나치게 신경을 쓴다거나, 어떤 말을 들으면 화를 낸다거나, "다른 것은 모두 참아도 이것만은 못 참는다"라는 것이 있다면 그것이 바로 나의 역린일 수 있다. 그리고 이러한 역린은 어린 시절의 감정적인 상처를 통해 들어왔기 때문에, 지금은 자신의 무의식 속에 숨어 있을지도 모른다.

중요한 것은 우리가 나 자신의 내면적 상처를 바로 이해하고 치유하지 않으면, 아무리 나이를 먹어도 여전히 역린의 희생자가 되어서 역린지화(逆鱗之禍)를 당하게 되고, 이것이 해결되지 않으면 우리의 한평생을 힘들게 하는 올무가 될 수 있다는 것이다.

둘째는, 다른 사람의 아킬레스를 건드리지 않는 것이다. 사람은 누구나 장점이 있다면 단점도 있기 마련이다. 완벽한 인간이란 이 세상에 완벽하게 없기 때문이다.

성경에서도 다른 사람의 단점이나 허물을 덮어 줄 것을 권면하고 있고, 심지어 진정한 사랑이라면 상대의 죄도 덮을 수 있다고 말한다.

"허물을 덮어 주는 자는 사랑을 구하는 자요 그것을 거듭 말하는 자는 친한 벗을 이간하는 자니라"(잠 17:9).

그런데 많은 사람들은 타인의 장점보다는 단점을 쉽게 이야기하는 경향이 있다. 상대방의 약점을 유난히 잘 집어내는 사람도 있고, 심지어 어떤 사람은 남이 숨기고 싶어 하는 약점을 들추어내는 사람들도 있다.

그렇다면 영적 지도자들은 어떤 자세를 가져야 하는 걸까?

단순하게 덮어 주고 감춰주는 것으로 충분한 상황인지, 아니면 오히려 들어내서 치유할 수 있도록 돕는 것이 더 필요한 경우인지를 분별해야 한다. 특히 중요한 것은 성장을 위해서 어쩔 수 없이 상처를 건드려야 하는 경우에도 역린에 대해서는 분명한 경각심을 가져야 한다. 선불리 도와준다고 나섰다가 더 큰 상처를 만들 수 있기 때문이다.

1-8
그게 뭐 그렇게 심한 말이라고?

한국에서 고아로 자란 어떤 목사님이 계셨다.

목회를 성실히 해서 교회도 많이 부흥하게 되었다. 하루는 이 목사님이 심방을 가서 연로하신 장로님들과 함께 식사를 하게 되었는데, 이 목사님이 장로님들보다 먼저 수저를 들고 식사를 시작했다. 그런데 이 모습을 보고 있던 연로하신 한 장로님이 "애비 없이 자란 목사라 어른도 몰라보고 먼저 수저를 든다"고 한 말씀 하셨는데, 이 말씀을 들은 목사님은 더 이상 식사를 할 수가 없었다.

안 그래도 부모 없이 고아원에서 자라면서 많은 날들이 서러웠는데, 그래서 제일 듣기 싫은 말이 애비 없는 자식이라는 말이었는데, 이 말을 공개적으로 듣고 나자 그 마음속에서 서러움이 다시 고개를 들기 시작했다.

그때부터 장로들이 용서가 되지 않고, 목회도 싫어지고, 교우들에 대한 사랑이 식어지고, 그 교회가 싫어져서 결국은 그 교회보다도 훨씬 작은 교회로 바꾸어서 떠나게 되었다.
"애비 없는 자식"이라는 말이 그 목사님의 역린이었던 것이다.

사람들마다 누구나 자신만이 아는 상처와 약점이 있다.
예를 들면, 가정이 어려워서 학교를 많이 다니지 못한 분들은 누군가에게 무식하다란 말을 들으면 얼굴이 붉어지고 감정이 격동하게 될 것이다. 그래서 감정이 절제가 안되면 "그래 나 무식하다. 어쩔래?" 하면서 감정이 폭발하게 될 것이고, 일단 분노가 폭발하면 관계가 파괴되어서 삶에 또 다른 상처를 가지고 올 수 있는 것이다.

40대 후반의 사업가 K씨가 있었다. 초등학교를 채 마치지 못했지만 한국인 특유의 끈질긴 노력과 투지로 자수성가한 분이었다.
이분이 어느 날 자기와 동업관계에 있는 P 사장과 만나서 사업 이야기를 하며 회식을 하게 되었다. 사업도 잘 되고 동업관계도 좋았던 터라 분위기는 화기애애하게 진행이 되었고, 분위기가 좋아지면서 함께 술을 먹고 취하게 되었는데 문제는 술이었다.

술기운이 돌자 P 사장은 자기 자랑을 늘어놓기 시작했다. 자기가 서울에 있는 모 명문대 출신이라는 것과 대학 다닐 때에 있었던 몇 가지 일들을 영웅담처럼 늘어놓기 시작한 것이다. 그러면서 K 사장님에게 어느 대학을 나왔느냐고 물었다. 물론 P 사장은 K 사장이 당연히 좋은 대학을 졸업했을 것이라고 생각하였다.

분별력이나 판단력은 물론 사업의 수완도 좋았기 때문이다. 그러나 초등학교 중퇴가 학력의 전부인 K 사장은 학력에 관한 한 할 이야기가 없었다. 그래서 그냥 아니꼬운 자랑을 들어만 주고 있었는데, 갑자기 P 사장이 자기들과 경쟁 관계에 있던 C 사장의 흉을 보고 나섰다. 그 C 사장을 아느냐고, 그 사람 아주 무식한 사람이라고, 그 사람은 학교도 다니지 못한 사람이라고, 그러면서 단순히 학력을 가지고 C 사장을 조롱하는 말을 하고 말았다.

"그래서 무식한 놈들이 용감하다는 말이 생긴 것"이라고….

그런데, 바로 이 학력의 문제, 즉 '무식한 사람'이라는 말이 K 사장에겐 역린이었다. 한평생 가슴에 안고 살아야 하는 열등감이었고, 해결되지 않은 자존감의 상처였다.

결국 이 말을 들은 K 사장님은 그 순간 역린이 폭발하고 말았다. 갑자기 자리에서 일어났다. 그리고는 밥상을 발로 걷어찼다. "그래, 너 잘났다. 이 XX야"라는 말과 함께. 그리고는 주먹과 발길질을 하며 서로 엉켜서 싸움을 한 것이다.

마치 K 사장이 공부를 못한 것이 P 사장 때문이나 되는 듯이 그날 P 사장은 많이 맞고, 결국은 동업관계도 그것으로 막을 내리게 된 것이다.

바로 그 K 사장이 우리 교회에 등록을 하였다. 그런데 내적 치유반을 거치면서 학력에 대한 상처를 해결하고 나니까, 이런 해프닝을 스스로 고백할 만큼 자유로운 사람이 된 것이다.

중요한 것은 상처가 많은 사람은 아주 사소한 말에도 그 마음이 상할 수 있지만, 어떤 경우에는 아예 의도적으로 독한 말을 하는 경우가 있다. 시므이가 그랬다. 아들 압살롬이 반란을 일으켜서 아버지 다윗왕이 비참하게 도망을 가는데 그 뒤를 따라오면서 악한 말을 쏟아낸 것이다.

"시므이가 저주하는 가운데 이와 같이 말하니라 피를 흘린 자여 사악한 자여 가거라 가거라"(삼하16:7).

흥미로운 것은 이러한 말을 듣고도 참은 다윗은 다시 왕궁으로 돌아오지만 함부로 말했던 시므이는 솔로몬 왕에 의해 비참하게 죽게 된다. 그래서 잠언서 기자는 우리에게 말하는 법을 이렇게 알려준다.

"혹은 칼로 찌름 같이 함부로 말하거니와 지혜로운 자의 혀는 양약 같으니라"(잠 12:18).

제 2 장

이너힐링의 심리학적 기초

2-1
이너힐링과 일반 심리치료의 차이

내적치유를 시도하는 목회자나 사역자들은 상담이나 심리치료 혹은 정신 요법을 행하는 다른 전문 직업인들과 비교해서, 영적 지도자로서의 자신의 독특성을 이해할 필요가 있다. 물론 일반 심리치료자들에 비해서 우리의 독특성은 성서적, 신학적, 목회적 차원으로 이해해야 된다. 특히 목회자들의 신학 교육은 모든 사람들을 대상으로 하는 영성적인 삶의 교사로, 인도자로, 위로자로, 양육자로서 사용할 수 있는 모든 지식들과 자원, 그리고 기술들을 갖추도록 도와준다. 그외에도 교회가 전통적으로 행하고 있는 예배, 찬양, 기도, 성례전, 명상, 신앙고백 등의 구체적인 영적 자원들을 많이 가지고 있는 것이 사실이다.

그렇다고 해서 일반 정신병동의 치료나 상담학, 교육학 더 나아가 심리치료자들의 자원을 무시하고 그들과 반목해야 할 이유도 없다. 왜냐하면 일반 심리치료나 정신과 치료자들이 이미 가지고 있는 과학적인 치료의 자원과 그 방법들은 놀라울 정도의 성과를 갖고 있기 때문이다. 예를 들면, 지그문트 프로이드(Sigmnd Freud)로부터 시작된 심리학에는 인간의 과거와 내면세계의 역동성 및 병리적 상태를 분석하고 진단할 뿐만 아니라 그 치료의 매뉴얼까지 이미 보편화되어 있다. 그리고 이러한 치료는 의학적 발달과 함께 구체적 약물들을 사용하여 우울증과 같은 정신적 질병을 치유하는 시스템을 이미 확보하고 있다. 즉 일반 심리치료의 전문가들은 이미 수많은 연구와 임상을 통해 도움이 되고 믿을 만한 많은 자료들을 이미 가지고 있다는 것이다.

또 한 가지 중요한 사실은 오히려 현실적으로 따지면 목회적 차원에서 진행되는 목회상담학(Pastoral Counseling)의 모든 사역도 사실은 일반상담학에서 배워온 것이기 때문이다. 말하자면 목회상담학의 1세대 혹은 대부들로 통하는 게리 콜린스(Gary Collins), 혹은 클레어몬트의 하워드 클라인벨(Howard Clinebell)과 같은 교수들이 일반 상담학의 이론들을 도입하여 목회상담학의 논리적 기초를 세우기 전에는 목회상담이라는 말 자체가 아예 없었던 것이다. 즉 이미 일반 상담학이 그 자리를 잡은 후에 그것이 시대적 상황과 맞물리면서 교회 사역에도 적용이 되었고 그것이 바로 목회상담학인 것이다.

그렇다면 일반 심리 치료자와 내적치유 치료자의 차이점은 무엇일까?

첫째, 일반 심리 치료자들은 내담자가 종교적인 문제 혹은 영적인 문제를 호소할 때 단지 그 문제에서 해방시키는 일에만 중점을 두지만, 내적 치유자는 종교적인 분야뿐 아니라, 전인건강의 차원에서 영적인 만족과 내면적인 자유를 촉진시킬 수 있다. 즉 일반 심리치료의 목표는 글자 그대로 치료이지만, 내적치유의 목표는 그보다 훨씬 높은 차원인 하나님의 형상회복, 즉 그리스도를 닮아가는 장성한 분량에까지 이르도록 도울 수가 있는 것이다.

둘째, 일반 심리 치료자들은 내담자들의 상황을 명확히 볼 수 있는 기회를 제공하고 통찰력을 환기시키지만, 분명한 삶의 목적이나 방향, 그리고 절대적 가치에 대한 제시를 하지 못한다. 의학적 바탕위에는 서 있지만, 우리가 진리라고 믿는 성서적 바탕에는 서 있지 않기 때문이다. 이에 반해 영성 치료자들은 계시나 초월적 세계, 즉 하나님의 말씀과 사랑에 대한 확신을 가지고 새로운 삶을 살도록 도와줄 수가 있는 것이다.

셋째, 일반적으로 목사들은 개인적인 대가를 받지 않고 내담자들과 상담하며 그들의 문제를 해결하기 위해 고심한다. 마치 자기 문제인 것처럼 함께 고민하고 아파하는 것이다. 가난하거나 병들었거나 상대가 누구든지 그들의 필요에 의하여 사랑과 관심으로 그들 앞에 달려갈 수 있다. 그런 의미에서 목회자가 내적 치유에 대한 전문적인 지식만 갖춘다면, 치료비를 받고 심리 혹은 정신치료나 상담을 직업으로 행하는 사람들에 비해서 독특하고도 유리한 입장에 서서 이 사역을 행할 수 있는 것이다.

그러나 무엇보다도 중요한 차이는 그리스도의 사랑을 바탕으로 하는 내적 치유자들은 일반 심리치료자들이 갖지 못한 풍부한 영적 자원으로서의 성경을 가지고 있다는 것이다.

많은 사람들은 성경을 거룩한 책이라고 생각한다.

그 말은 성경이 본질적으로 하나님의 말씀이라는 점에서는 맞는 말이다. 그러나 성경 속에는 거룩하지 못한 인간의 이야기, 즉 인간의 삶 속에 일어날 수 있는 모든 종류의 상처 이야기로 가득 차 있다. 성경이 기본적으로 거룩한 하나님의 말씀으로 인식되고 있지만, 그렇다고 해서 죄악된 인간의 모습을 감추거나 거룩한 모습으로 포장하지 않고, 인간의 모든 아픔들을 그대로 적나라하게 표현하고 있는 것이다.

최초의 인간 아담과 하와의 범죄와 그의 첫아들 가인의 살인 사건으로 시작된 성경의 이야기 속에는 온갖 종류의 살인, 간음, 강간, 근친상간, 도적, 강도, 배반, 탐욕, 음모, 고통, 질병, 상처, 동성연애 등 모든 종류의 죄악과 그 결과로서의 상처와 고통에 이르기까지 모든 종류의 이야기가 총망라되어 있다. 이는 인간을 근본적으로 이해하는 데 큰 도움이 될 뿐만 아니라, 심리치료나 내적 치유 입장을 설명하는 데도 방대한 자원이 된다. 말하자면 성경은 미화되거나 각색되어지지 않은 인간의 심층 밑바닥까지 적나라하게 보여주는 진실한 하나님의 말씀이라는 것이다.

뿐만 아니라 성경에는 선과 악, 옳고 그름, 선택과 책임 등에 대한 분명한 표준이 있어서, 독선적이거나 흑백 논리 혹은 율법주의에 빠지지 않는다면, 우리는 내적치유의 분명한 표준과 목표들을 성경을 통해서 충분히 배울 수가 있다. 왜냐하면 성경 자체가 인생의 문제를 근본적으로 치유하는 하나님의 말씀, 즉 인간의 모든 문제를 해결하는 하나님의 처방전이기 때문이다.

하지만 또 한 가지 중요한 것은, 성경이 우리들에게 아주 유익한 책이지만 내적치유의 모든 자료나 자원을 성경에서만 찾는 것도 좋은 방법은 아니다. 왜냐하면 일반 심리학이나 정신과치료 혹은 전문적인 상담을 비롯한 인간의 정신구조를 다루는 세상적 학문은 이미 검증된 수많은 자원들을 가지고 있기 때문이다.

이렇게 일반 심리치료자들에게도 학문적인 유산이 많이 있지만, 그럼에도 불구하고 우리들이 신앙적인 내적치유를 시도하고자 하는 데는 아주 중요한 이유가 있다. 그것은 일반 심리학이나 인문과학의 결과만을 가지고는 인간의 삶에 가장 중요한 영적인 문제를 해결할 수 없기 때문이다.

2-2
이너힐링과 전인건강

목회자로서 내적치유를 시도하는 목적 중의 하나는, 사람들로 하여금 그들이 가지고 있는 모든 갈등 밑바닥에 잠재되어 있는 근본적 원인을 찾아 치유할 수 있도록 도와주고, 동시에 그들의 영성과 그 자신의 진정한 가치를 발견하여 영성적-전인성(Spiritual-Wholeness), 즉 전인건강을 촉진시키고자 하는 것이다.

말하자면 내적치유는 심리학적인 정신과 치료에 그 목적이 있는 것이 아니라, 우리가 영혼이라고 부르는 보다 높은 자아(Higher Self)의 성장과 그로 인한 풍요로운 삶을 목표로 하고 있는 것이다.

그런 의미에서 일반 상담학을 목회에 접목시켜서 목회상담학이라고 하는 새로운 분야에 기초를 놓았던 클레어몬트 신학교의 클라인벨 교수가 설명하는 **전인건강(wholeness)의 여섯 가지 중요한 요소들**을 주목할 필요가 있다.

첫 번째 요소는, 인간의 마음이다. 즉 마음이 건강할 때 삶이 건강한 것이다. 그래서 내적 치유자들은 내담자들의 마음을 위로하고 격려하는 일부터 시작해야 한다. 마음이 상해서 그 마음속에 늘 한이나 분노가 있다면 어떻게 행복한 삶을 살 수 있겠는가? 성경도 생명의 근원이 마음에서 난다고 선포하지 않는가? 그러므로 건강한 마음을 가지면 삶 자체가 튼튼해지는 것이다.

두 번째 요소는, 전인건강의 요소는 인간의 몸이다. 인간의 몸에 생기를 회복시키는 일은 매우 중요하다. 이것은 우리의 육체적인 삶을 보다 풍요롭게 하고, 건강을 즐기며, 우리의 삶 자체의 질을 높이는 것이기 때문이다.

성경도 육신으로서의 인간의 몸을 정죄하지 않으며, 오히려 우리의 몸은 성령께서 거하시는 거룩한 장소라고 말한다. 중요한 것은 몸의 건강과 마음의 건강은 매우 중요한 관계가 있다는 것이다. 마음이 건강해야 운동을 하고 건강을 지킬 의욕이 생기기 때문이다. 그의 마음이 온갖 스트레스에 찌들려 있다면 그의 몸도 분명 지쳐 있을 것이다. 반대로 건강한 마음으로 인생을 바라보는 사람이라면 당연히 자신의 몸도 소중하게 돌아보게 될 것이다.

세 번째 요소는, 대인관계의 건강이다. 즉 대인관계가 원만해야 건강한 삶을 살 수 있다는 말인데, 대인관계가 원만하지 못하다는 것은 이미 어떤 형태로든지 삶에 장애가 왔다는 말과도 같다. 그런 의미에서 내적치유는 '다른 사람과의 친밀 관계를 갱신하고 강화하는 일'에도 큰 도움을 줄 수 있다. 예를 들면 남편과 아내가, 옆집의 이웃들과 혹은 회사의 동료, 더 나아가 교회의 성도들과 좋은 관계를 유지하지 못한다면 진정한 의미에서 건강한 삶은 아닐 수 있기 때문이다.

네 번째 요소는, 대자연(Mother Nature)과의 관계이다. 이것은 우리의 생물학적인 자의식과 일체감, 그리고 자연을 보살필 줄 아는 능력을 증진하는 일이며, 대자연과의 일치감이 발전되고 확대됨으로써 육체적으로나 정신적으로, 그리고 영적으로 보다 온전한 인격이 될 수 있다고 생각하는 것이다. 설악산이나 한라산처럼 정말 높고 아름다운 산 정상에 올랐다면 '야호' 하는 소리정도는 낼 수 있어야 자연의 실체를 피부로 느낀다고 할 수 있다. 다만 소리되어 나오는 큰 목소리가 아니라 속으로 그렇게 하더라도 아름다운 자연을 통해 감동을 느끼는 것은 대자연과의 교감이 살아있다는 뜻이다.

그런 점에서 볼 때, 예수님께서는 자연을 사랑하셨고, 자연과의 조화를 잘 이루신 분임을 알 수 있다. 주님은 새벽에 안개 낀 갈릴리 바닷가를 거닐기도 하셨고, 아름다운 겟세마네 동산에도 제자들과 함께 자주 가셨으며, 공중의 새나 백합화 혹은 농부가 씨를 뿌리는 것과 같은 일상적인 생활 속에서도 자연의 아름다움을 알고 계셨기 때문이다.

다섯 번째 요소는, 공동체와의 관계이다. 즉 건전한 소속감을 갖게 될 때 인간은 합리적인 자긍심을 갖게 되기 때문이다. 반대로 말하면, 현대 사회를 구성하고 있는 크고 작은 각종 공동체와의 관계가 원만하지 못하면 당연히 공동체로부터 소외감을 갖게 될 것이며, 공동체의 일원으로서의 자부심이 없다면 또 다른 열등감이나 실패의식 혹은 반항의식으로 고착될 수도 있기 때문이다.

마지막 여섯 번째 요소는, '하나님과의 관계'이다. 하나님과의 관계가 건강해서 하나님과 일체감을 갖는 것이야말로 우리의 마음에 평화와 안정을 주게 된다. 즉 자신을 하나님의 사랑받는 자녀로 인식하고, 하나님의 은혜로 살며, 그분의 보호 속에 있다는 믿음의 확신은 자신의 삶에 자신감을 줄 것이다.

그러므로 내적치유의 목표는 결국 영적인 차원이 될 수밖에 없다. 물론 어린 시절의 환경과 경험에서 생긴 모든 상처와 무의식적 후유증을 인식하고, 동시에 과거의 상처가 현재 자신에게 어떤 영향을 주는지 객관적으로 분석하는 것도 중요하다.

하지만 더 중요한 것은, 과거의 모든 상처들이 내게 주었던 악한 영향을 끊는 것이다. 그래서 하나님에 대한 불신의 담을 허물고, 진정으로 주님의 품에 안겨 주님의 아름다운 형상을 회복하는 것이 가장 아름답고 건강한 삶이며 우리가 추구하는 치유의 목표인 것이다.

2-3
프로이드와 이너힐링

　자기 혹은 자아라고 불리는 자기인식은 참으로 신비로운 기능이 아닐 수 없다. 특히 자기 자신이란 스스로 생각하고, 판단하고, 결정하고, 행동으로 옮기는 주체가 된다. 또한 성격 속엔 감정, 이성, 의지, 양심 등의 모든 심리적인 요소가 포함되어 있을 뿐만 아니라, 사물의 분석 연구를 비롯해서 타인과 자신을 객관적으로 비교 성찰할 수 있는 능력이 있다. 뿐만 아니라 스스로 돌아보고 반성하고 회개하는 기능까지도 가지고 있는 것이다.

그런데 그 자아란 도대체 무엇일까?
　이것이 바로 인간을 주제로 다루는 정신 분석, 심리학, 상담학자들의 근본적인 질문이며, 정신 분석학 혹은 심리학이 가지고 있는 근본적인 숙제는 정신의 구조, 즉 자아의 구조를 과학적으로 밝히는 것이다.
　정신분석 혹은 심리학의 아버지라고 불리는 프로이드는 과학으로 보면 아인슈타인, 종교계로 보면 마틴 루터에 버금가는 역할을 한 사람으로서, 오늘날 정신분석, 심리학, 상담학 등의 학문은 프로이드로부터 시작되었다고 봐도 과언이 아니다. 1856년에 태어나서 지금으로부터 약 80여 년 전에 세상을 떠났지만, 오늘날의 심리학과 정신분석학의 기초를 놓은 사람이다.

그에 의하면 보편적 인간의 정신 구조(Personality)는 본능(Id)과 자아(Ego), 그리고 초자아(Super Ego)로 구성되어 있다고 한다.

첫 번째 요소는, 본능이다. 프로이드가 말하는 본능이란 근본적으로 쾌감을 추구하는 생리적인 욕구를 말한다. 이 본능이란 자신의 의지와 관계없이 이미 자기의 육체 속에 형성되어 있는 쾌락 추구의 두 가지 원칙, 즉 긴장과 충족으로 긴장을 해소시켜 평화로운 상태를 유지하려는 차원과, 다른 하나는 욕구의 충족을 통해 쾌락을 쟁취하려는 원칙이다.

예를 들면, 대소변을 오래 참으면 극도의 긴장이 오지만 시원하게 배설을 하게 되면 긴장이 해소되면서 평화가 유지되는데, 이것은 긴장을 해소시킴으로써 쾌락을 추구하는 본능이며, 식욕이나 성욕 등은 충족을 통해서 긴장을 해소하는 쾌락 원칙이다.

중요한 것은 이 본능에는 몇 가지 특징이 있는데, 우선 이 본능은 쾌락원리 즉 쾌락의 추구를 최종 목표로 한다는 것이다. 또한 본능적 충동은 어린아이처럼 유치하고, 긴장의 상태를 참지 못하며, 즉시 해소를 통해서 즉시 만족할 것을 요구한다. 더욱이 이 본능은 평생 지속되고, 충동적이며, 비합리적이며 특히 자기밖에 모르는 이기적이라는 것이다. 그러므로 나이가 들었어도 본능만을 추구한다면 그 삶이 유치해지는 것은 자명한 일이다.

두 번째 요소는, 자아(Ego)이다. 본능이 쾌락 원칙이라면, 자아는 현실 적응 원칙(reality principle)이다. 미성숙한 어린 아기들에게는 모든 것이 용납된다. 먹는 것, 마시는 것, 우는 것, 심지어 식사 자리에서 오줌똥을 싸도 모두 용납이 된다. 그러나 점차 나이를 먹어 가면서 자신의 긴장이나 욕구를 자기 마음대로 해소할 수 없는 상황을 경험하게 된다. 즉 이젠 잠자리에서 함부로 오줌을 싸면 맴매를 맞는다. 즉 긴장과 욕구가 생겨도 자기 중심적으로 해소하지 못하게 되면서 현실 혹은 환경에 적응하고자 하는 의식이 생기게 되는데 이것을 자아라고 보았다.

세 번째 요소는, 정신의 구조는 초자아(Super Ego)이다. 이것은 완전의 극치로서 절대적 도덕과 양심을 말하는 것이다. 이 초자아는 아주 어린 시절부터 형성되기 시작하는데, 특히 어린 아기들에게 절대적 권위자로 인식되는 부모들로부터 오게 된다. 즉 외부로부터 주어지는 칭찬과 책망을 통해 선과 악에 대한 기준으로서의 양심을 형성하게 되는데, 그는 이것을 초자아라고 불렀다.

내적 치유자로서 프로이드의 이론에 관심을 갖는 것은 이 발달

과정의 문제가 인간의 인격을 형성하는 데 있어서 너무도 중요한 역할을 하기 때문이다. 즉 어린 시절의 환경과 교육이 한 인간의 인격과 삶의 질을 좌우할 수 있기 때문이다. 그런 점에서 만약 누군가가 자아의 문제, 즉 성격적인 문제로 인해 삶의 갈등이 생겼다면 자신의 성장 과정을 돌아볼 필요가 있다. 즉 자신의 성격을 형성하고 있는 본능과 자아, 그리고 초자아를 따로 분리해서, 그 시작부터 지금의 성향으로 굳어지게 된 모든 배경을 재점검해 볼 필요가 있는 것이다.

즉 어떤 환경과 사건이 자신의 인생에 중요한 영향을 주었는지, 언제부터 가지가 꺾였는지, 아니 자신의 상태를 객관적으로 돌아보고 자신이 가지고 있는 근본적인 갈등이나 문제의 원인을 외부로 돌리지 말고 자기 스스로에게서 찾아보는 것, 이것이 바로 내적치유의 첫 걸음일 수 있는 것이다.

우리 조상들은 비록 정신분석이란 말은 사용하지 않았지만 이러한 통찰력을 이미 갖고 있었던 것 같다. "세 살 버릇 여든까지 간다"는 우리나라 속담이야말로 프로이드가 들었으면 박장대소하며 한국인의 센스를 칭찬하며 동의했을 것이기 때문이다.

2-4
프로이드의 정신분석

　심리학자들은 일찍이 자기가 어떻게 기능하는지, 그리고 그것이 어떻게 형성되었는지에 대해 깊은 관심을 가져왔는데, 정신 분석학의 창시자인 프로이드(S. Freud)는 인간의 심층적인 무의식의 세계를 중요시하고 있다는 점에서 특이하다. 프로이드에 의하면, 인간의 의식은 마음의 표층부에 있어서 극히 얇은 부분으로 되어 있고, 인간 마음의 대부분은 무의식으로 구성되어 있다. 마치 빙산과도 같아서 무의식은 의식계의 밑에 큰 부분을 차지하고 있다.

　따라서 정신 치료나 상담은 내담자에게 파묻혀 있는 어떤 동기 혹은 억압되었던 괴로운 정신적 충격을 찾아내 보여줌으로써 이루어진다고 생각한다. 실제로 프로이드는 정신적, 정서적 질병을 앓는 환자들이 과거의 한 부분에 고착되어, 과거의 어떤 시기로 다시 끌려다니고 있다는 것을 알아냈다. 그에게 있어 과거의 어떤 시기는 단순한 시간적인 개념이 아니다. 그것은 어떤 사건이나 사실로 인한 강한 충격이 머리에 인상깊게 기억되어 있다가, 시간이 지나면서 사건이나 사실 자체는 잊혀졌지만 그 느낌이나 후유증의 강한 통제를 받는 것을 의미한다. 그는 이것을 무의식이라고 불렀는데, 이 무의식의 세계는 과거의 경험과 기억들, 그리고 억압된 욕망과 감정들로 되어 있다고 설명한다.

그리고 이 무의식의 한 부분이 나름대로 체계를 갖추고, 그의 자아를 지나치게 괴롭히는 것을 강박관념으로 보며, 이 강박관념으로 인한 무의식적인 욕구가 바로 강박충동이며, 이 강박충동을 따라서 행하는 행위가 강박행위인 것이다. 그리고 당연히 많은 사람들은 이러한 종류의 강박관념, 강박충동 혹은 강박행위로 인해 많은 고통을 받고 있다고 보았던 것이다.

그가 강박관념을 무의식의 세계와 연관시켜 설명하는 이유는, 강박관념으로 인한 환자들의 강박충동이나 욕구, 그리고 그 결과로서의 이상한 행위 자체는 환자들 스스로가 의식할 수 있지만, 왜 그런 비정상적인 증상이 삶 속에 나타나는지를 환자들 자신이 모르고 있다는 것을 설명하기 위해서였다.

여기에서 프로이드가 강조하는 것은 강박관념이나 강박충동 그 자체는 무의식이 아니라는 것이다. 그러나 강박관념이나 강박충동을 일으키는 무의식의 세계를 파헤쳐서 그 원인을 분석할 수만 있다면 환자의 정신질환 증세를 없앨 수 있다고 보았다.

왜냐하면 인간 행동의 이해는 인간의 심층적인 무의식의 세계를 통찰할 때 비로소 가능하다고 믿었기 때문이다. 그렇기 때문에 프로이드의 정신 분석 요법이란, 무의식적 세계를 지배하는 과거의 동기를 찾아내어 의식화하기만 하면 그 효과가 나타나고, 무의식이 의식으로 바뀌는 전환이 있을 때에만 이 치료법이 유효하다는 것이다. 그러므로 프로이드에 의하면 누구든 진정한 치유를 원한다면, 무의식 속에 들어 있는 억압 감정이나 충족되지 못한 감정들, 그리고 잃어버린 과거의 경험들을 찾아내야 한다는 것이다.

그러나 이너힐링 사역은 프로이드가 주장하는 무의식을 형성하게 된 원인만 찾으면 치료가 가능하다는 생각에는 동의하지 않는다. 물론 과거를 탐색하고 설명하는 작업, 즉 상처의 유형을 분석하고 그 후유증을 찾아내는 사역들에는 프로이드의 이론들이 큰 도움이 된다. 그리고 이러한 심리학의 결과들을 굳이 외면할 필요가 없다. 하지만 프로이드의 이론을 맹목적으로 받아들이지 못하는 이유는 무의식의 의식으로의 전환 자체가 곧 치유를 가져오지 않기 때문이며, 이 경우 과거의 순간으로 돌아가 상처와 충격으로 인한 상한 감정까지 치료되지 않는다면 탐색 자체는 아무런 의미가 없다고 보기 때문이다.

더욱 중요한 것은, 이미 무의식적으로 장기간 몸에 배어 있는 삶의 부정적인 습관이나 죄의 뿌리는 인간의 의식이나 의지만으로 해결하기에 불충분하다고 보기 때문이다. 인간의 모든 상처와 갈등의 원인들이 과거에만 국한된 것이 아니고 얼마든지 현재 진행형으로 나타날 수도 있고, 더욱 중요한 것은 인생을 파괴하는 치명적인 문제가 죄를 동반한 영적인 문제일 가능성이 얼마든지 있기 때문이다. 그러므로 보다 근본적인 치료, 즉 영성을 동반한 진정한 이너힐링이 되지 않으면 다시 옛날의 모습으로 되돌아갈 것이다.

정리해 보자면, CT 촬영 혹은 MRI 촬영처럼 병명을 진단하는 의학도구로서의 프로이드의 설명은 치유사역에도 매우 유용한 것이 사실이고, 이러한 설명을 도입함으로 큰 도움을 받을 수 있다. 하지만 과거의 모든 부정적 모습을 훌훌 털고 진정으로 새로워지는 이너힐링의 방법으로는 프로이드의 논리가 아닌 성령님이 도우시는 현장을 만들어 내는 것이 훨씬 더 중요하다. 다만 내담자들에게 무조건 기도하면 된다고 하는 것보다는 자신의 병이 무엇이고, 언제 시작이 되었으며, 얼마나 심각한 질병인지를 알려줄 수만 있다면 훨씬 더 나은 열매를 기대할 수 있을 것이다.

2-5
마이클 스캘런과 내적치유

　심리학의 아버지 프로이드는 인간 행동의 이해는 인간의 심층적인 무의식의 세계를 통찰할 때 비로소 가능하다고 믿었다. 그렇기 때문에 프로이드의 정신 분석 요법이란 무의식적 세계를 지배하는 과거의 동기를 찾아내어 의식화하기만 하면 그 효과가 나타나고, 무의식이 의식으로 바뀌는 전환이 있을 때에 비로소 자신의 문제를 인지하게 된다고 보았다.

　그렇다면 내적 치유자의 입장에서 프로이드의 이론을 어떻게 적용할 수 있는지 마이클 스캘런(Michael Scanlan)의 이야기를 들어볼 필요가 있다. 우선 마이클 스캘런은 인간의 기억을 '표면 기억'(Surface Memories)과 '뿌리 기억'(Root Memories)으로 나눈다. 표면 기억이란 당혹스러운 사건이나 공포의 순간 혹은 죄의식으로 가득 찬 행동 등의 기억으로서 본인이 의식적으로 불러낼 수 있는 기억들을 의미한다. 그러나 뿌리 기억은 찾아내기가 어렵다. 왜냐하면 마이클 스캘런(Michael Scanlan)이 말하는 뿌리 기억이란 프로이드가 말하는 무의식 속에 깊이 숨어 있기 때문이다. 즉 사건으로서의 기억은 이미 사라졌고, 그 느낌과 후유증만 무의식 속에 남아 있는 본인이 기억하지 못하는 기억을 의미하는 것이다.

여기에서 중요하게 생각해 봐야 하는 것은 스캘런에 의하면, 이 뿌리 기억이 치료되지 않고는 표면 기억이 치료될 확률이 희박하다는 것이다. 왜냐하면 표면 기억이란 바로 빙산의 윗부분에 해당이 되고, 뿌리 기억이란 숨겨져 있지만 원인을 제공하는 본체, 즉 빙산의 아래 부분이기 때문이다.

위에 언급한 프로이드와 마이클 스캘런 두 사람 사이에는 중요한 공통점이 하나 있다. 진정한 치유를 원한다면 무의식 속에 들어 있는 억압 감정이나 충족되지 못한 감정들, 그리고 잃어버린 과거의 경험들을 찾아내야 한다는 것이다.

예를 들면, 비행기를 탄다든지 혹은 높은 빌딩에 올라가면 지나치게 공포를 느끼는 고공 공포증 환자들을 연구해보면, 이러한 환자들의 대부분은 어린 시절 높은 데서 떨어져본 치명적인 경험을 가지고 있다는 것이다.

높은 계단이나 나무 등에서 굴러 떨어져본 적이 있다든지, 이층 구조나 아니면 담벼락 등에서 떨어져 본 기억은 너무 오래되어서 기억이 나진 않지만, 높은 곳으로 올라가면 가슴이 안정되지 않고, 호흡곤란을 일으키고, 혈압이 상승되는 등의 후유증을 갖게 된다는 것이다.

그러나 내적 치유자들은 프로이드가 주장하는 무의식을 형성하게 된 원인만 찾으면 치료가 가능하다는 생각에는 동의할 수가 없다. 물론 과거를 탐색하는 작업은 필요하지만, 무의식적 문제를 의식으로 끌어 올리는 전환 자체가 곧 치유를 가져오지 않기 때문이다. 이 경우 과거의 순간으로 돌아가 상처와 충격으로 인한 상한 감정까지 치료되지 않는다면 탐색 자체는 아무런 의미가 없다고 보기 때문이다.

그렇다면 마이클 스캘런이 말하는 내적치유란 과연 무엇인가? 그에 의하면 내적치유란 흔히 육체적 치유라고 불리는 외적인 치유와는 구별되는 것으로서 속사람의 치유를 말한다. 여기에서 속사람이란 우리가 보통 정신, 의지, 또는 마음이라고 일컫는 지적, 의지적, 감정적 영역들을 말하지만, 더 나아가 정서, 심리, 혼, 영과 관련된 영역들도 당연히 포함이 된다.

그러므로 진정한 의미에서의 내적치유란 자기 자신의 인간됨의 모든 갈등으로부터 해방되는 것이다. 물론 이 내면적인 갈등들은 우리의 자아와 깊은 관계가 있으며, 이 자아는 우리의 의식 혹은 무의식에 의해 조절되고, 우리의 의식이나 무의식은 과거의 산물이기 때문에, 과거의 사건들을 재조명해서 현재 내게 나타나는 모든 부정적인 삶의 원인을 찾아내어, 우리의 삶을 근본적으로 바르게 하는 것, 바로 그것이 우리가 추구하는 내적치유의 한 목표가 되는 것이다.

2-6
에릭 번의 교류 분석

　에릭 번(Eric Berne)의 교류 분석법(Transactional Analysis) 역시 삶의 문제를 객관적으로 분석하고 이해하는 데 매우 유용하다. 교류 분석 학자들에 의하면 각 사람의 인성은 부모(parent), 성인(adult), 그리고 아이(child)로 표현되는 자아 상태의 상호작용으로 구성된다고 본다. 그리고 거기에는 부모, 성인, 아이로서의 자극과 반응을 서로 주고받는 것을 확인하는 데 도움이 되는 단서들이 많이 있는데, 이러한 것들은 말뿐이 아니라 목소리의 음색이나 몸의 동작, 그리고 얼굴의 표정들에서도 나타난다.

　여기에서 말하는 '부모'의 기능이란 양육하거나 비판을 담당한 기능으로서, 만일 이 기능이 지나치게 강화되면 억눌린 감정 상태에서 언제나 구속받고 있다는 느낌과 함께 자율적인 삶을 사는 데 어려움을 가져오게 된다. 또한 '아이'의 기능이란 그 성향에 따라서 순종적인 아이가 되기도 하고 반항적인 아이가 되기도 한다.

특별히 주목할 만한 것은 각 사람들 속에 있는 '아이'의 성향, 즉 충동적인 느낌들과 아이들다운 생각들은 자라나지 않으며 성인이 된 이후에도 결코 없어지지 않는다. 즉 누군가가 이미 성인이 되었다고 해도 자기중심 혹은 본능에 충실하고자 하는 미성숙한 아이로서의 본능이 여전히 잠재되어 있다고 보기 때문이다.

동시에 에릭 번이 말하는 '성인자아'란 아기가 생후 1년이 지나면서 자신만의 뜻과 생각대로 무엇인가를 할 수 있다는 사실을 알게 되면서부터 형성되기 시작하는데, 정상적으로 자라나지 못할 경우에 성인자아 형성에 문제가 생긴다. 즉 언어 전달 능력이 전혀 없기 때문에, 감정표현이 고작인 아기 시기에 그것을 받아서 처리해 주는 부모의 태도와 환경에 따라서 건강한 성인자아가 형성이 되든지, 아니면 늘 감정에 끌려다니는 아기자아에 영향을 여전히 받는 성인으로 자라날 수 있다는 것이다.

그러므로 정상적 성인의 상태란, 자신의 내면에 존재하는 전혀 다른 두 개의 자아, 즉 '부모 기능으로서의 자아'와 '아이적 본능으로서의 자아'를 잘 조정하며, 외부 상태들과 적절히 조화시킬 수 있는 '성인감각'이 그 기능을 제대로 감당하는 상태가 바로 성숙한 성인이라는 것이다. 그러므로 교류 분석 이론가들이 말하는 가장 이상적인 상태의 자아상은 '성인자아'가 '부모자아'와 '아이자아'를 원만하게 조정하여 삶의 주도권을 행사함으로 자신의 삶은 물론 타인과의 교류관계에 있어서도 원만한 역할을 담당하는 것이다.

에릭 번은 이러한 이론을 설명하기 위해 토머스 해리스(Thomas Harris, 1910- 1995)의 이론을 빌려온다. 즉 해리스의 책『I'm OK. You're OK』에 소개가 되어 세계적으로 유명해진 네 가지 삶의 유형을 보다 더 확대한다.

첫 번째 유형은, '자아긍정(I'm OK) - 타인긍정(You're OK)'이다.
이것은 자아에 대한 긍정적인 이미지와 함께 타인의 삶을 긍정적인 시각으로 바라보는 태도를 의미한다. 나도 큰 문제가 없는 정상인이지만 다른 사람들 역시 나름대로 보람과 의미를 가지고 산다는 낙관적인 성향을 가지고 있다.

두 번째 유형은, '자아부정(I'm not OK) - 타인긍정(You're OK)'이다. 다른 사람들의 삶은 모두가 훌륭해 보이고 아름다워 보이지만 자기는 늘 무언가 문제를 가지고 있는 것처럼 자기 자신에 대한 건전한 정체성을 갖지 못한 상태로 인생을 사는 것이다. 즉 이 세상이나 타인들에 비교해 볼 때 자기 자신은 무언가 부족한 존재로 이해를 하고 있는 것이다.

세 번째 유형은, '자기긍정(I'm OK) - 타인부정(You're not OK)'형이다. 모든 사람들보다 항상 자기가 뛰어나다고 생각을 하기 때문에 자기중심적이고 자기주장이 강할 수밖에 없다. 당연히 다른 사람들을 무시하는 경향이 있고 자기 자신은 무언가 특별한 면이 있다는 생각을 하게 된다.

네 번째 유형은, '자기부정(I'm not OK) - 타인부정(You're not OK)' **형이다.** 나도 잘못되었지만 너 역시 틀렸다는 것이다. 모든 면에서 긍정적으로 바라보기보다는 단점이나 문제점이 먼저 눈에 들어오게 된다. 당연히 비판적 혹은 비관적인 성향을 갖게 되고 삶 역시 그런 범주를 벗어나지 못하게 된다.

여기까지가 해리스의 이론이라면, 에릭 번은 이러한 도식을 보다 구체적으로 확대하였다. 즉 교류의 차원을 단순하게 나와 당신(I and You)으로만 본 것이 아니고, 제3자 즉 그들(They)과의 관계까지 혼합시켜서 좀 더 복잡하긴 하지만 보다 구체적으로 자신의 상태를 분석할 수 있도록 시도한 것이다.

이렇게 교류분석 학자들이 부모자아(Parent Ego), 성인자아(Adult Ego), 그리고 아이자아(Child Ego)로 나누었다고 해서 이러한 도식이 프로이드가 말하는 인격의 구조들, 즉 본능(Id)과 자아(Ego) 그리고 초자아(Super Ego)로 나눈 도식과 인격의 구조들이 서로 일치하는 것은 아니다. 왜냐하면 프로이드에게 있어서 의식의 세계에서 일어나는 작용은 오직 자아(ego)뿐이며, 나머지 본능(Id)과 초자아(Super Ego)는 무의식적 작용이기 때문이다. 하지만 에릭 번이 말하는 '부모'와 '성인', 그리고 '아이'의 인격적 작용은 모두 의식의 세계에서 일어나며, 따라서 각 기능이 생각하고 느끼는 내용과 태도를 자기 스스로 의식적으로 감지할 수 있다고 말하기 때문이다.

예를 들면, 알코올 중독자들이 음주를 계속한다면 시간이 지날수록 중독의 강도가 높아질 것이고, 따라서 그들의 내면적인 자원은 고갈되고 말 것이다. 그들은 당연히 가정, 결혼, 직장 등의 삶의 거의 모든 영역에서 정상적인 성인으로서의 성숙한 역할을 담당하지 못할 것이다. 이 상황을 TA용어로 설명하면 '성인'이 자기의 역할을 포기한 반면, 무조건적으로 알코올을 요구하는 '아이'의 자아와 '형벌적인 부모' 사이에서 방황하고 있는 것이다. 말하자면 도덕적 판단력이 미숙한 상태에서의 '아이자아'의 강요에 의해 습관적으로 술을 먹게 되고, 비판과 형벌의 상징으로 구성된 '성인자아'에 의해 죄책감을 갖게 된다. 이러한 상태에서 헤어 나오지 못하는 '성인자아'의 무기력을 본인도 느끼지만, 이미 스스로의 역할을 잃어버린 '성인자아'의 무능력으로 인하여 혼자의 힘으로는 해결할 수 없는 상태에 빠지게 된 것이다.

교류분석학자들의 입장에서 볼 때 대부분의 내담자들이 갖고 있는 문제는, 내담자 자신이 자신의 세 개의 다른 자아를 의식하지 못할 때에도 발생하지만, 한 상태가 다른 상태를 오염시킬 때에도 발생한다. 인종주의자들을 예로 든다면, 정보를 처리하는 '성인자아'가 비판적인 '부모'에 의해 오염이 되어 편견적인 태도들과 증오심을 갖게 되고, 따라서 인간의 객관적인 존엄성과 동등

성을 보지 못하는 편협된 인간성을 갖게 된다는 것이다.

그런 의미에서 행동교류 분석가들이 주로 사용하는 치료의 방법은 그룹을 사용하는 것이다. 왜냐하면 그룹을 하나의 현장으로 보고, 그 속에서 각자가 수행하는 역할을 객관적으로 분석하며, 동시에 가장 이상적인 자아상을 확인할 수 있기 때문이다.

그리고 그룹치료를 통한 관계분석의 목적은, 각 개인이 사회생활을 바람직하게 관리할 수 있을 때까지 그들의 진보를 돕는 일이며, 그들이 사용하는 그룹치료의 방법으로는 구조분석(Structural Analysis), 교류분석(Transactional Analysis), 놀이분석(Game Analysis), 그리고 대본분석(Script Analysis) 등의 네 가지가 있다.

내적치유 입장에서 볼 때 TA이론이 유용한 것은, 행동교류 분석은 어린 시절의 경험이 사람의 내적인 '아이자아'나 '부모자아'를 통해서 어떻게 현재의 관계에 영향을 끼치고 있는가를 찾아낼 수 있는 방법을 제공해 주기 때문이다. 더욱이 서로의 상호관계를 통해 자신의 성향을 분석해 보는, 이러한 교류 분석적 시도는 창의적이며 설득력도 있어서 자신이 몰랐던 자신의 문제를 발견하는 데 큰 도움을 줄 수도 있는 것이다.

2-7
찰스 휫필드의 성인아이

　찰스 휫필드(Charles L. Whitfield)의 성인아이(Adult Children)의 이론에서 중요한 주제는 '내면에 잠재된 아이'(child within)를 발견하는 일이다. 칼 융은 이것을 '신성한 아이'(Divine Child)라 불렀으며, 에메 폭스(Emmet Fox)는 '경이로운 아이'(Wonder Child)라고 불렀다. 심리치료자인 앨리스 밀러(alice miller)와 도날드 위니코트(Donald Winnicott)는 그것을 '참자아'라고 부르며, 약물치료 분야에서 큰 업적을 이룬 로컬 레르너(Rokelle Lerner) 등은 '내재적 과거아'(Inner Child)라고 불렀다.

　찰스 휫필드가 '내재아'를 중요하게 보는 이유는 누구든지 그들의 어린 시절을 보내는 가운데 부모나 사회로부터 부정적인 영향을 받으면 자신의 진정한 자아인 '참자아'가 양육되지 못하고 오히려 거짓된 자아 혹은 상호 의존적인 자아가 형성된다고 보기 때문이다. 놀랍게도 찰스는 80-95%에 이르는 사람들이 성장 과정에서 충분한 사랑과 지도, 기타 적절한 양육을 받지 못했기 때문에, 다른 사람들과 지속적으로 친밀한 관계를 맺고 살거나, 자신과 자신이 하는 일에 대해 좋은 느낌을 유지하기 어렵다고 진단한다.

만약 이 진단에 타당성이 있다면, 우리는 프로이드나 칼 융과 같은 고전적인 정신 분석치료자들과 현대의 내적 치유자들의 결정적인 접근 방식의 차이를 발견하게 된다. 전통적인 정신 분석 치료자들과 그들의 후예인 현대의 심리치료자들은 특별한 증상을 호소하는 환자라고 부르는 특별한 사람들이 치료의 대상일 수 있다. 하지만 내적 치유자의 입장에서 보면 소위 정상인이라고 불리는 사람들의 대부분이 치료의 대상이라는 것이다.

내적 치유자들이 이렇게 주장하는 이유는, 대부분의 사람들이 성인아이의 증세를 가지고 있다고 보기 때문인데, 특히 휫필드는 성인아이의 증상을 다음과 같이 보았다. 그가 말하는 성인아이의 증세는 수치심, 굴욕감, 품위가 손상된 느낌, 죄책감, 비판, 망신을 줌, 지나친 농담, 비웃음, 괴롭힘, 교묘히 조종함, 속임, 희롱, 배반, 상처를 줌, 잔인함, 얕봄, 협박, 선심을 씀, 위협, 벌에 대한 두려움, 못살게 굶, 통제, 제한, 위축감, 제한적인 사랑, 진지하지 못함, 불신임, 무력감, 잘못 인도함, 못마땅해 함, 필요나 욕구에 소홀히 함, 약속을 위반, 거짓된 희망을 품음, 일관성의 결여, 애매한 요구를 함, 억압, 지나친 절제, 나는 다르다는 차별감 등이다. 물론 그가 말하는 이러한 증상은 보통 사람들에게서 흔히 나타나는 증상이다. 그러나 성인아이는 위의 여러 증상들이 복합적으로 나타날 수도 있고, 더욱이 그러한 증세가 심해서 정상적인 삶에 지장을 주는 경우를 의미하는 것이다. 그러므로 이러한 문제들을 해결하기 위해서는 내재아의 치료되지 않은 문제, 즉 핵심문제(Core Issues)를 먼저 다뤄야 하는데, 왜냐하면 일상 생활에서 쉽게 나타나는 성인아이의 증상들은 결국 치료되지 않은 내면의 문제 즉 불완전한 내재아에서 기인하기 때문이다.

그렇다면 내재아를 회복하기 위해서 먼저 해결해야 될 핵심 문제는 무엇인가? **찰스 교수는 다음과 같은 14가지의 핵심문제들을 소개하는데, 그것은 곧 통제의 문제, 신뢰의 문제, 감정의 문제, 지나친 책임감의 문제, 자신의 욕구에 둔함, 전부 아니면 전무라는 완벽주의, 부당한 행위에 대한 과도한 관용, 낮은 자존감, 진실해지기 어려움, 상실한 것에 대해 애통해 하지 못함, 버림받는 것에 대한 두려움, 갈등 해결의 어려움, 그리고 사랑을 주고받는 것에 대한 어려움 등이다.**

그러므로 내적 치유자의 입장에서 본다면, 치유되지 않은 성인아이의 문제는 결국 치유되지 않은 과거의 모든 상처로 인한 후유증에 다름 아니다. 다시 말하면 문제 가정에서 흔히 일어날 수 있는 현상, 즉 무방비 상태의 어린이의 내재아를 억압하는 모든 종류의 신체적, 정신적, 그리고 성적인 학대를 비롯하여 어린이 방치, 자녀들에 대한 영적, 정신적 성장에 대한 무지와 훼방 등이 문제인 것이다. 이러한 의미에서 찰스 교수는 '역기능가정'(Dysfunctional Families)들이 보여주고 있는 어린이의 건전한 '내재아'의 성장을 억압하는 모든 행위를 '어린이 정신 살해'(the murder of child's soul)라고 불렀다.

융의 관점에서 본다면 성인아이의 문제는 그가 말하는 '퇴행'이라는 개념과 일치한다. 그에 의하면 인격적인 발달은 앞으로의 전진적인 방향을 취할 수도 있고, 오히려 후퇴하여 퇴행적인 방향을 취할 수도 있기 때문이다. 말하자면 전진이란 의식적인 자아가 현실의 환경을 정신 전체의 여러 욕구와 조화시켜서 정상적으로 성장하는 것을 의미하지만, 퇴행이란 환경적 요인에 의한 좌절, 박탈감으로 인해 깨어진 조화가 더 이상 성장하지 못하고 무의식으로 전향된다고 보기 때문이다. 따라서 대부분의 모든 사람들이 성숙하지 못하고 무의식에 머물러 부정적으로 고착된 내재아에 의해, 자신의 삶에 부정적인 영향을 받게 되는 것은 당연한 결과이다.

내적치유 사역에서 성인아이의 문제를 중요하게 다루는 이유는 바로 이것 때문이다. 성인아이의 모습으로 고착된 자신의 내재아가 치료되지 않는 한 내면적인 치유는 불가능하고, 따라서 성인아이가 필연적으로 가지고 있는 삶의 고통과 갈등들로부터 해방되어 참된 자유 가운데 거하는 성숙한 삶이 현실적으로 매우 어렵기 때문이다.

2-8
브루스 탐슨의 다림줄

　뉴질랜드 출신의 의사이며 다림줄(The Divine Plumbline) 사역으로 하와이 코나 열방대학의 상담대학(College of Counseling and Health Care)을 이끌어 가고 있는 브루스 탐슨(Bruce Thompson) 박사가 설명하는 다림줄 사역의 중요한 주제는 '권위자'(Authority Figure)이다.

　브루스 탐슨 박사가 말하는 권위자란, 어린 유아가 성장의 과정에서 필연적으로 만날 수밖에 없는 환경적 요인으로서, 그의 삶에 영향을 끼치는 외부적인 힘을 가진 사람들을 의미한다. 예를 들면, 어린 아기에게 절대적인 영향을 줄 수 있는 아버지를 비롯하여 어머니, 선생님 등 어린아이의 상황에 따라 치명적 상처를 줄 수 있는 모든 위치의 사람들을 총칭한다.

　그는 권위자의 중요성을 인식시키기 위하여 '아버지 결핍증'에 대한 미국 육군 연구소의 연구 보고서를 인용한다. 미국 육군 연구소는 아버지가 군 복무로 인해 장기적으로 출타중인 3세에서 18세에 이르는 약 200명의 비행청소년을 포함한 어린이들로부터 수집된 자료들을 심리학자들과 사회학자들에게 분석하도록 의뢰하는 연구를 진행한 적이 있었다. 그 결과 군복무로 인해 아버지가 장기적으로 출타중인 자녀들과 죽음 때문에 아버지를 잃은 어린이들의 반응이 동일했던 사실을 발견하게 된 것이다. 그리고 미국 육군 연구소가 발표한 아버지 결핍증의 증상은 분노, 부정적 태도 및 공상, 재회의 시도, 죄의식, 두려움, 충동, 그리고 퇴보였다.

여기서 아버지 결핍증이라는 말은 결국 어린 자녀에 대한 아버지의 진정한 사랑과 보호가 자신의 동의없이 떠나버린 후유증으로서 나타나는 감정적 증상인데, 이 말은 어린 시절의 아버지 사랑이 얼마나 중요한가를 역설적으로 보여주는 말이기도 하다. 동시에 아버지라는 말은 사랑이라는 말로도 대치될 수 있기 때문에 설사 아버지가 있었다 해도 충분한 보살핌과 사랑이 충족되지 않은 경우에도 똑같이 나타날 수 있는 증상이다. 더욱 중요한 부분은, 아버지가 있지만 사랑과 보살핌보다 오히려 학대와 방치가 있었다면 아버지 유무에 관계없이 이러한 증상은 여전히 나타나게 된다.

정신과 의사였던 브루스 탐슨 박사는 이러한 연구결과를 주목하며, 육군 연구소의 보고서가 보여주는 아버지 결핍증의 유아적 증세는 결국 정상적 권위자의 부재 문제이며, 만약 이러한 유아적 증세가 치료되지 않으면 성인이 된 이후에는 사회적인 증세로 나타날 수밖에 없는 과정을 설명한다.

아버지 사랑의 결핍의 첫 번째 요소는 분노인데, 예를 들면 옆집의 아빠는 자기 아들과 잘 놀아주기도 하고, 생일파티도 함께하며, 성탄절 선물도 사다 주지만 자기 생일에는 자기와 함께해 줄 아빠가 없을때 가장 기본적으로 짜증과 함께 분노의 감정이 생긴다는 것이다. 문제는 이러한 분노가 처리되지 못하고 그 마음에 항상 자리를 잡게 되면 성인이 된 후에는 각종 범죄로 이어질 수 있다는 것이다. 그런 의미에서 부정적 태도 및 공상은 괴팍한 성격으로 자라날 수 있고, 재회의 시도는 지나친 욕심과 소유욕으로, 죄의식은 내재화된 억압이나 태만으로, 두려움은 노이로제를 동반한 신경증으로, 충동 변화는 정신 분열로, 퇴보는 정신이상으로까지 발전될 수 있음을 설명하고 있는 것이다.

이러한 보고와 매우 유사한 보고가 많이 있는데, 그중의 하나는 앤더슨(Ray S. Anderson)의 보고서로 소위 반항하는 비행 청소년들에게서 나타나는 심리적인 증상이다. 그에 의하면 사람들이 낮은 자존감을 갖거나 반항적인 행동을 하는 이유는, 정상적인 사랑의 관계를 맺지 못했거나, 오히려 학대나 사랑의 남용으로 인해서 부정적인 삶의 태도로 고착되었기 때문이라는 것이다. 그리고 이런 증상을 보이는 사람들의 내면에는 답답한 마음, 강제적인 위압감,

욕구불만, 착취당하는 감정, 파괴적인 생각, 그리고 정신적인 장애감 등이 도사리고 있음을 발견한 것이다.

　여기에서 제기되는 문제는, 내게 영향을 주는 권위자를 본인 스스로 선택하거나 바꿀 수 없으며, 자기의 의사와 관계없이 이미 규정되어 있고, 모든 인간은 자기의 권위자 앞에 무방비 상태로 노출될 수밖에 없다는 것이다. 그러한 의미에서 사람들은 본능적으로 자아를 방어하게 되면서 자신의 성격을 형성하게 되는데, 브루스 탐슨 박사는 이것을 방어의 벽(Defensive Walls)이라고 불렀다. 그리고 이 방어의 벽은 모든 사람에게 공통적으로 나타나게 되는데, 그 유형을 보면 수동적인 태도로서의 수비적인 자세와 적극적인 태도로서의 공격적 성향의 두 가지 형태가 있다.

　우선 방어적인 입장에서 마음의 벽을 쌓으면 수비적 모습으로 성격을 형성해 가는 사람들은 주로 내성적 성향의 개성을 갖게 되고, 그러한 사람들의 심리 상태는 슬픔, 자기연민, 자기혐오, 실의, 무관심, 열등의식, 불안정, 실패의식, 피해의식, 죄의식, 침침함, 죽어감, 꺼짐, 낙심, 실망 등으로 이어지면서 결정적 순간에는 자살에까지 이르게 된다.
　또한 공격적 태도로서 마음의 벽을 쌓으며 성격을 형성해 가는 사람들에게는 적개심, 자만심, 궤변, 의기양양, 심적수축, 우월의식, 경쟁의식, 군림, 완고함, 고집불통, 비통, 분노, 비판적, 지배욕, 소유욕 등으로 나타나며, 이것이 마지막까지 치유가 되지 않고 진행이 되면 결국 살인에까지 이른다고 보았다.

위에서 보듯이 권위자에게 수동적 태도로 반응하는 내담자는 결국 자살에 이르게 되지만, 이 자살이라고 부르는 것은 육체적 자살을 비롯해서 양심의 자살, 마음의 자살, 인격의 자살, 도덕의 자살 등 여러 가지로 나타나 자기의 삶에서 자포자기하고 함부로 몸을 학대하며 사는 윤락여성들이 대표적 사례라고 볼 수 있다.

또한 공격적으로 반응한 사람들은 결국 살인에 이르게 되지만, 역시 진짜 사람을 죽이는 것보다 표독스럽고 독한 말로 사람의 마음을 죽이고, 내가 상처를 받기 전에 내가 먼저 상처를 주겠다는 무의식적 반동이 습관화되어 있는 경우라고 볼 수 있다.

그리고 사람에 따라서 수동 혹은 공격적 성향 중 어느 한 면으로 치우쳐 발달할 수도 있지만, 이 극단적인 양면을 동시에 갖는 경우도 있다. 극단적 우월 의식과 극단적 열등감이 한 사람에게서 동시에 나타나는 이유가 바로 거기에 있다고 보아야 할 것이다.

그렇다면 어떻게 권위자로부터 오는 문제를 극복할 수 있는가?

내적 치유자의 입장에서 본다면, 권위자를 새롭게 인식시키는 것을 시작으로 이 문제를 해결해 나갈 수 있다고 생각한다. 말하자면 내게 상처를 주었던 그 권위자도 절대로 완전하지 못하며, 그 역시 누군가 또 다른 불완전한 권위자에 의하여 상처와 고통을 받은 피해자라는 사실이다. 내가 안고 있는 아픔과 상처를 그도

가지고 있으며, 그 또한 자신을 방어하기 위해 만들어진 방어의 벽으로 단순히 내 앞에 서 있었을 뿐인 것이다.

브루스 탐슨 박사의 입장에서 본다면, 일반 심리학이 내적치유에 공헌할 수 있는 부분이 바로 여기에 있다. 내 삶에 악한 영향을 끼쳤던 나의 권위자, 그 역시 피해자의 한 사람임을 확인시켜 주며, 그 권위자에 의해 부정적으로 고착된 자아와 그로 인해 잘못 살아온 자신의 삶을 명확하게 인식시켜 주는 것이다.

내적치유를 시도하는 목회자라면 이제부터 영적인 방법으로 방향을 바꾸어야 하는데, 이쯤에서 완벽한 새로운 권위자로의 하나님을 소개할 수 있다. 이때 내적 치유자는 하나님이 왜 우리의 권위자가 되어야 하는지를 분명하게 밝힐 수 있어야 하며, 반항을 유도하는 강압적인 방법이 아니라, 좋으신 하나님에 대해 소개하고 스스로 그 품에 안길 수 있도록 인도해야 하는 것이다.

2-9
하워드 클라인벨의 목회 심리치료

하워드 클라인벨(Howard Clinebell)이 말하는 목회 상담의 독특성은 인간의 영성적 생활, 가치, 의미 및 궁극적 헌신에 대한 변화에 대해 관심을 갖는 것이다. 그러나 그는 심층적 치료는 복잡하고 시간이 많이 걸리는 과정이기 때문에, 상담과 치료에 대한 특수목회를 전공한 사람들에 의해서만 실시되어야 한다고 주장한다.

실지로 미국의 전통적인 여러 정신 분석학회의 회원 자격은 의학 교육에 덧붙여서 각 학회에 의하여 승인된 회원에 의하여 행해지는 개인적인 정신분석, 정신의학의 훈련과 인턴, 그리고 각 훈련센터에서 시행되는 정신분석의 특별과정을 포함한 상당한 훈련을 받은 의사에 제한되어 있다. 그래서 클라인벨 교수는 심층 치료에 대한 이해와 훈련이 안된 목회자들은 자격을 갖춘 목회 심

---
* 미국 목회상담자협회(AAPC)의 회장을 역임하고, 캘리포니아에 있는 클레어몬드신학교의 상담학 교수.

리치료자나 세속적인 심리치료자들에게 자기들의 내담자를 위탁할 것을 권하는 것이다.

그럼에도 불구하고 목회 심리치료에 대한 그의 신념은 분명하다. 그것은 곧 목회자의 전반적인 목회를 강화시켜 준다는 것이다. 더 나아가, 목회 심리치료나 세속적 심리치료를 막론하고 가장 창조적이고 유능한 심리치료자들은 여러 가지 심리 치료적 접근 방식의 통찰과 방법을 활용해서 통합적인 절충주의(Integrated Eclecticism)를 개발한 사람들이며, 동시에 이러한 자원과 자료를 내담자의 분석과 치료에 통합하지 않으면 진정한 의미에서의 심층 치료는 불가능하다고 보고 있다.

그가 이렇게 말하는 것은, 물론 각각의 심리치료 이론들이 서로 중복도 되고 상호 보완적이기도 하지만 때론 갈등도 일으키기 때문이다. 그러한 의미에서 우선 그는 **현대 심리치료의 방향을 다음의 다섯 가지로 분류**한다.

첫째 경향은, 전통적인 통찰 지향적 치료로서 프로이드로부터 시작되어 발전된 일반 심리치료 이론들을 말하며, 목회 치료자들은 이러한 경향의 치료이론으로부터 귀중한 자원을 빌려올 수 있다고 보았다.

둘째 경향은, 행동적, 활동적 및 위기 치료로서 삶에 있어서의 근본적 문제는 잘못된 학습에 있었기 때문에 재학습을 통해 변화를 꾀한다는 것이 핵심내용이다. 말하자면 치료의 목표는 이미 드러난 잘못 적응된 행동을 고치는 것이지만, 그 치료의 방법은 드러나지 않고 숨겨진 행동 즉 생각, 감정, 신념, 환상 등을 먼저 고쳐야 한다는 것이다. 즉 삶에서 반드시 만나게 되는 각종 위기에 대응하는 마음의 자세를 미리 훈련과 학습을 통해 고취함으로 건강한 삶을 유지할 수 있다고 본 것이다.

셋째 경향은, 인간 잠재성의 치료로서 사람들 속에 내재되어 있는 잠재된 가능성을 현실로 실현할 수 있도록 도움을 주는 것이다. 행동 교류 분석(Transactional Analysis)이 이 경향에 속하는데, 억압이나 속박이 아니라 누구나 가지고 있는 삶의 모든 가능성을 찾아서 성숙한 삶에 이르도록 돕는 것이다.

넷째 경향은, 관계적, 체제적 및 급진적 치료의 경향으로서 사회의 여러 조직이나 체제들을 자유롭게 해서, 그 구성원들로 하여금 더욱 자유롭고 건설적으로 살도록 유도하는 치료 방법이다. 예를 든다면 집단 상담이나 성장집단들과 같은 집단치료, 공동 결혼 치료, 가족 및 복합적 가족 치료 등을 말할 수 있으며, 체제나 그룹을 겨냥한 전체성을 양육하려는 목표를 가지고 있기 때문에, 성장을 저해하는 구조를 바꾸려는 상담 목회자에겐 새로운 개념과 방법을 제공해 줄 수 있다.

다섯째 경향은, 영적성장 치료로서 영성적인 전인성을 지향하는 영성적 치유와 성장을 치유의 핵심으로 보는 경향인데, 실존주의적 치료나 목회 심리치료 혹은 융의 접근 방식이 여기에 해당된다고 보고 있다.

엄격히 말하면 클라인벨의 심리치료의 접근 방식은 이미 그가 말한 다섯 번째의 경향에 포함된다고 할 수 있다. 왜냐하면 그가 말하는 목회 심리치료란, 심층 심리학이 조명해주는 통찰과 심리치료적인 훈련과 우리들의 종교적인 유산을 통합하여 사람들로 하여금 영성을 중심으로 한 전인성을 향해 나가게 하는데, 가로막혀 있는 장벽들을 제거하도록 도와주는 치료의 과정이기 때문이다.

그런 의미에서 클라인벨의 시도는 우리에게 또 하나의 방향을 제시해 주고 있는 것이다. 목회적 상담이나 목회적 심리치료라고 해서 성경적 전통만 고집할 것이 아니라, 심리학이나 정신 분석학 혹은 그들의 치료방법, 그리고 영적 지도자로서의 목회자의 자원을 통합하여 영성 중심적인 전인성을 추구하는 것이 클라인벨식 목회심리치료라면, 이너힐링 사역 역시 같은 선상에 서 있는 것이다.

제 3 장

무의식의 비극

3-1
프로이드와 무의식

프로이드가 무의식이라는 단어를 사용하기 전까지는 무의식이라는 용어는 물론 그 개념조차도 사람들은 알지 못했었다. 그래서 프로이드가 무의식이라는 말을 처음 사용하여 강의를 했을 때, 당시 학계에서는 큰 반발이 있었다. 인간의 정신으로, 즉 인간의 의식으로 인식할 수 없는 정신적 세계는 없다는 반발이었는데, 용어 자체의 모순성을 생각하면 상당히 일리가 있는 지적이었다.

왜냐하면 인간의 의식이란 인간의 인식능력을 말하는데, 스스로 인식하지 못하는 인식, 즉 무의식이 어떻게 존재할 수 있느냐는 논리였다. 그러나 지금은 완전히 반대의 현상이 일어나고 있다. 즉 정신과 의사들에게 환자가 오게 되면 우선 그의 무의식의 세계를 먼저 탐구하게 되는 것이다.

프로이드에 의하면 무의식이란 빙산과도 같은 존재이다. 말하자면 거대한 빙산의 대부분은 물에 잠겨 보이지 않고 눈에 보이는 것은 전체의 약 십분의 일에 불과한 것과 같다. 그래서 빙산의 무게 중심이 눈에 보이는 일각이 아니라 눈에 보이지 않고 물 속에 잠겨 있는 빙산 본체에 있는 것처럼, 인간의 행동을 규정하는 뿌리로서의 무의식이 그렇다는 것이다.

실제로 프로이드는 정신적, 정서적 질병을 앓는 환자들이 과거의 어느 한 부분에 고착되어, 그 시기로 다시 끌려 다니고 있다는 것을 증명해 냈는데, 여기에서 말하는 과거의 한 부분이란 단순히 시간적인 개념이 아니다.

그것은 어떤 사건이나 사실로 인한 강한 충격이 머리에 인상깊게 기억되어 있다가, 시간이 지나면서 사건이나 사실 자체는 잊혀졌지만 그 느낌이나 후유증의 강한 통제를 받는 것을 의미한다. 따라서 정신 치료나 상담은 내담자에게 파묻혀 있는 어떤 동기 혹은 억압되었던 괴로운 정신적 충격을 찾아내 보여줌으로서 이루어진다고 생각하게 된 것이다.

프로이드에 의하면, 이 무의식의 세계는 과거의 경험과 기억들 그리고 억압된 욕망과 감정들 속에 숨어 있다. 중요한 것은 이렇게 보이지 않게 숨어있는 무의식들이 나름대로 체계를 갖추고, 그의 자아를 지나치게 괴롭히는 것을 강박관념으로 보며, 이 강박관념으로 인한 무의식적인 욕구가 바로 강박충동이며, 이 강박충동을 극복하지 못하고 끌려다니는 행동을 강박행위로 규정했다. 그리고 이러한 강박관념이나 강박충동은 신체적으로도 심각한 영향을 끼친다고 보았다.

어느 날 두통을 호소하는 한 여인이 프로이드를 찾아왔다. 병원에 가서 진찰을 받아도 아무런 이상이 없고 두통약을 먹어도 효과가 없는 여인이었다. 주기적으로 찾아오는 두통은 아니지만 한번 발작이 일어나면 도저히 견디기 어려운 두통인데, 거기다가 감정적인 불안까지 겹치게 되면 거의 멘붕에 이르게 되는 심각한 상황이었다.

그때부터 프로이드는 이 여인을 면밀히 관찰하게 되는데, 이 통증에는 한 가지 특징이 있었다. 요란한 경적을 울리며 달리는 차들, 즉 앰뷸런스나 소방차 등에서 나는 시끄러운 사이렌소리를 들으면 그런 발작이 오는 것이었다. 당연히 사이렌과 관계된 여인의 상처를 추적해 냈는데, 그것은 그 여인이 소녀시절 동네 깡패에게 강간을 당하고 있을 때 마침 시끄러운 사이렌소리를 내며 지나가는 차가 있었다는 것이다. 수십 년이 지나 이미 중년을 넘어가는 나이이기 때문에 평상시에는 그때의 사건을 잊고 살지만, 사이렌소리가 나면 자신도 모르게 고통 받던 순간으로 되돌아가는 것을 프로이드가 발견하게 된 것이다.

프로이드는 이것을 무의식이라고 불렀는데, 이 무의식의 세계는 과거의 경험과 기억들, 그리고 억압된 욕망과 감정들로 되어 있다고 설명한다. 그리고 이 무의식의 한 부분이 나름대로 체계를 갖추고, 그의 자아를 지나치게 괴롭히는 것을 강박관념으로 보며, 이 강박관념으로 인한 무의식적인 욕구가 바로 강박충동이며, 이 강박충동을 따라서 행하는 행위가 바로 강박행위로 나타난다고 본 것이다.

여기에서 프로이드가 강조하는 것은 강박관념이나 강박충동 그 자체는 무의식이 아니라는 것이다. 그러나 강박관념이나 강박충동을 일으키는 무의식의 세계를 파헤쳐서 그 원인을 분석할 수만 있다면 환자의 정신질환 증세를 없앨 수 있다고 생각한 것이다.

상처 자체로서의 사건은 기억에서 사라졌지만, 그 상처의 후유증이 무의식에 축적되어 있다는 프로이드의 주장은 상당히 일리가 있다. 하지만 무의식의 본체를 찾아낼 수만 있으면 모든 내면의 치료가 가능하다는 주장에는 동의할 수 없다.
그 무의식의 후유증이 그냥 무의식에만 남아있는 것이 아니고 인격의 형성을 넘어 삶의 가치관은 물론 영적인 상처에까지 이르러 있을 수 있기 때문이다.

3-2
고정관념의 비극

　우리가 흔히 말하는 선입견이나 편견 혹은 고정관념처럼 이미 고착된 정신 사고는 성숙한 삶을 방해할 뿐만 아니라 원만한 관계를 파괴하기 때문에 치유의 대상으로서 중요하게 취급되어야 하는 내용이다. 특히 가정에서는 물론 교회에서 생겨나는 많은 갈등들은 신앙적 결단에서 일어나기보다는 소위 신념이라고 주장하는 고정관념이나 선입견 때문일 수 있기 때문이다.

　예들 들면, 자기 생각에 "목사라면 이 정도는 되어야 한다"라는 자기 기준을 가지고 그 기준에 미치지 못할 때에 비판의 화살을 날리게 된다. 그래서 한 목사를 두고 비판하는 내용들이 사람마다 다를 수도 있지만 꼭 목사에게만 해당되는 것은 아니다. 장로에 대한 선입관도 마찬가지이고, 심지어 교회에 대해서도 부정적인 고정관념을 갖게 되면 결국 어떤 형태로든지 표출이 되고 이것이 갈등의 원인으로 작용하게 되는 것이다.

사람들과 대화를 하다 보면 다음과 같은 말을 자주 듣게 된다.

"반드시 이렇게 해야 한다."

"이게 원칙이다."

여기서 '반드시, 절대로, 꼭'이란 단어는 대화나 타협 불가라는 느낌을 주는 단어들인데, 이럴 경우 그 모임은 정상적으로 진행될 수가 없다.

그러나 "교회의 일은 반드시 이렇게 해야 한다"라는 나의 생각 자체가 바로 고정관념일 수 있다. 그리고 이러한 고정관념의 노예가 되면 결국 주변의 사람들에게 상처를 주게 되고, 더 나아가서 이러한 고정관념이 치유가 되지 않으면 우리의 무의식 속에 뿌리를 내리게 되고, 우리의 성격으로 표출될 수도 있다는 것이다.

치유 클리닉에 참석했던 어떤 목사님이 계셨다. 그분은 이북이 고향이셨고, 그의 나이 여섯 살쯤 되던 해에 한국 전쟁이 시작됐다. 무서운 경험이었다. 그러던 어느 날, 두려움에 휩싸여 잠을 자던 이 아이가 한밤중에 두런두런 이야기하는 부모의 대화를 엿듣게 되었다.

대화의 내용은 "내일 남한으로 피난을 가야 하는데 이 아이를 두고 가느냐, 데리고 가느냐?" 하는 문제였다. 데리고 가야 하긴 할 텐데 아이가 그 먼 거리를 걸을 수 없으니 문제고, 그렇다고 여섯 살이나 됐으니 업고 갈 수도 없는 상황이었다. "설마 공산당이라도 아이들을 죽이진 않을 것이다"라는 생각에 결국 아이를 두고 가기로 결정이 되었다.

자는 척하면서 모든 상황을 알게 된 이 아이는 너무도 무서운 마음에 잠도 자지 못하고 뜬눈으로 날밤을 세웠다. 그리고 아침부터 어머니의 치마꼬리를 붙잡고 다녔지만 어느 순간 사람들 틈에서 부모를 잃고 말았다. 부모로부터 버림받은 이 아이가 겪은 고생은 말로 다할 수 없지만, 감사하게도 결국 이 아이도 남한으로 넘어와서 어느 고아원에서 자라게 되고 나중에 목사가 되었다.

그러나 이분의 목회에 문제가 생겼다. 목회가 너무도 어려운 것이다. 아무리 열심히 목회해도 교회는 부흥되지 않고 성도들과의 갈등이 멈추지 않았다. 교회를 많이 옮겨 다녔지만 가는 곳마다 결과는 마찬가지였다.

왜냐하면 이 목사님의 무의식 속엔 "사람들은 늘 배신한다"는 고정관념이 너무도 강하게 형성되어 있었기 때문이다. 그래서 교우들을 사랑하고 섬겨야 하는데, 오히려 성도들로부터 배신이나 버림을 받을까 봐 성도들을 신뢰하지 못하니까, 교우들 쪽에서 볼 때는 오히려 의심 많은 이상한 목사로 느껴지게 되는 일이 반복된 것이다.

결국 목회를 마칠 때쯤 해서 치유클리닉에 오게 되었는데, 이분 역시 자신의 삶을 돌아보면서, 자기 자신이 어린 시절 상처의 희생자임을 깨닫고 얼마나 안타까워하셨는지 모른다.

그는 눈물로 이렇게 고백을 했다.

"만약 내가 조금만 더 빨리 내적치유 세미나에 참석했으면, 교우들에게 버림받을까 봐 교인들의 눈치를 보는 목회를 하지 않고, 오히려 적극적으로 사랑하고 섬기면서 보다 열매 있는 목회사역을 할 수 있었겠다."

안타깝기는 나도 마찬가지였다. 부모로부터 버림 받은 상처가 물론 작은 상처는 아니다. 그리고 꼭 부모로부터만 버림을 받는 것도 아니고, 버려짐과 비슷한 방치 혹은 거절감에서 오는 상처도 크다. 더욱이 단순하게 버리는 것이 아니라 학대와 함께 인신매매처럼 고통으로 던져지며 버려지는 일도 있다.

바로 요셉이 거기에 해당이 된다. 단순하게 그냥 버려진 것이 아니다. 형제들에 의해 죽을 고비를 간신히 넘기고 난 후에 먼 나라의 노예로 팔려 가는데, 요즘 개념으로는 타인에 의해 강제로 저질러진 인신매매에 해당이 된다. 그것도 가장 가까운 가족들에 의해 저질러진 인신매매였다. 하지만 요셉은 자신의 경험을 절대화시키지 않았다. 즉 또다시 배신을 당할까 봐 사람들을 의심하지도 않았고 과거의 극단적 상처에 끌려 다니지도 않았다.

내적치유적 관점에서 본다면, 어떤 경로를 통해서였는지는 모르지만 요셉은 최소한 과거의 노예는 아니었다. 상처로 인한 고정관념도 없었고, 과거의 비극적인 경험이 요셉의 현실을 방해하지도 않았다. 늘 밝고 기쁘게, 그리고 당당하고 성실하게 일하는 요셉을 보면서 이성적으로 반한 여인이 있을 정도였다. 바로 보디발의 아내였다. 말하자면 요셉의 신분은 노예인데, 그의 인격이나 삶은 노예가 아니고 매력 있는 당당한 남자였던 것이다. 그러니 어떤 여인이 반하지 않을 수 있겠는가?

정리하자면, 자기 자신에게 형성되어 있는 고정관념이나 선입견들은 이미 자신의 무의식 속에 뿌리를 박고 있기 때문에 자기에게는 당연하고 또 자연스러운 일이다. 하지만 누구든 이러한 고정관념에 사로 잡혀 있는 한 더 이상의 발전이나 성숙은 불가능하다는 것이다. 그리고 이렇게 고정관념에 사로잡혀 있는 한 이전의 비극은 끝나지 않는다. 그로 인해서 누군가에겐 또 다른 상처가 지금도 전달되는 중이기 때문이다.

3-3
무의식으로 학습된 삶의 스타일

50대 초반쯤 된 한 남자분이 사무실을 찾아왔다.

상당히 피곤해 보였는데, 그에 의하면 자기의 아내가 너무도 많은 문제를 가지고 있어서 도저히 아내를 사랑할 수 없다는 것이었다. 그러나 말투로 보아서 그 사람 자체의 문제인 것 같은 느낌이 들어서 자신의 이야기를 해보도록 요청했다.

그에 의하면, 자신은 한국의 어느 가난한 시골에서 태어났는데, 자신의 아버지는 일제 강점기 때 만주로 피난을 갔다고 했다. 만주에서 사는 동안 만주의 한 여인과 가정을 꾸미고 행복하게 사셨는데, 해방을 맞게 되어 고국으로 돌아올 때 만주 여인을 데려오지 못했다. 이분이 한국 고향으로 돌아와서 다른 여인과 다시 결혼을 하고 가정을 꾸렸지만 만주에 두고 온 옛 여인을 잊지 못하는 것이다. 지금의 부인보다 만주에 두고 온 옛 부인을 더 사랑했기에 그랬겠지만, 어쨌든 아무리 잊으려 해도 잊혀지지 않고, 또

두고 온 아내에 대한 그리움과 미안함으로 자주 술을 먹게 되고, 술이 취하면 가족들 특히 함께 살고 있는 아내에게 행패를 부리기 일쑤였다.

중요한 것은, 이 남자가 자기 가정의 문제를 설명하는 동안 만주 여인 때문에 자기 어머니를 학대한 아버지에 대해 지나치게 증오하는 태도를 보였지만, 동시에 자기 자신에게 현재의 아내를 무시하고 멸시하는 아버지의 모습이 있다는 것은 전혀 모르고 있었다.

그래서 내가 물었다.

"지금 당신이 당신의 아내를 못마땅하게 생각하는 것과 아버지가 어머니를 못마땅하게 생각하는 모습이 같지 않습니까?"

그러자 "아, 생각해 보니까 정말 그렇군요"라고 대답을 하는 것이다.

이러한 이야기는 조금 특별한 이야기일 수 있지만, 이러한 경우가 바로 '무의식적 학습'의 전형적인 패턴이다. 보충하여 말하면, 이분의 문제는 만주에 두고 온 첫 부인과 비교를 하면서 아내를 학대하는 아버지를 보고 자라면서, 자신도 모르는 사이에 아버지가 하는 일을 그대로 답습하게 된 경우라는 것이다. 이렇듯 우리에게 나타나는 부정적 삶의 스타일은 주로 부모로부터 학습된 것일 수 있으며, 이러한 것은 우리의 무의식 속에 깊이 자리를 잡고 있다는 것이다.

시집살이를 지독하게 당한 며느리가 자기 시어머니를 증오하면서도 자기 역시 그런 시어머니가 되는 이유는, 시집살이를 안 시키는 시어머니와 살아본 적이 없기 때문에 좋은 시어머니의 역할은 배울 기회가 없는 대신, 지독한 시어머니를 통해 경험된 모든 것은 무의식적 학습을 통해 이미 몸에 배었기 때문이다.

참고로 말하면, 남자들을 지배하는 무의식적 행동들에는 다음과 같은 것들이 있을 수 있다.

- 우선 모든 일을 자신의 부모 특히 결혼을 하고서도 자신의 아내가 아니라 자신의 어머니와 상의하는 '마마 보이형'.
- 남자는 가끔 큰소리를 치거나 화를 내도 된다고 생각하는 '폭력형'.
- 철저하게 따질 것은 따져야 한다며 아내를 몰아세우는 '꽁생원형'.
- 효도가 가장 중요하다고 생각해서 아내의 희생을 무조건 강요하는 '지나친 효자형'.
- 남자는 과묵해야 남자답다고 믿는 '무뚝뚝형'.
- 온종일 일터에서 고생한 아내를 보면서도 집안의 살림은 절대 할 수 없다는 '귀공자형'.
- 별로 돈이 많지도 않으면서 더욱이 아내나 가족들에게는 인색하면서도 친구들을 만나면 술값 혹은 음식값은 자기가 내겠다고 싸우는 '겉치레형'.
- 남자들에게 담배와 술은 기본이고 오히려 술 담배를 해야 남

자답다는 '중독형'.
- 가만히 앉아서 "신문 가져와", "물 가져와", "재떨이"라고 외치고 아내나 아이들이 즉시 대령하지 않으면 화내는 '리모컨형'.
- "남자는 바람을 피워도 되고, 여자는 안 된다"고 생각하는 '바람둥이형'.
- 남자는 폭언, 폭행을 해도 된다고 생각하는 '무식형'도 있다.

정도의 차이는 있겠지만, 위에 언급한 현상들은 모두 우리의 삶을 불행하게 만드는 원인일 수 있다. 그리고 이러한 삶의 스타일은 우리의 무의식 속에 깊이 배어 있을 수 있고, 이러한 무의식은 하루아침에 생기는 것이 아니라 아주 어린 시절, 자신의 부모를 보면서 자연스럽게 학습이 된 결과일 수도 있는 것이다. 그리고 이 사실만 제대로 깨달아도 많은 삶의 문제를 줄일 수 있을 것이다.

성경에서는 남편을 가정의 가장으로 세웠다. 그리고 가정을 잘 다스리라고 권면한다. 하지만 다스리라는 말은 남편이 부인이나 자녀들보다 우월하다는 말이 아니다. 군림하라는 말도 아니다. 다스리는 것은 독재자의 전유물이 아니다. 사랑과 희생으로 다스리는 어질고 지혜로운 왕들도 많기 때문이다.

"사람이 자기 집을 다스릴 줄 알지 못하면 어찌 하나님의 교회를 돌보리요"(딤전 3:5).

3-4
칼 융의 집단 무의식

융 심리학에서는 무의식을 개인 무의식(Personal Unconscious)과 집단 무의식(Collective Unconscious)으로 나누어 설명한다. 이미 프로이드가 설명했던 무의식은 칼 융 입장에서 보면 개인 무의식에 해당이 된다. 융에 의하면 개인 무의식이란 자기 정신이나 자기 개성화 형성에 기초가 되어 있는 모든 정신적 활동과 내용을 받아들이는 저장소이다. 괴로운 생각, 해결되지 않은 문제, 개인적인 갈등, 도덕적인 문제 등과 처음엔 의식적인 경험이었으나 여러 가지 이유로 억압된 감정의 경험들이 모두 무의식의 세계에 방치된다는 것이다.

주목을 끄는 것은 비슷한 종류의 내용들이 모여 하나의 집단을 형성하기도 하는데, 융은 그것을 '콤플렉스'라고 불렀다. 프로이드에 영향을 받았던 융은 아동기 초기 외부로부터의 영향이 콤플렉스를 만든다고 생각했다. 그러나 융은 이 설명에 오래 만족하지 않았다. 왜냐하면 콤플렉스는 아동기 초기의 경험보다 훨씬 깊은 또 다른 차원으로부터 오는 것을 발견하고, 그는 이것을 집단 무의식이라 불렀다. 융의 콤플렉스 분석은 대단히 중요하며, 그가 비교적 젊은 나이에 심리학과 정신의학계에서 주목을 끌게 된 것은 바로 이 때문이었다.

집단 무의식이 중요한 이유는 다음과 같다. 의식의 중심으로서 자아 및 억압된 정신 내용의 저장고로서 개인 무의식은 이미 새로운 개념이 아니었다. 그러나 개인 무의식과 집단 무의식의 결정적인 차이는, 개인 무의식이 개인적인 경험에 의존해 있는 반면, 집단 무의식은 개인의 생애 속에서 단 한 번도 의식적으로 일어난 일이 없는 일에 기초하고 있다는 것이다.

융에 의하면 집단 무의식이란 '원시적 이미지'라고 부르고 있는 잠재적 이미지의 저장고이다. 여기서 말하는 '원시적'이란 '최초의' 혹은 '본래의'라는 의미이다. 따라서 원시적 이미지는 정신의 첫 발달 단계와 깊은 관련이 있는데, 예를 들면 부모나 조상으로부터 물려받을 수가 있는 것이다. 그러나 중요한 것은, 유전으로 물려받는 원시적 이미지가 있다고 해서 개인이 의식적으로 그것을 기억하고 있다거나, 조상이 갖고 있던 이미지를 그대로 갖고 있다는 것은 아니다. 다만 자신의 삶이나 세상에 반응하는 소질이나 잠재적 가능성으로 남아 있는 것이다.

내적 치유자로서 융의 집단 무의식에 관심을 갖는 이유는, 부모로부터 무의식적으로 물려받을 수 있는 태고유형 중에는 출생, 재생, 죽음, 권력, 마법, 영웅, 사기꾼, 신, 악마, 어머니로서의 대지, 태양, 나무, 달 등의 자연계를 비롯해 수많은 종류가 있는데, 이러한 태고 유형이 우리의 인격과 행동을 형성하는 데 매우 중요한 역할을 한다고 보았기 때문이다.

또한 칼 융에 의하면, 누구든지 인생의 과정에서 매우 중요한 결단들을 할 때에는, 객관적인 논리나 분석 혹은 이성적 사고보다는 오히려 본능이나 그 밖의 숨겨진 무의식적인 요소에 의하여 더 많은 영향을 받는다고 보았다. 그리고 현존하는 우주나 세계 혹은 역사와 같은 객관적 사물일지라도, 이러한 인간의 삶의 의지와 관점에 따라서 각 개인에게는 전혀 다른 의미나 모습으로 다가오기 때문에, 자신에게 숨겨져 있는 모든 부정적 무의식을 치유하는 작업은 너무도 중요한 일이 아닐 수 없다.

그리고 이러한 관점에서 보면, 그것이 프로이드의 개인 무의식이든, 아니면 칼 융이 말하는 집단 무의식의 결과로 얻어진 지역적 관습, 학력위주 사회, 파벌주의, 혈연주의든 이미 형성되어 있는 모든 부정적 가치관으로부터의 해방이 너무도 중요하다. 이러한 해방을 다른 말로 하면, 편견이나 선입견 혹은 고정관념이 깨어져서 그 마음이 보다 넓고 높은 새로운 차원으로의 성숙을 의미하는 것이다.

한 가지 예를 들어 설명하면, 체면을 중시하며 장유유서의 엄격한 유교적 사회에서 자라난 사람이 있었다. 이 유교적 분위기는 이미 기존 사회 질서와 가치의 중심에 있었고, 이러한 유교적 전통은 이 사람이 태어나기 전에 이미 형성되어 있었다. 가장 어린 아이로 태어난 이 사람에게는 전체 사회를 덮고 있는 유산으로서의 유교적 가르침이 절대 진리처럼 받아들여질 것이고, 특별한 외부세계의 도전이나 각성이 없는 한 유교적 가르침만이 인간의 본분인 양 살아가게 될 것이다. 왜냐하면 유교적 사회나 그러한 사회에 길들여진 그의 부모들의 강요 혹은 요구에 저항할 다른 지식이 없기 때문이고, 그것이 이미 가장 올바른 기준으로 자리 매김을 했기 때문에, 그러한 가르침에 따르는 것이 인간의 도리 혹은 사명이라는 집단적 무의식을 그냥 받아들일 수밖에 없기 때문이다.

만약 이 말이 사실이라면, **전인 치유를 목표로 하는 내적 치유자에게 주는 의미는 무엇인가? 그리고 타고난 환경, 즉 부모로부터 물려받아 이미 개성화된 부정적인 성격을 어떻게 치료할 수 있을까?** 바로 그러한 문제를 해결하는 한 가지 대안으로 이너힐링 사역이 필요한 것이다. 왜냐하면 목회자의 입장에서 볼 때 어떤 사람들은 회심을 거부하고 방해하는 결정적인 힘이 그 사람의 태고유형, 즉 그 사람이 출생하기 전에 이미 형성되어 있던 집단무의식이 개인무의식의 창고에 저장되어, 그 삶으로부터 오는 도전을 방해하는 또 다른 내면적 힘으로 나타나는 것을 얼마든지 발견할 수 있기 때문이다. 심지어 프로이드는 이러한 틀이 성격 속에 굳게 형성되어 있는 것을 고착으로 보기도 했고, 이러한 고착은 프로이드가 말하는 근본적 치료를 방해하는 방어기제(Defense Mechanism) 중의 하나인 것이다.

그렇다면 무의식적으로 고착되어 있는 부정적 무의식을 치유하는 일들이 왜 중요할까? 그것은 이러한 근본적인 치유가 이루어지지 않는다면 영성적 전인건강에 이를 수 없다고 보기 때문이다. 물론 진정한 회심을 방해하고 부정적 자아를 갖게 하는 것은 융이 말하는 태고유형에만 있는 것이 아니며, 융 자신도 그렇게 생각하지 않는다. 오히려 그는 사람의 인격 체계를 결정지어 주는 개성화의 작업은 일평생 동안 지속된다고 보았고, 이 일을 이루기 위해서는 적절한 경험과 교육이 절대적으로 필요하다고 주장한다. 특히 주목할 만한 것은, 융은 부모보다도 교사가 어린이의 개성화에 대해 더 강한 영향을 미친다고 보았는데, 왜냐하면 교사의 정신상태가 어린이에게 투영되기 때문이다.

그렇다면 이너힐링이란 무엇인가? 융의 방식으로 설명한다면, 그것은 바람직한 인격의 개성화와 건강한 삶을 위한 또 다른 경험과 교육이다. 그리고 그동안 자신에게 형성되어 있었던 인생관이나 목표, 더 나아가 절대적 가치가 과연 성경적인가를 질문하고, 만약 그렇지 않다면 자신의 경험이나 판단 자체가 절대적인 것이 아님을 스스로 인정하고, 절대적 생명이며 진리이신 하나님 앞에서 새로운 삶을 걸어가도록 돕는 사역인 것이다.

3-5
집단 무의식의 노예

무의식에 대한 개념을 프로이드가 처음으로 언급한 이후, 칼 융은 그 개념을 조금 더 발전시켜서 무의식을 두 개의 세계, 즉 개인 무의식과 집단 무의식으로 나누게 된다. 프로이드의 무의식을 칼 융은 개인무의식이라고 정의하고, 프로이드가 미처 생각하지 못한 또 다른 차원으로서의 집단 무의식을 설명한다. 말하자면 무의식의 작용이 개인에게만 일어나는 것이 아니라 집단적으로도 일어날 수 있다는 것이다.

융에 의하면, 개인 무의식은 개인적인 경험에 의존해 있는 반면, 집단 무의식은 개인의 생애 속에서 단 한 번도 일어나지 않을 수도 있다는 것이다. 또한 집단 무의식이란 원시적 이미지의 저장고인데, 이러한 원시적 이미지는 이미 태어나기 전부터 형성되어 있는 역사적 유산이나 전통, 문화, 체제 등이 있다.

예를 들어보자.

어떤 소형비행기가 갑자기 고장이 나서 그중 몇 사람이 뛰어 내려야 하는 상황이 벌어졌다. 누군가가 희생을 해야 하는 상황에서 먼저 영국신사가 나섰다. 그는 영국신사답게 "대영 제국 만세!"를 외치고 뛰어 내렸다. 다음은 미국 사람이 "위대한 미국 만세"라고 외친 후 뛰어 내리고, 마지막으로 한국 사람이 나섰는데, 그는 패기 있게 "대한 독립 만세"를 부른 후 자기 옆에 있던 일본 사람을 밀어서 떨어뜨렸단다.

한국 사람들이 모였던 어느 모임에서 강사가 한 이야기인데, 이 조크를 듣고 청중들이 웃음보를 터뜨렸던 기억이 있다. 한국에서 태어난 사람들은 대부분 일본 사람들에 대한 부정적인 적개심이 있는 것이 사실이다. 물론 일제 강점기 36년 동안, 일본 사람에게 고통과 약탈을 당했던 사람들이라면 충분히 이해가 되지만, 해방 이후의 모든 세대 심지어 최근에 태어나는 어린 학생들조차도 일본이라면 무조건 알레르기 반응을 먼저 보이곤 한다.

그 이유가 뭘까? 일본에 가보지도 않고 일본 사람을 만난 적도 없지만, 학교에서 그들의 만행을 배웠고 조상들로부터 내려오는 억울한 감정과 분노가 이미 형성된 사회에서 자랐기 때문인데, 칼 융은 이것을 집단 무의식이라고 부른 것이다.

우리에게는 도저히 이해가 되지 않지만, 북한의 김일성 체제가 무너지지 않고 김정은까지 대를 이어가는 것도 칼 융의 집단 무의식의 관점에서 본다면 쉽게 이해가 된다. 이 땅에 태어나자마자

각 가정에 크게 붙어 있는 김일성과 김정일 사진을 보면서, 대를 이은 민족의 수령 아바이 동무를 배우고 자라는 어린아이들은 철저하게 집단 무의식의 노예가 될 수밖에 없는 것이다.

 칼 융에 의하면, 이러한 집단 무의식의 형성은 부모의 영향보다도 학교의 교사들에 의해서 더욱 확실하게 심어진다고 한다. 교사란 객관적 진리와 지식을 전하는 사람이라는 사회적인 권위가 이미 주어져 있고, 특히 아이들이 학교에 갈 나이가 되면 지적 호기심이 극치에 이르기 때문에 거의 무방비 상태로 영향을 끼치게 된다는 것이다.

 그런 점에서 만약 칼 융의 집단 무의식에 대한 분석이 가능한 치유 사역자라면, 아마도 많은 사람들에게 도움을 줄 수가 있을 것이다. 왜냐하면 목회자의 입장에서 볼 때, 어떤 사람들은 회심을 거부하고 신앙생활을 훼방하는 내면적인 저항감들의 이유가 이미 태어나기 전부터 형성되어 있던 집단 무의식에 고착되어 있음을 보기 때문이다.

 예를 들면, 〈행복은 성적순이 아니다〉라는 영화도 있었지만, 학력이 중요하긴 해도 인생에서는 절대적인 영향을 주지 않는다. 하지만 학력위주의 사회에서 자라난 사람이라면, 학력에 대한 콤플렉스 때문에 스스로 열등감을 느끼거나 인생의 실패자라는 자의식을 가질 수 있는데, 이런 경우 바로 집단 무의식의 피해자가 될 수 있는 것이다. 왜냐하면 우리가 꼭 에디슨이나 링컨을 말하지 않아도, 역사에서 보듯이 학력과 무관하게 자기 인생을 꽃 피운 사람들이 너무도 많기 때문이다. 대학을 졸업하지 못해도 대통령이 되는 데 아무런 지장이 없다는 것을 노무현 (전)대통령이 이미 증명하지 않았는가? 하지만 아직도 얼마나 많은 사람들이 자신이 다닌 학교나 학력 때문에 스스로 당당하지 못한 보이지 않는 열등감에 신음하고 있는지 모른다.

집단 무의식에 대한 피해는 꼭 학력에만 국한된 것이 아니다. 내가 아는 어떤 분은 그분의 어머니가 독실한 불교신자라서 어릴 때부터 늘 절에서 놀았다. 풍경소리만 들어도 꼭 고향에 온 것처럼 느껴진다고 했고, 어쩌다 식당에서 나물을 먹게 되면 꼭 절간의 산나물을 먹는 기분이 든다고 했다. 어린 시절 산사의 추억이 마음의 친밀감으로 자리를 잡고 있는 것이다.

이분이 미국에 이민을 와서 교회를 나오게 되었다. 부흥회나 제자반을 거치면서 그럴 때마다 은혜를 받고 얼마나 기뻐했는지 모른다. 문제는 은혜를 받으면서도 교회 내에서 조그만 문제가 생겨도 '그러면 그렇지, 역시 불교가 좋아'라고 생각을 하는 것이다.

머리로는 기독교가 참 진리인 것을 아는데, 이상하게 감정적으로는 거부하는 힘을 늘 느껴오다가, 결국 치유그룹에 들어와서야 자신의 가계에서 내려오는 집단 무의식이 원인임을 알게 되었다. 그러므로 중요한 것은, 머리와 가슴이 따로 노는 사람들이 있다면, 이미 자신에게 형성되어 있는 집단 무의식을 한번 돌아보는 것도 큰 도움이 될 수 있다는 것이다.

이 이야기를 좀 더 확대해 보면, 기독교의 아동교육이 얼마나 중요한지를 다시금 느끼게 한다. 어린 시절 엄마 품에 안겨서 새벽기도를 다닌 아이들은 하나님께 기도하는 것이 전혀 생소하지 않을 것이다. 성탄절에 강단에 서서 떨리는 마음으로 캐롤을 부르며 자라는 아이들은 한평생 성탄의 은혜가 떠나지 않을 것이다.

그래서 성경에서도 이렇게 말씀하신다.

"마땅히 행할 길을 아이에게 가르치라 그리하면 늙어도 그것을 떠나지 아니하리라"(잠 22:6).

3-6
무의식과 선입관

칼 융이 말하는 집단 무의식의 특징 중 하나는, 이 집단 무의식을 형성하는 데 있어서 가장 크게 영향을 끼치는 사람이 교사라는 것이다. 프로이드는 부모의 영향이 가장 크다고 생각했지만, 칼 융은 부모보다는 교사의 영향이 훨씬 더 크다고 생각했다.

왜냐하면 학교라는 기관은 모든 시대마다 사회적으로 또한 과학적으로 인준된 지식을 가르치는 장소이며, 또한 교사는 지식의 권위자라고 인식을 하기 때문에 어린 학생들의 입장에서는 교사들의 가르침을 무조건 받아들일 수밖에 없고, 그렇게 형성된 지식들에 의해 무의식적으로 지배를 당하며 평생을 살게 되는 것이다.

예를 들면, 모든 학교에서 예외없이 가르치는 다윈의 진화론도 그중의 하나이다. 지난주 우리 교회에서는 한국 창조과학회의 한 젊은 과학자 교수를 초빙하여 다윈의 이론이 가지고 있는 문제를 살펴보았다. 조금만 관심을 가져도 다윈의 이론보다는 하나님의 창조론이 훨씬 설득력이 있는 것을 우리는 알게 된다.

그중의 한 가지는 만약 정말로 사람이 원숭이에게서 진화가 되었다면, 그리고 그 진화의 과정이 멈춘 것이 아니라 역사의 흐름 속에서 계속 진행이 되었다면, 원숭이와 사람 사이에 여전히 진화 중에 있는 생물들이 수없이 많아야 하는데 전혀 없다는 것이다.

또 다른 이유는, 만약 수십억 년을 거쳐서 원숭이가 사람이 되었다면, 그것은 원숭이의 경우도 마찬가지라는 것이다. 오늘날의 원숭이가 있기까지는 수십억 년이 걸렸을 것이고, 그 이야기는 오늘의 사람이나 원숭이로 진화하기까지는 둘다 수십억 년이 필요했다는 이야기이고, 그 이야기는 수십억 년 전에도 근본적으로 다른 생물체로 존재할 수밖에 없다는 것이다.

중요한 것은 진화론 자체가 사실이냐 아니냐가 아니라, 어린 시절 학교에서 형성된 이 진화론이 우리에게는 무의식적 진리로 작용한다는 것이며, 이 진화론에 매여 있는 많은 사람들이 대학을 가게 되면 교회를 떠나게 된다는 것이다.

예를 든다면 성경에 나오는 도덕, 윤리, 삶의 지혜에 대한 말씀은 다 좋은데, 창조론을 믿는 순간 지성인임을 스스로 포기하는 일이라고 생각을 하게 되는 것이다.

카터 대통령이 "나는 진화론을 믿지 않고 하나님의 창조론을 정말 믿는다"고 공개적으로 고백해도 전혀 무식한 사람으로 느껴지지 않음에도 불구하고, 나 자신은 진화론을 부인하면 여전히 무식한 사람의 반열에 들어갈 것 같은 염려를 가지는 것이다.

이러한 문제가 좀처럼 해결되지 않는 이유는, 바로 이러한 지식들이 지적인 권위를 인정받은 교사들을 통해서 왔기 때문이며, 또한 이러한 부정적인 선입관들이 무의식 속에 침투해 있기 때문이다.

또 한 가지 주목해야 하는 것은, 이러한 무의식은 강한 도전이나 충격을 받게 될 때 더 분명하게 우리의 무의식으로 침투하게 된다는 것이다. 예를 들면, 어쩌다 가끔씩 교회에서 일어나는 불미스러운 사건들이 신문지상에 소개될 때, 이러한 부정적인 이야기들은 날카로운 못이 되어 무의식에 박히게 된다.

안타까운 것은 교회를 개혁한다는 명분으로 교회와 목사 혹은 성도들의 비리를 파헤치고, 그 문제점들을 공개적으로 발표해서 교회의 파수꾼을 자처하는 사람들도 있지만, 실지로 교회는 이런 일들을 통해 개혁되지 않는다. 오히려 이로 인해 불신자들은 절대로 교회로 오지 않을 것이며, 잘 있던 교인들까지 교회를 떠나게 만든다. 이것은 교회에 대한 부정적인 선입관이 무의식 속에서 원초적으로 방해를 하기 때문이다.

한국 사람들에게 일반적으로 영향을 주고 있는 심각한 선입관이 또 하나 있다. 입시지옥이라고 불리는 한국식 교육열에서 파행된 무의식적 선입관인데, 일류 학교를 나와야 성공자가 될 수 있다는 것이다. 한 영화의 제목처럼 '행복이 성적순이 아님'에도 불구하고 여전히 많은 사람들은 학력에 대한 열등감으로 평생 시달린다.

인생의 참된 가치는 학력에 있는 것이 아니며, 더욱이 인간의 행불행이 일류학교에 있는 것도 아니다. 한국적 집단 무의식에서 벗어나 가슴을 펼 이유가 여기에 있다.

시골에서 학교를 다녔어도 유엔 사무총장의 자리에 까지 오른 반기문씨도 있고, 미국 부시 대통령의 보좌관을 지낸 강영우씨도 있다. 심지어 초등학교 밖에 졸업하지 못했어도 정주영회장처럼 대기업의 총수가 될 수 있고, 대학교를 졸업하지 못했어도 김대중씨나 노무현씨처럼 한 나라의 대통령도 될 수 있다. 이것이 모두 우리 시대의 이야기이다.

제 4 장

양의 탈을 쓴 가정과 성인아이

4-1
가정의 순기능

하나님께서 이 땅에 만드신 최초의 공동체는 교회가 아니고 가정이었다. 이 가정은 에덴동산에 있었고, 이 에덴동산은 그야말로 천국과 같은 환경이었다. 하나님 보시기에 모두가 좋았지만 한 가지 예외가 있었다. 그것은 아담이 혼자 사는 모습이었다. 이미 하늘의 새와 바다의 물고기를 비롯해서 모든 동물들을 암컷과 수컷으로 만들어서 신비한 짝을 짓게 하신 상태이니, 아담이 홀로 지내는 모습이 보기에 좋지 않으셨다. 그래서 하신 말씀이다.

"여호와 하나님이 이르시되 사람이 혼자 사는 것이 좋지 아니하니 내가 그를 위하여 돕는 배필을 지으리라 하시니라"(창 2:18).

그래서 하나님께서는 아담이 잠자는 사이에 아담의 갈비뼈를 취해서 하와를 만드셨는데, 아담이 하와를 보는 순간 한눈에 반해서 "이는 내 뼈 중의 뼈요 살 중의 살이라"고 고백한다.

얼마나 마음에 들었으면 이러한 고백을 했을까?

이 정도면 공처가를 넘어 애처가 수준이다.

오래된 조크지만 한번은 공처가 대회가 열렸고, 역사적으로 위대한 사람들이 모두 모였다. 그리고 위대한 사람들답게 골고루 상을 받았다. 우선 장려상 수상자는 링컨이었는데, 그는 "아내의 아내에 의한 아내를 위한 남편이 되겠습니다"라고 말을 했다. 동상 수상자는 케네디였다. "아내가 나를 위해 무엇을 할지 생각하기 전에 내가 아내를 위해 무엇을 할지 먼저 생각한다"라고 했기 때문이다.

은상 수상자는 데카르트였다. "나는 아내를 존경한다. 고로 존재한다"라고 말했다. 그리고 영예의 금상은 스피노자가 받았다. "내일 지구가 멸망한다 해도 나는 사과나무를 심는 대신 오늘도 아내를 위해 설거지, 청소, 빨래를 할 것이다."

아마 이 대회에 아담이 출전했다면 특상을 탔을 것이다.

"이는 내 뼈 중의 뼈요 살 중의 살이라"고 고백했기 때문이다.

바로 이것이 행복 가득한 오리지널 가정의 모습이었다.

중요한 것은 삶의 진정한 행복이란 가정에서부터 출발한다는 것이다. 즉 가정이 행복하면 인생이 행복해지고 가정이 불행하면 삶 자체가 불행해지는 것이다. 왜냐하면 돈이 아무리 많아도, 아무리 지위가 높아도 가정이 깨어지면 그만큼 고통이 찾아오기 때문이다.

일반적으로 대부분의 가정들은 장단점을 가지게 된다. 그러나 장점이나 단점과 관계없이 가정이 가지고 있어야 할 가장 기본적인 조건들이 채워지지 않을 때, 우리는 그러한 가정들을 역기능적 가정, 즉 Dysfunction Family라고 부르며, 이러한 역기능적인 가정에서 탈선을 하는 문제나 성인아이가 만들어지게 되는 것이다.

그렇다면 성인아이가 아니라 건강한 인격이 되게 하는 가정의 순기능적인 요소는 무엇일까?

가정의 순기능 첫 번째는, 출생의 기쁨과 환영이다. 누군가의 출생 자체가 축하를 받아야 하는데, 안타까운 것은 많은 사람들이 진정한 환영을 받지 못하며 태어난다. 특히 남아 선호 문화권에서 태어나는 여자아이의 경우, 혹은 딸들만 많은 집안에서 또 딸로 태어나는 경우, 혹은 의도적인 낙태에 실패해서 태어나는 경우, 그리고 그런 사실을 알고 자라나는 경우의 대부분은 건강한 자존감을 갖기가 힘들어진다.

가정의 순기능 두 번째는, 양육공동체로서의 책임이다. 양육을 위한 최소한도의 환경, 즉 아이가 잠을 자고, 쉬고, 배우고, 놀 수 있는 최소한도의 활동공간을 비롯해서 영양소가 골고루 분배된 충분한 영양과 각 계절에 맞는 의복을 제공받을 수 있어야 한다는 뜻이다.

특히, 건강하게 자라도록 돕는 깨끗한 환경, 병원, 치료, 예방주사 등의 의료 환경도 너무 중요하다. 소아마비나 뇌성마비가 아니더라도 자녀를 방치함으로 말미암아 평생 지고 가야 하는 장애의 아픔을 던져주는 일들이 너무도 많기 때문이다.

가정의 순기능 세 번째 요소는, 기본적 사랑 공동체가 되어야 한다. 한 인간으로서 인정과 사랑을 받는 것은 건전한 자아상과 가치관 더 나아가 원만한 사회성을 기르는 데 결정적 역할을 하기 때문이다. 그러므로 실수에 대한 용납과 위로는 물론 때론 책망과 교훈까지도 사랑 안에서 이루어질 때 건전한 자의식, 즉 자기 존엄성과 가치관, 소속감, 자존감을 갖춘 건강한 인격으로 성장하게 될 것이다.

가정의 순기능 네 번째 역할은, 안식공동체이다. 경쟁 사회의 구성원으로 살면서 받을 수밖에 없는 모든 종류의 스트레스와 고통들이 가정 안에서의 쉼과 안식을 통해서 치유와 회복이 될 때, 그러한 가정이야말로 가장 바람직하고 건전한 가정이라고 볼 수 있는 것이다.

그러나 심리학자들에 따르면, 약 80-90%의 가정들이 위에서 언급한 가정의 순기능적인 조건들을 채우지 못하기 때문에 대다수의 사람들이 어떤 형태로든 성장기의 상처를 지니게 되고, 따라서 내면적인 갈등을 경험할 수밖에 없다고 진단하는 것이다.

그런 의미에서 전인치유 사역자로 혹은 생식연구가로 알려진 황성주 박사의 "상처 없이 자란 사람이 없기 때문에 모든 사람들을 환자로 보아야 한다"는 말은 매우 인상적이다.

그에 의하면 "목사 환자, 장로 환자, 늙은 환자, 젊은 환자, 예쁜 환자, 키 큰 환자, 유식한 환자, 부자 환자, 가난한 환자" 즉 모두가 환자일 뿐이다. 왜냐하면 완벽하게 완전한 사람은 이 땅에 존재하지 않으며, 사람들은 자기 나름대로 상처가 있고 아직 치유되지 못한 내면적 갈등이 결정적인 순간에 표출이 되어서 그때마다 갈등과 고통을 경험하기 때문이다.

인간의 모든 문제를 관통하고 있는 성경에는 일찌감치 이렇게 쓰여 있다.

"기록된 바 의인은 없나니 하나도 없으며"(롬 3:10).

우리 모두가 아직은 치유되어야 할 그 무엇이 있으며 각자가 자신의 삶에서 아직 경험해 보지 못한 보다 나은 삶이 있다는 뜻인데, 자신이 자라난 가정과 지금의 가정들을 정직하게 돌아보고 진지하게 그 문제들을 다루기 시작한다면 당신이 그토록 원하는 삶을 얻을 수 있을 것이다.

4-2
양의 탈을 쓴 이리

　어떤 점에서 성인아이를 만들어 내는 역기능적 가정들에는 양의 탈을 쓴 이리 같은 사람들이 가정의 권위자로 군림할 수 있다. 이 말은 만약 어떤 집안의 가장이 정상적인 인격의 소유자가 아닐 때, 그 가정에서 자라나는 자녀들은 모든 종류의 학대에 노출된다는 뜻이다.

　정상적인 가정이라면 외부의 모든 도전 속에서도 사랑과 보호를 받아야 함에도 불구하고 오히려 가정에서 더 큰 상처를 받게 되는 것이다. 더욱이 문제가 되는 것은 가정의 일들은 개인의 프라이버시에 해당되기 때문에 남들이 함부로 간섭을 할 수가 없는데, 오히려 이점이 더 나쁘게 작용하게 된다. 남의 집안일에 함부로 간섭할 수 없기 때문에, 이러한 가정은 허가 받은 지옥이 된다. 말하자면 권투선수의 사각의 링처럼 가정이라는 남들이 함부로 침범하여 들어올 수 없는 울타리 속에서 온갖 종류의 상처를 받게 되는 것이다. 그리고 이렇게 자라난 사람들의 대부분은 성인아이로 자랄 소지가 많다는 것이다.

알코올 중독자가 가장인 예를 들어보자. 만약 어떤 가정이 동네에서 소문난 알코올 중독자의 가정이라면, 그래서 술에 취해 동네 길바닥에 혹은 대로변에 아무렇게나 쓰러져 있는 아버지를 부축하며 집으로 돌아와야 하는 자녀들이라면 얼마나 창피하겠는가? 더욱이 술에 취해 행패를 부리다가 망신을 당한 아버지를 바라보는 아들의 마음은 얼마나 부끄럽게 느껴지겠는가?

이러한 경우, 그 자녀들의 마음속엔 분노나 반항의 감정이 생길 수 있고 극단적인 수치심, 즉 열등감을 만들어 낼 수도 있다. 때로는 아버지에 대한 연민의 정 때문에 아버지가 불쌍해질 수도 있으며, 반항과 연민 사이에서 정서적으로 혼란하게 될 것이다.

별세목회를 목회철학으로 세우고 한신교회를 개척하여 성장시킨 이중표 목사님의 간증에 의하면 당신은 이상하게 분노를 잘 참지 못했다고 한다. 그냥 넘어갈 수도 있는 문제이고 별로 중요하지도 않은 문제를 가지고 교우들과 자주 마찰을 빚곤 하셨다. 나중에야 이분이 알게 된 것은 이 모든 것은 자신의 아버님에 대한 상처 때문이었다. 그분의 고백에 의하면 그의 아버님은 술을 많이 드시고 노름을 좋아하는 분이셨다. 즉 어릴 때부터 술 먹고 행패를 부리고 대낮에도 길바닥에 누워 자던 부끄러운 아버지에 대한 분노가 무의식 속에 늘 잠재하고 있다가 어느 결정적인 순간을 만나게 되면 튀어 나오게 되었다는 것이다.

그분이 쓰신 책에 보면, 한신교회를 개척하기 전, 한 교회에서 예배를 드리면서 자신의 설교를 건성으로 듣고 자신의 설교를 비웃던 성가대원들을 향해 설교 도중에 성경책을 집어 던진 일도 있었다고 한다. 결국 이러한 일들이 발단이 되어 그 교회를 사임하게 되고 목회의 절망을 경험하게 되었는데, 이러한 모든 일들이 알코올 중독자셨던 아버지 뒤에 감추어져 있던 극단적인 분노의 표현이었다는 것이다.

나중에서야 이 사실을 알게 된 목사님은 아버지에 대한 용서와 자신의 마음속에 있는 분노를 치유하기 위해 눈물로 기도하고, 결국 마음의 치유를 경험하고 극복할 수 있었는데, 그러한 노력들이 '별세목회'에 대한 새로운 기초가 되었다고 기록하고 있는 것이다.

알코올 중독 가정만큼이나 부도덕한 성적 문제가 있는 아버지나 어머니 밑에서 자란 아이들도 역시 성인아이가 될 소지가 많다. 예를 들어 어느 가정의 권위자인 아버지가 바람을 피우고 다른 살림을 차린다든지, 혹은 어머니가 다른 남자와 눈이 맞아 도망을 했다면, 그리고 이러한 일로 아버지가 어머니와 싸움을 벌여 동네에 소문이 났다면, 그 자녀는 이중 삼중으로 고통을 받게 될 것이기 때문이다.

우선 그 자녀들은 다른 사람들 앞에서 심한 부끄러움을 맛봐야 할 것이고, 불륜을 저지르지 않은 아버지나 어머니를 위로하거나, 연민의 정으로 함께 아프게 될 것이며, 동시에 평화가 깨진 가정에서 오는 슬픔이 그 자신에게 상실감으로 다가오게 될 것이다. 이러한 경우 열등감이나 수치심 낮은 자존감 혹은 극단적인 반항으로 자라게 되는 것이다.

겉으로 보기엔 행복한 가정으로 보이나 만약 권위자가 장애적인 인격을 가졌다면, 이러한 가정은 가정이라는 울타리 속에서 마음 놓고 상처를 주입시키는 또 다른 고통의 현장이 될 수도 있는 것이다.

성경은 처음부터 이러한 일을 경계했다. 특히 자녀들의 인격을 존중하고 그들의 자존감을 인정해 주며 그들의 감정을 건드려서 상처를 주지 말 것에 대해 가르친다.

'또 아비들아 너희 자녀를 노엽게 하지 말고 오직 주의 교훈과 훈계로 양육하라"(엡 6:4).

여기에서 말하는 주의 교훈과 훈계는 오직 성숙한 인격을 통해 전달된다. 인격을 말살하는 가르침에는 반항과 좌절 그리고 상처만 남기 때문이다.

4-3
무서운 아버지와 성인아이

　한국에서 내적치유 사역자로 널리 알려져 있는 한신대의 정태기 교수의 책을 읽어 보면, 자신의 문제는 자신을 키운 권위자에게서 온 상처라고 고백하며, 그 권위자란 바로 너무나 무서웠던 자신의 아버지였다고 이야기하고 있다.
　다시 말하면 자기가 아주 어린 시절에 자신의 아버지에게 너무도 무섭게 혼이 났다는 것이다. 그 결과 지금은 성인이 되었지만 여전히 어떤 힘을 가진 권위자를 보면 마음에 주눅이 들고, 불편하고 긴장하게 되며 아예 만나기조차 싫어진다는 것이다.

　그분이 미국에 유학을 갔을 때 자기 친구들은 모두 학위를 받고 돌아갔지만, 그 자신은 권위를 가진 담당교수와 관계를 맺는 일을 잘하지 못해서 담당교수로부터 "왜 네가 나를 싫어하느냐? 나는 더 이상 너를 가르치지 못하겠다"는 말까지 들어야 했다고 한다.

하지만 당시 정태기 교수는 자기를 돕는 지도 교수를 싫어하거나 미워한 적이 없었다. 다만 자기보다 상급자인 담당 교수를 만나는 일이 심적으로 매우 부담이 되었던 것이다. 그리고 그러한 배후에는 너무도 무서웠던 아버지에 대한 상처가 있었다고 나중에 고백했다. 심지어 초등학교 어린 시절, 아버지와 함께 밥을 먹다가고 무섭게 혼이 났던 경험도 있었다. 이러한 상처들로 인해 자기보다 위의 권위자를 찾아가는 일이 너무나도 힘들었던 것이었다.

그래서 그 교수 앞에서 눈물을 흘리며 고백하기를 "교수님이 미운 것이 아니고 무섭다"고 했더니, 이 말을 들은 신학교의 교수가 당시 정태기 학생을 치유그룹에 넣게 되었고, 이 치유 그룹에서 자신의 상처를 치유 받는 경험을 통해 치유사역자가 되었노라고 적고 있다.

정태기 교수의 고백을 통해 알 수 있듯이, 누구든지 무서운 아버지나 어머니 밑에서 자라게 되면 성인아이의 증상을 갖게 될 수 있다. 그래서 나보다 힘이 센 권위자 앞에만 가면 주눅이 들고 긴장이 되고 말도 더듬게 되는 일이 생기게 되고, 따라서 권위자들 즉 학교의 교수님이나 회사의 사장님 혹은 교회의 목사 심지어 경찰과 같은 권위자들을 만나면 어떻게 행동해야 할지 어려움을 겪는 사람들이 의외로 많은 것을 알게 되는데, 이러한 배후에는 하나같이 무서운 아버지가 군림하고 있는 것이다.

예를 들어, 만약 가족의 중심인물이 너무도 엄격하고 화를 잘 내는 아버지라면, 그 가정의 가훈은 "아버지가 원하는 대로 해야 한다. 그러면 아버지가 오늘은 화를 안 낼지도 모르고 집안이 평안할 수 있다"가 되어 버린다.

물론 어머니가 그런 분이라도 마찬가지이다. 잔소리를 많이 하거나 매섭게 화를 내는 어머니들은 가정의 온 집안 식구들로 하여금 자신에게 신경을 쓰게 하고, 눈치를 보게 하며, 비위를 맞추도록 무의식적으로 강요하게 되는 것이다.

문제는 아직 나이가 어릴수록 상처의 심각성이 크게 작용한다는 것이다. 이미 청소년기가 되면 어느 정도 자신을 방어할 능력이 있기 때문에 부당한 권위자, 즉 부당하다고 느껴지는 부모님의 횡포에 대항해서 말대꾸도 하고, 반항도 하고, 심지어 가출도 하는 아이들도 있지만 나이가 어리면 어릴수록 자신을 방어할 아무런 방법이 없다는 것이다.

예를 들어, 10세 미만의 어린아이들은 속수무책으로 쏟아지는 분노의 혈기와 악한 감정의 화살들이 심장에 박히게 되고, 그 충격과 상처의 고통은 평생토록 지속되는 것이다.

따라서 이런 아이들은 당연히 그 권위자가 화를 내지 않도록 하기 위해 그 권위자의 요구에 순응하려 할 것이고, 이러한 삶의 스타일이 고착이 되면 자신의 정서적 자아의식이 타인 의존적이 되어 정상적인 자신감을 상실할 수도 있을 것이다.

이러한 경우 정상적인 대인관계가 불편해질 수 있고, 또한 자신에게 고통을 준 권위자를 그대로 닮게 되어 자기 역시 성인이 되어 극단적 권위자가 되거나 극단적 성인아이의 모습을 갖고 인생을 살아갈 수밖에 없는 것이다.

안타까운 것은, 문제가 있는 권위자일수록 누군가가 자신을 위해 정서적인 꼭두각시가 되어 자신 앞에 서 있다는 사실을 전혀 의식하지 못한다는 것이다. 또한 피해를 당하는 사람들도 자신들이 교묘하게 길들여져 가고 있다는 사실을 모른다는 데 문제가 있다.

이러한 일들은 직장의 동료나 심지어 교회 안에서도 얼마든지 볼 수 있다. 다시 말하면 정상적으로 대하기가 조심스러운 사람들이 우리들 주변에 얼마나 많이 있는가?

사람이 모인 곳에는 이런 분들이 늘 있지만, 교회 안에서도 마찬가지이다. 늘 신경을 써서 상대해야 하고, 말을 한마디 해도 조심스럽고, 언제나 특별한 돌봄이 필요하고, 기분을 맞추어 주어야 하고, 비위를 거스르면 안 되는 사람들이 바로 여기에 해당되는 것이다.

4-4
성인아이와 쓰라린 눈물

성인아이, 즉 육체는 성인이 되었음에도 불구하고 여전히 대인관계에 불편을 느끼고, 사람들이 많은 곳을 꺼리며, 자기가 속한 공동체 속에서 편안함을 느끼는 일에 장애를 겪는 성인아이들에게 나타나는 공통점 가운데 중요한 한 가지는 뜨거운 눈물이다. 처절한 흐느낌이 클수록 결국 성인아이로 자랄 확률이 높아진다.

이 눈물은 아주 오래전에 흘렸던 눈물인데 그냥 단순한 어린아이의 눈물이 아니다. 수치감과 부끄러움으로 얼룩진 비통한 눈물이고 아무에게도 위로받지 못했던 처절한 눈물이기도 하다. 더욱 중요한 것은 처절한 흐느낌의 눈물을 흘린 일에 대하여 그 누구에게도 말해보지 못했다는 것이다. 다시 기억에 떠올리는 것 자체가 너무도 부끄럽고 고통스러운 일이 되었기 때문에 그저 마음속에 감추어 놓고 사는 것이다.

미국에서 하이스쿨 교사로 일하는 L 집사님은 주변 사람들에게 참 좋은 사람이라고 칭찬을 듣는 분이다. 이웃들에게 친절하며, 자기주장을 강하게 내세우는 법이 없고, 언제나 주변 사람들과 분위기를 중요하게 여기는 심성을 가진 사람이었다.

그런데 특이한 점은 그분이 결혼을 하지 않는 것이었다. 결혼적령기를 지나면서 자기 친구들이 하나둘 장가를 가도 이분에겐 결혼이 중요하게 느껴지지 않았다. 오래도록 노총각으로 지냈는데 그렇다고 몸이 아픈 것도 아니었다. 오히려 아주 건강한 분이었다.

가족들은 물론 주변의 가까운 사람들이 모두 그분을 염려하지만 정작 그분은 너무도 태평이었다. 결혼하고 싶은 생각이 별로 없다는 것이었다. 이렇게 결혼적령기를 보내고 차일 피일 미루다가 결국 40이 다 되어서야 자신의 삶을 바라보면서 조바심이 들기 시작했다. 문제는 결혼을 하기는 해야 하는데 막상 결혼을 하려고 하면 마음에서 내키지가 않는 것이었다.

결국 내적치유 세미나에 참석하게 되었고, 그 과정을 거치면서 자신의 모든 문제가 아버지 때문이라는 것을 알게 되었다. 다행히 모든 문제가 잘 해결되어서 지금은 결혼도 하고 아이들도 셋이나 낳고 행복하게 잘 살고 있지만, 그분의 이야기를 정리하면 다음과 같다.

그분의 아버지는 중학교 국어 선생님이셨다. 또한 교회에서는 믿음이 좋은 집사님으로서 동네에서는 상당히 인정을 받는 분이기도 했다. 그러나 이분의 아버지는 이상하게도 가족에게는 매섭고 엄하게 대하셨고 가정에 들어오시면 거의 혼자서 시간을 보내셨다.

그러던 어느 날, 이 국어 선생님이 아들 반의 수업을 진행하던 중에 아주 쉬운 시조 하나를 아들에게 암송하도록 했다. 그러나 너무도 내성적이던 이 아이는 너무 창피한 생각이 들어서 그냥 고개를 숙이고 서 있었는데, 갑자기 자기 아버지인 국어 선생님이 자기 친구들이 보는 앞에서 그것도 못하냐고 소리를 지르며 아들의 뺨을 때린 것이다. 그것도 양손으로 마구 때렸다.

순간적으로 아버지에게서 몇 차례의 뺨을 얻어맞은 이 아이는 너무도 창피하고 아파서 울지도 못하고 서 있었다고 했다. 친구들 앞에서 자신의 아버지에게 뺨을 얻어맞은 순간 이 아이의 자존감은 땅에 떨어지게 되었고, 평생 잊을 수 없는 마음의 상처로 남게 된 것이다.

문제는, 그 국어 선생님은 이 아이가 빨리 장가를 가서 손주를 보고 싶어 했다는 것이다. 실제로 스무 살이 되자마자 장가를 가라고 성화를 하셨는데, 이 아들은 오히려 그 말이 너무도 듣기가 싫었다. 나이가 들수록 아버지 집사님은 걱정이 되는데, 자신은 아버지가 걱정하면 할수록 오히려 장가가기가 싫었다는 것이다.

다양한 양상들을 보이지만, 아버지에 대한 무의식적인 반항이 아버지가 중요하게 여기는 것을 오히려 거절함으로 자존감의 위로를 삼는 경우들이 종종 있다. 무서운 아버지에게 정면으로 대항할 수는 없지만, 자신이 장가를 가지 않겠다고 고집할수록 아파하는 아버지를 보면서 무의식적으로는 복수하고 있었던 것이다. 문제는 이러한 일들이 자신도 인식하지 못하는 가운데 진행된다는 것이다.

위에 소개한 L 집사도 자신이 내적치유 세미나에 오기 전까지는 왜 결혼을 하고 싶지 않았었는지 그 이유를 알지 못했다. 그냥 무조건 짜증이 나고 싫었다고 했다.

어린아이들이 흘리는 쓰라린 눈물들, 혹은 가슴에서 숨죽이며 흘러나오는 흐느낌들은 세월이 지나도 잊혀지지 않는다. 기억의 창고 지하실에 꽁꽁 숨겨 놓은 상처들은 현실적인 문제를 부인한 채 평생 짊어지고 가야 할 부끄러운 비밀이 되고 마는 것이다.

그러므로 누군가가 진정으로 내면적인 치유를 원한다면, 부끄러운 일을 말해서는 안 된다는 규칙을 깨뜨려야 한다. 오히려 이제라도 상처를 드러낸다면 그 후유증도 사라질 수 있기 때문이다.

4-5

성인아이의 분노

    분노의 문제는 인류의 역사와 함께 시작되었다. 태초의 인간 아담과 하와는 하나님이 직접 흙을 빚어 지으셨지만, 아담과 하와가 동침해서 태어난 첫 사람이 바로 가인인데, 인간의 첫 작품인 가인에게서부터 극단적인 혈기가 나타난다.

    하나님이 동생 아벨의 제사만 받으셨다는 이유로 동생을 돌로 쳐서 죽였는데, 문제는 동생을 돌로 쳐서 죽여야 할 만큼 동생의 잘못이 없다는 것이다. 동생 아벨이 한 일이 있다면 그가 정성을 다해 하나님께 예배를 드린 것이 전부였다. 형과는 전혀 상관이 없는 일이었다. 그런데도 가인은 아벨을 돌로 쳐서 죽였다. 아니 돌로 치기 전에 가인의 안색은 이미 변해 있었다. 그래서 하나님이 "네 안색이 변함은 어찌 됨이냐?"라고 물으셨다.

    사람은 누구나 감정을 가지고 있기 때문에 상황에 따라 어느 정도의 분노가 생기는 것은 자연스러운 일이다. 그러나 중요한 것은 이러한 분노가 일어나면 스스로 분노의 발생을 감지하고 그 분노를 조절해야 하는데 이러한 일이 생각처럼 쉬운 일이 아니라는 것이다.

대구에서 일어났던 지하철 방화 사건이나, 미국에서 흔히 일어나는 불특정 다수에 대한 무차별적인 총격사건에 대한 소식을 자주 접하지만, 분노는 그렇게 멀리에서만 일어나는 것이 아니다. 가정이나 직장 심지어 교회에서 우리는 자신의 감정을 절제하지 못하는 사람들을 자주 만나게 되는데, 자신의 감정을 절제하지 못하는 것이야말로 전형적인 성인아이의 증세이다. 이러한 성인아이들은 필요 이상으로 자주 화를 내고, 일단 화가 나면 절제가 되지 않고, 이러한 화를 내는 횟수가 너무 자주 반복될 뿐만 아니라, 전혀 화를 낼 상황이 아닌 작은 일을 가지고도 삐지거나 아니면 필요 이상의 화를 내서 공동체를 파괴시키는 것이다.

또한 어떤 사람들은 상습적으로 말에 가시를 섞기 때문에 같은 말도 가능하면 아프게 하게 되고, 마음에 들지 않거나 눈에 어긋난 사람이 있으면 따끔하게 본때를 보여줄 기회를 찾기도 하며, 그래서 결정적 순간이 오게 되면 가능한 마음에 상처가 되는 표독스러운 말들만 골라서 하는 경우도 보게 된다.

그러나 대부분의 경우에는 지금 막 일어난 사건 때문에 화가 나는 것이 아니다. 다만 자존심이 상하거나 마음이 상하게 되면 자신도 모르게 분노의 감정이 여과의 과정을 거치지 않고 폭발되도록 마음의 구조가 이미 그렇게 되어 버린 것이다.

마치 풍선을 불어서 마지막까지 부풀리게 되면 포화상태에 이르게 되고 이러한 포화상태에서는 조금만 자극을 주어도 풍선이 터지는 것과 같은 이치이다.

그리고 이러한 성품은 주로 어린 시절의 부정적인 환경, 즉 역기능 가정에서 자라난 결과일 수 있다. 중요한 것은 역기능 가정일수록 마음의 상처나 아픔을 정상적인 방법으로 해소할 수가 없다는 것이다. 왜냐하면 문제를 제공한 권위자가 여전히 그 상황과 분위기를 지배하고 있기 때문이다.

그래서 대부분의 어린아이들은 그 슬픈 감정을 억제하거나 감추기 시작하지만, 누르면 누를수록 마치 용수철처럼 오히려 폭발의 가능성은 커지게 되며, 이러한 상태로 성인이 되고 나면 아무도 그것을 절제할 수 없게 되는 것이다.

여기에서 중요한 것은, 이러한 분노와 폭발의 충동이 자기 나름대로 돌파구를 찾아 반복적으로 일어나게 되면, 이러한 반복은 그 사람에게 습관이 되고 습관은 성격을 만들고 그런 상태로 성인이 되면 전형적인 성인아이가 될 수밖에 없다는 것이다.

그러므로 작은 일에도 '욱' 하고 화를 내는 사람이나, 일단 화가 나면 폭발을 통해 분위기를 깨트리는 사람들은 그들의 성격이 나쁜 것이 아니라, 어린 시절에 남모르는 고통과 마음의 상처가 많은 사람들로 이해하는 것이 중요하다.

동시에 그러한 사람들에게는 진정한 사랑과 위로가 필요하다는 것을 기억해서 인내와 사랑으로 자신의 문제를 이해시킬 수만 있다면, 무조건 폭발부터 하는 분노는 막을 수 있을 것이다.

4-6
성인아이의 완벽주의

성인아이들에게서 볼 수 있는 아주 중요한 행동적 특징 중 하나는 '전부 아니면 전무'(All Or None)라는 극단적인 성격이다. 그리고 이러한 성격은 가정 자체의 평화로운 분위기가 일관성 있게 유지되어지지 않는 역기능적 가정에서 파생된 보편적인 결과이기도 하다. 예를 들면, 별것도 아닌 것을 가지고 지나치게 아이들에게 화를 내거나 폭력을 행사한 부모는 그 마음속에 자녀들에 대한 미안한 마음이 생기게 된다. 특히, 화가 나서 혹은 스스로의 분노를 못 이겨서 힘없는 어린 자녀에게 화풀이를 한 경우, 시간이 지나고 화가 풀리고 제 정신이 돌아오면 자녀에게 미안한 마음과 함께 자녀에 대한 동정심, 즉 자녀의 상한 마음을 위로하고자 하는 보상심리가 생기게 되는 것이다.

그래서 아주 다정스럽게 대해주거나 아니면 분에 넘치는 선물이나 용돈을 주기도 하고, 아주 맛있는 음식으로 부모 스스로의 불편한 마음과 상처받은 어린아이의 마음을 위로하고자 한다.

 그러나 오히려 이런 시도는 어린아이를 더욱 곤혹스럽게 만든다. 인정사정 보지 않고 무섭게 학대하던 모습과 과잉친절을 베푸는 권위자의 모습에 대해 어떻게 대응해야 할지 더욱 혼란에 빠지기 때문이다. 더욱 문제가 되는 것은 이러한 분위기로 어린 시절을 보내다 보면 자신도 모르는 사이에 극단적인 성품을 갖게 된다. 극단적인 상황을 오르내리면서, 그렇게 극단을 오르내리는 것을 정상적인 상태라고 인식할 수 있기 때문이다. 중요한 것은 일에서도 영향을 받게 되어 일을 하려면 아주 잘하든지 아니면 말든지 라는 생각 때문에 잘할 수 있는 환경을 기다리다가 오히려 뒤로 미루게 되고, 결국은 일을 망치는 결과를 만들기도 한다.

 왜냐하면 어떤 일을 잘 처리하려면 충분한 분위기와 환경, 그리고 시간이 보장이 되어야 하는데, 현실적으로 어떤 일을 완벽하게 처리할 수 있는 완벽한 여건은 거의 없기 때문이다. 따라서 오늘은 여건이 안 따라주니까 나중에 잘할 수 있는 조건이 될 때까지 기다리게 되고, 기다리는 일이 반복되면서 습관으로 이어지게 되면 오히려 남들보다 더욱 게을러지게 되는 것이다.

 예를 들면, 기왕 방청소를 할 바엔 아주 깔끔하게 정리정돈을 해야 하는데, 오늘은 시간이 충분치 못하니까 나중에 시간을 제대로 내서 한번 깨끗하게 치우겠다는 생각을 하게 되는 것이다. 그러나 방청소를 충분히 잘하도록 모처럼 한가한 시간은 잘 주어지지 않고 막상 주어지게 되면 쉬고 싶거나 또 다른 일들에 밀리게 된다. 그래서 결국 대청소 한번 하는 데 1년씩 기다리기도 하고, 이사를 끝낸 지가 오래되었지만 이삿짐 정리를 하지 않은 채 오래도록 그냥 사는 분들도 가끔 만나게 되는 것이다.

글을 쓰는 것도 마찬가지이다. 기왕에 글을 쓰려면 잘 써야 하고 잘 쓰려면 충분한 시간이 필요한데, 오늘은 시간이 없고 바쁘니까 나중에 쓰자고 생각하다가 결국 마감시간이 되면 헐레벌떡 밤잠을 자지 못하고 허둥대며 일을 마치게 되는 것이다.

그러므로 "적당히 할 바엔 아예 안하고, 기왕 할 바엔 철저히 한다"는 완벽주의적인 생각은 바람직하지 않을 수 있다. 오히려 완벽하게 잘하려는 욕심보다는, 모든 일을 미루지 말고 내가 할 수 있는 일들을 찾아서 최선을 다하는 지혜가 오히려 삶에 도움이 되는 것이다.

한번은 이름을 대면 누구라도 알만한 목사님을 강사로 모시고 부흥회를 열었다. 부흥회의 마지막 밤 집회를 끝내고 밤 11시가 넘어서 숙소로 돌아왔는데, 그 목사님이 백지를 꺼내서 무언가를 그리기 시작했는데 그것은 '신년도 목회계획'의 초안이었다.

기도원에 가서 충분한 기도와 함께 작성하는 것으로만 알고 있던 나에게는 신선한 충격이었다. 잠자기 전 짜투리 시간에도 중요한 일들이 처리되는 중요한 순간이었기 때문이다. 지금까지도 큰 목회를 이끌어가는 그분을 보면서 느낀 것은 잘하려는 욕심 때문에 오늘 해야 할 일들을 뒤로 미루지 말라는 것이다.

4-7
성인아이와 충동욕구

　역기능 가정에서 자라는 어린아이들은 어떤 형태로든지 억압을 당하게 된다. 역기능 가정의 권위자들이 자기의 자녀들을 하나의 인격체로 존중해주지 못하기 때문이다. 당연히 육체적, 정서적, 성적, 사회적 그 외에도 여러 가지 학대들을 통하여 억눌림을 받게 된다.

　중요한 것은, 마음이 상해서 억울하면 억울할수록, 혹은 억눌리면 억눌릴수록 심리적인 반발과 아픔을 해소하기 위한 내면적인 욕구가 생기게 된다는 것이다. 마치 용수철을 누르면 누를수록 더 많이 튀어 오르는 것과 같은 이치인 것이다. 그래서 결국은 내면적인 반항이 시작되는데, 이러한 내면적 반항은 자신에게 아픔을 준 권위자를 대상으로 시작하게 된다. 하지만 이러한 상처가 계속되고, 고통이 가중되고, 그럼에도 불구하고 주변의 환경이나 자신이 속해 있는 공동체가 철저하게 자신의 아픔을 외면한다고 생각하게 되면, 그때부터는 불특정 다수에 대한 분노의 성품으로 자라게 되는 것이다.

그래도 상처가 그리 크지 않을 때는 스스로 내면적인 정화작업, 예를 들면 혼자 방에 들어가 실컷 운다든지, 아니면 영화를 보고 온다든지, 아니면 음악을 듣거나 한적한 곳에 가서 혼자 있는 시간을 통해서 마음의 울분을 삭이고 상한 감정을 스스로 치유할 수 있을 것이다. 하지만 만약 어린아이 혹은 사춘기를 보내는 미성숙한 청소년으로서 감당할 수 없을 정도의 치명적인 상처를 받게 되면 그 다음의 과정은 무엇이겠는가?

당연히 억울하고도 억눌린 감정이 점점 부풀어 오르면서 어느 한계점에 이르면 폭발하는 단계에까지 이르게 되는데, 이것이 바로 충동욕구이다. 흔히 말하는 '욱' 하는 성격이라는 말은 이러한 상처와 충동, 그리고 절제하지 못하는 분노의 과정들이 반복되면서, 이미 분노로서 자신의 불편한 마음을 해소하고자 하는 욕구가 습관을 넘어서 성격에까지 이르게 된 경우이다.

어쨌든 부당하게 억눌리고 상처를 받은 아이들은 그 상한 마음을 해소할 그 무언가를 찾게 된다. 즉 화풀이의 대상을 찾게 되는 것이다. 그래서 홧김에 부모 몰래 담배도 피워보고, 술도 먹고, 친구들과 어울려 싸움도 해보고, 도둑질도 해보고, 문을 걸어 잠그고, 음악을 크게 틀어놓고 듣기도 하고, 컴퓨터 게임에 몰입하기도 하고 혹은 자위행위를 하기도 할 것이다.

물론 자기보다 힘이 약한 아이들을 때리기도 하고, 지나가는 강아지 옆구리를 걷어차기도 할 것이고, 미국에서 자라나는 아이들은 쉽게 마약에도 손을 댈 것이다. 이런 종류의 비행은 자기의 상한 마음을 드러내는 표현이기도 하지만, 동시에 나를 아프게 한 사람들에 대한 복수가 되기도 하는 것이다.

또 다른 케이스를 본다면, 분노의 충동, 즉 '욱' 하는 성격이 공격적으로만 나타나는 것은 아니다. 권위자에게 대항할 힘이 없어서 강제로 끌려가는 얌전한 아이들도 그 마음에 슬픔들이 쌓이게 되고, 그러면 자기 스스로를 불쌍히 여기는 마음을 갖게 되는데, 이것이 바로 자아연민(Self-Pity)의 감정이다. 그리고 자아연민의 감정을 갖게 되면, 아무도 상처받은 나를 위로해 주지 않으니 자기 스스로라도 자기를 위로하려고 시도를 하게 되는데, 이러한 시도는 주로 죄, 즉 비행과 관계가 있게 된다.

예를 들면, "오늘 친구들이 모두 보고 있는 교실에서 선생님에게 뺨을 맞고, 또 저녁을 굶어 배가 몹시 고프니, 오늘은 정말 착한 일이나 해야겠다"라는 생각은 도저히 할 수가 없는 것이다.

이렇게 자신이 불쌍하게 느껴지면 자기도 모르게 자신을 위로하는 방법을 찾게 되는데, 불행하게도 상처를 받은 어린아이들이 건전한 방법으로 아픔을 해소할 수 있는 방법은 사실상 거의 없기 때문에 대부분은 비행을 선택하게 되는 것이다.

한국 속담에 "얌전한 강아지가 부뚜막에 먼저 올라간다"는 말은 바로 이러한 경우를 대변해 주고 있는 것인데, 내성적이고 착한 아이이기에 전혀 문제가 없는 줄 알았는데, 뚜껑을 열어 보니 남들이 모르는 곳에서 남들보다 더 큰 문제를 일으키거나 망가져 있는 경우가 그래서 생기는 것이다.

4-8
성인아이와 중독

담배를 끊고 싶었지만 끊지 못하고 신앙생활을 하던 한 교우의 이야기이다. 담배를 끊으려고 결심도 해보고, 금식기도도 해 보고, 금연 껌을 씹어도 봤지만, 결국 자신의 삶에 문제가 생기거나 마음이 공허해지면 다시 담배에 손을 대게 된다는 것이 문제였다. 물론 담배가 건강에도 안 좋으니까 끊어야 하지만 이분의 문제는 건강의 문제보다 양심의 문제였다. 교회에서는 신앙이 좋은 분으로 알려져 있었는데, 담배를 피운다고 지옥에 가는 것은 아니지만 남몰래 담배를 피우면서 자신은 아닌 척해야 하는 일들이 스스로를 괴롭혔던 것이다.

담배뿐만 아니라 내면적인 문제로 갈등하던 이분이 내적치유 세미나에 참석을 하게 되었는데, 자신이 학창시절부터 가지고 있었던 반항적인 성격, 그리고 물론 정의감도 있었지만 남들이 못하는 과격한 방법으로 데모 했던 것 등 이런 모든 일들이 자신의 어린 시절에 속수무책으로 당했던 마음의 상처에서 기인된 것을 깨닫고 얼마나 많이 울었는지 모른다.

그분의 고백에 의하면, 그분의 아버지는 학교의 교사셨다. 어린 시절의 자기 아버지는 너무나 무서웠는데, 특히 공부를 못해서 성적이 떨어질 때마다 아버지로부터 무섭게 매를 맞았다. 자기 아들이 하위권에 머무는 성적표를 가지고 올 때마다 교사인 아버지는 자존심의 상처를 받았고 그럴 때마다 화풀이성의 매질을 해댄 것이다.

중학교에 들어간 어느 날, 이 아이가 아버지에게 심하게 매를 맞았다. 아프기도 하고, 억울하기도 하고 당연히 화가 났다. 매를 맞고 집에서 나와 골목길을 나서는데, 땅바닥에 무엇인가가 눈에 띄였다. 피우다가 버린 긴 담배꽁초였다.
그동안에는 담배꽁초에 아무런 관심이 없었는데, 매를 많이 맞고 분노의 감정으로 포화상태가 된 그날은 이상하게 담배를 피워보고 싶은 충동이 강하게 밀려왔다. 말하자면 터질 것 같은 분노의 돌파구였는데, 그것이 그분이 담배에 손을 댄 첫 순간이었다.

담배를 피워보니 너무 역해서 기침과 눈물이 쏟아져 나왔지만, 아버지에 대한 복수심과 묘한 쾌감, 그리고 자기만의 해방감이 생기면서 그때부터는 기회가 되면 남몰래 담배를 피우게 되었고, 나중엔 하루에 두 갑씩 피워대는 골초가 되었다.

문제는 배우자의 전도를 받아 신앙생활을 하면서 충만한 은혜도 경험하고, 예수님을 자기의 구주로 진정으로 고백도 하고, 교회에서는 존경받는 일꾼이 되었지만 여전히 담배는 끊을 수가 없었던 것이다.

이런 상황에서 이분이 치유세미나에 참석했는데, 거기에서 자신의 상처를 들여다보게 되었다. 상처인 줄도 모르면서 상처를 받았던 많은 순간들이 있었고, 소리 내어 울지도 못하고 몰래 숨어서 흐느껴 울던 자신의 모습들도 기억해 냈다.

이분과 함께 기도하는 중에 성령님의 어루만지심이 있었는데, 옛날 어린 시절처럼 소리를 내지 못하고 한동안 흐느껴 울었다. 책상 위의 노트가 물에 빠진 것처럼 눈물로 흠뻑 젖었다. 그리고 눈물을 닦았을 때 더 이상 옛날의 그가 아니었다. 당연히 담배도 그 시간 이후 끊게 되었다. 하지만 더 정확히 설명을 하면 그분의 의지로 결단을 해서 담배를 끊은 것이 아니다. 자기를 위로해 달라고 끌어당겼던 마음속 상처의 욕구가 씻긴 것이다. 즉 더 이상 그 마음에 위로를 받아야 할 근거가 사라졌고 이것은 그 마음의 상처가 치유되었음을 의미했다.

내적 치유자의 입장에서 볼 때 이분의 문제는 담배나 중독의 문제가 아니었다. 오히려 어린 시절에 받았던 극단적인 상처가 문제였다. 이미 설명을 했지만, 대부분의 역기능 가정에서는 아이들이 감당하기 어려운 극단적인 학대가 이루어진다. 그리고 학대에 무방비로 노출되어 있는 자녀들은 상상할 수 없는 마음의 상처를 경험하게 된다.

그렇게 마음에 상처를 받았음에도 불구하고 상처를 주는 권위자에 대항할 힘도 없고, 그러한 상처가 반복되면 스스로 슬픈 마음을 갖게 되고, 그러한 슬픈 상황에 버려진 자기 자신을 불쌍하게 생각하는 자기연민이 생기게 되는 것이다.

동시에 스스로 생각하기를 그렇게 불쌍한 자신인데, 아무도 상한 자기 마음을 위로해 주기는커녕 관심을 보여주는 사람도 없을 때, 결국 스스로라도 자기를 위로해 주고 싶은 마음이 생기게 되는 것이다. 그런데 문제는 자기 위로의 수단으로 선택하는 것이 대부분 비행이라는 것이다.

그래서 결국 이 비행이 반복되면 습관이 되고, 이 습관이 반복되면 결국 중독에까지 이르게 되는데, 사람마다 선택하는 수단이 다르기 때문에 사람에 따라서 술, 담배, 도박, 쇼핑, 게임, 섹스, 도적질, 인터넷 등의 다양한 중독의 양상으로 나타나게 되는 것이다. 그리고 이러한 중독을 끊는 일은 얼마나 어려운 일인지 모른다. 왜냐하면 중독이란 그동안 자신을 버티게 해주고, 자기를 위로해 주고, 아픔을 해소해 주는 가장 중요한 도구였기 때문이다.

하지만 같은 행동을 반복한다고 해서 모두가 중독은 아니다. 양치질은 날마다 반복해도 중독이 아니기 때문이다. 그렇다면, 중독의 증상은 무엇일까? 첫째는 간절한 '갈망'이다. 약 기운이 떨어진 마약 중독자가 다시 마약을 애타게 찾는 것과 같다. 두 번째는 '내성'이다. 알코올 중독의 예를 들면 점차 견딜 수 있는 술의 양이 증가하는 것이고, 결국 마실수록 건강은 극도로 나빠진다. 세 번째는 '금단 증상'이다. 중독의 갈망을 채우지 못할 때 나타나는 증상인데 불안해지고, 식은땀이 나고, 심각한 경우에는 발작이 일어날 수도 있다. 이쯤 되면, 사회적 직업적 장애를 겪게 되는데, 이것이 바로 중독의 네 번째 특징이다.

중요한 것은, 그것이 무엇이든지 간에 일단 중독이 되면 그 중독의 노예가 되어서 삶의 장애를 경험하게 된다는 것이다. 대부분의 중독은 상처로 시작이 되기 때문에 중독을 끊지 못하는 자신이라고 스스로에게 실망하지 말고, 자신의 마음속에 있는 숨겨진 상처를 먼저 치유하면 의외로 중독의 문제는 쉽게 해결되는 것을 경험할 수 있을 것이다.

무의식 가운데 진행되기는 하지만, 속에서 당기는 마음의 욕구와 충동이 사라지면, 중독을 끊어버리는 일이 이전보다는 훨씬 수월해질 수 있다. 더 이상 중독에 목멜 필요도 없고 그것이 옛날처럼 재미도 없기 때문이다.

4-9
성인아이와 우상

성경은 심리학책이 아님에도 불구하고 인간의 마음에 대한 이야기가 수없이 등장한다. NIV 성경에 보면, 가슴 혹은 심장으로 번역되는 'heart'란 단어는 774회, 마음으로 번역되는 'mind'란 단어는 177회, 그리고 생각으로 번역되는 'think'는 124회, 그리고 자신의 결단이나 의지를 나타내는 'will'이란 단어는 놀랍게도 4,967회나 등장하고, 한국어 개역개정 성경에도 '마음'이란 단어가 820번이나 사용이 된다. 성경이 마음의 문제를 이처럼 중요하게 다루는 이유는 마음 상태에 따라 인생의 향방이 달라지고, 마음의 결단이 결국 삶의 의지와 모습으로 표출되기 때문이다. 그래서 성경은 "모든 지킬 만한 것 중에 더욱 네 마음을 지키라 생명의 근원이 이에서 남이니라"(잠 4:23)라고 말한다.

그렇다면 성경에서는 마음의 쓴 뿌리를 어떻게 보고 있을까?

"너희는 하나님의 은혜에 이르지 못하는 자가 없도록 하고 또 쓴 뿌리가 나서 괴롭게 하여 많은 사람이 이로 말미암아 더럽게 되지 않게 하며 (히 12:15).

이 말씀에 의하면, 마음의 쓴 뿌리 즉 마음의 상처가 얼마나 고통이 되는지 그 괴로움 때문에 더러워지게 되고 결국 하나님의 진정한 은혜에 이르지 못하게 한다는 뜻이다.

그렇다면 왜 마음의 상처, 즉 쓴 뿌리가 많으면 더러워지게 될까? 왜냐하면 역기능 가정에서 자라나는 자녀들은 당연히 치명적인 상처에 노출이 되는데, 그러한 치명적 상처를 받으면 자기 스스로를 불쌍히 여기는 마음, 즉 '자아연민'이 싹트게 되는 것이다. 즉 다른 사람들은 모두가 행복하게 사는 것 같은데 날마다 매를 맞아야 되는 자신을 생각하면 자기 자신이 너무 불쌍하게 느껴지는 것이다.

중요한 것은 바로 이 '자아연민'이다. 아무도 나는 불쌍히 여기지 않고 따라서 마음을 달래 주지도 않기 때문에, 이젠 자기 스스로라도 자기를 위로하고자 하는 것인데, 문제는 그 방법이 정상적이거나 건전할 수 없다는 것이다. 출발 자체가 슬픔과 반항이기 때문인데, 예를 들면 '선생님이나 부모에게 매를 너무 맞아서 멍이 들고 온 몸에서 피가 나니까 오늘은 공부나 하자'라는 생각은 어린 나이에 도저히 할 수가 없는 것이다.

그래서 선택하는 것이 주로 비행이다.

비행은 고통을 준 모든 사람에게 복수가 되며, 자신의 억눌린 마음을 해소해 주는 돌파구가 된다. 더 나아가 그런 치명적인 고통을 당하긴 했지만 아직 죽지 않고 살아있다는 자기존재의 증명이 되기도 한다. 자신의 결정으로 반항을 선택하면서 억울하게 당한 고통에 저항하는 몸부림이 비행으로 나타나게 되는 것은 자연스러운 결과이다.

그래서 부모에게 맞은 만큼 다른 아이를 때리고, 고통을 당한 만큼 자기보다 힘없는 대상자를 찾아서 그 고통을 되갚아 주기도 한다. 술을 먹고 취함으로 그 고통으로부터 해방을 경험하고, 담배 한 모금 깊이 빨았다가 '후' 하고 뱉으면 그 순간의 모든 악몽이 사라지는 것 같은 안도감과 쾌락을 느끼기도 한다.

이렇게 자기를 위로하는 수단으로 선택하는 양상이 사람마다 다르지만 주로 술, 담배, 도박, 쇼핑, 게임, 섹스, 도적질, 운동, 여행, 인터넷 등의 다양한 모습으로 나타나는데, 문제는 이러한 일이 반복이 되면 그 양상이 몸에 익숙하게 되어 습관이 되고 습관이 반복되면 중독의 양상으로 나타난다는 것이다.

아주 중요하게 생각해야 하는 문제는, 만약 누군가가 이러한 상처로 인해 중독이 되었다면, 이 중독이 주님을 진정으로 만나게 하는 일을 결정적으로 방해할 수 있다는 것이다. 왜냐하면 상처로 인한 중독이란 단순한 중독이 아니라 자신의 상한 마음을 위로

하고 치료하는 방법으로 이미 자기의 몸에 배어있기 때문이고, 더 나아가서 이 중독이란 이미 끊을 수 없는 단계, 즉 영혼이 묶여 있는 단계(Soul-Tie)의 의존적 상황에 벌써 빠져버린 것을 의미하기 때문이다.

영혼이 중독에 묶여 있다는 말은, 그 중독이 이미 자신의 몸과 하나가 되었다는 뜻이기도 하다. 그래서 중독을 끊는 것은 마치 자신의 신체 일부를 끊어내는 일만큼이나 어렵다. 담배를 끊는 것이 꼭 팔 하나를 잘라내는 것만큼이나 힘들게 되는 것이다.

절제가 되지 않는 상처의 충동으로 인한 중독증에는 몇 가지 특징이 있는데 우선 그것에 늘 끌려다녀야 하고, 이를 악물고 끊어보려고 하면 또 다른 금단 증상이 나타난다. 짜증이 나고, 잠이 안 오고, 일이 손에 잡히지 않고, 마음이 안정되지 않고, 심지어 심장이 심하게 두근거리거나 손이 떨릴 수도 있으며 정상적인 생활을 할 수가 없는 것이다.

그것이 무엇이든지 하나님보다 더 사랑하는 것이 있으면 그것이 바로 우상인데, 이런 중독이 그 마음에 보이지 않는 우상으로 작용을 하고 있는 것이다. 즉 하나님보다 그 중독을 현실적으로 더 가까이하고 더 의존하는 것이다.

예를 들어, 마음이 정말 아프고 속이 상할 때는 하나님께 나와서 기도를 해야 하는데, 그 우상 즉 술을 먼저 찾는 것이다. 괴로운 일이 있거나 화가 나면 주님을 의지하고 주님께 먼저 나와서 아뢰어야 하는데, 담배부터 먼저 피워야 그나마 안정이 된다. 그래서 좋아도 술, 슬퍼도 술, 화나도 술, 억울해도 술, 기분 좋아서 한잔, 술 없는 인생을 상상하지 못하게 되는 것이다. 그래서 자기를 위로했던 중독을 끊어야 할 입장이 되면 신체의 일부가 잘라져 나가는 것처럼 싸한 아픔을 느끼게 되는 것이다.

이런 일들은 선교지에서도 일어난다. 인생을 주님께 바치고 선교현장에 나가 있지만, 그 마음에 깊은 상처가 있고 이런 것이 인터넷 중독으로 다스려져 온 사람이 있다면, 선교지에 나가서도 컴퓨터 앞에 앉아서 엉뚱한 인터넷 사이트를 뒤지고 있을 것이다. 시간을 낭비하고 나서 허탈해 할 것이고, 다시는 그렇게 하지 않으리라고 다짐을 해도 그 마음의 공허함이 엄습하게 되면 또 다시 그 우상을 향해 나아갈 것이다.

이런 사람들은 자신의 마음을 위로하기 위해 살아 계신 하나님께 나아오지 않고 자기 위로의 수단으로 달려가기 때문에 다음과 같이 생각할 수가 있다.

"예수를 믿는 것은 좋은데, 이것을 끊으면 무슨 재미로 인생을 살까? 예를 들어, 담배를 끊으면 이제 내게 무슨 낙이 있을까? 술을 끊으면, 도박을 끊으면 내 인생 무슨 재미로 살까?"

그래서 진정한 회심을 통한 주님과의 일치감과, 그 일치감에서 오는 참된 자유와 해방과 평안을 맛보지 못하고 결국은 진정한 회심, 즉 진정한 은혜에 이르지 못하는 경우가 생기기 때문에 성경은 쓴뿌리 때문에 진정한 은혜에 이르지 못하는 일이 없도록 하라고 가르쳐 주는 것이다.

하지만 누군가가 자신의 중독이 자신의 우상이었음을 깨닫고 그 우상을 버릴 수만 있으면 이전에 상상할 수 없었던, 즉 우상이 주는 가짜 위로와는 비교도 되지 않는 참된 평강과 자유를 날마다 경험하게 될 것이다.

아주 중요한 요점은, 상처는 잊혀지고 중독증상만 남았기 때문에, 중독의 시작이 상처인 줄을 모르는 데 있는 것이다. 하지만 중독의 결과로부터 역으로 추적해 올라가 보면, 그 시작점에는 어떤 형태로든지 간에 상처에 무방비로 노출되어 있는 당신 스스로의 모습을 만나게 될 것이다. 이제 그 순간으로 돌아가는 것이 매우 중요하다. 그 순간에 다시 서서 상한 마음을 치료하시는 전문 의사이신 주님 앞에 서서 상한 마음 그대로를 드러내는 것이다. 그리고 그분이 마음껏 어루만지실 수 있도록 그분께 위탁하며 그분께 맡기는 것이다.

그분이 정말 당신을 만지시면 그 순간부터 모든 중독으로부터도 자유로워질 수 있고, 당신이 그토록 찾고 싶었던 당신의 참된 모습도 발견할 수 있을 것이다.

4-10

성인아이와 대물림

　이스라엘 사람들의 자녀 교육법 '쉐마 교육'에서 중요하게 취급되는 것은 두 가지인데, 하나는 교육의 내용이고 또 하나는 교육의 방법이다. 교재의 내용은 하나님의 말씀, 즉 '율법'이고 그 방법은 '반복'이다. 그들이 반복을 강조하는 이유는 반복하지 않으면 씨를 뿌릴 수는 있으나 열매를 거두지 못한다고 철저하게 믿기 때문이다. 내가 공부했던 미국 신학교에서는 구약성경이라고 부르지 않고 히브리성경이라고 불렀는데, 그 히브리성경을 가르쳤던 현직 유대인 랍비가 유대 교육의 비밀이라면서 했던 이야기였다.

　"네 자녀에게 부지런히 가르치며 집에 앉았을 때에든지 길을 갈 때에든지 누워 있을 때에든지 일어날 때에든지 이 말씀을 강론할 것이며"(신 6:7).

　결국 쉐마의 비밀은 반복이었다. 집에서, 길에서, 누울 때, 일어날 때를 막론하고 반복해서 가르치라는 것이다.

　반복 학습이 중요하다는 것은 거의 모든 분야에서 적용될 수 있다. 탁구나 골프도 스윙폼이 몸에 밸 정도로 반복을 해야 하고, 섹소폰 한 곡을 연주하려면 최소한 한 곡을 1,000번 이상 연습하고 무대에 올라가라던 어떤 섹소폰 대가도 있었다.

　역기능 가정의 문제가 대물림되는 현상도 무의식적으로 반복되는 학습효과 때문이다. 예를 들면, 어떤 분은 자신의 아버지가 너무 완고하고, 유머감각도 없고, 지나친 체벌을 통해 자신에게 상처를 너무나 많이 주어서 자기는 그런 아버지가 안 되겠다고 굳게 결심을 했는데, 어느 날 보니까 자기에게서 그런 아버지의 모습이 나오더라는 것이다.

　같은 경우이지만, 군대에서 혹독한 졸병 생활을 경험했던 사람이 막상 자기가 고참이 되고 나서는 이전의 고참들보다 더 고약한 사람이 될 수도 있고, 시어머니에게 시집살이를 당했던 사람이 자신도 모르는 사이에 자기가 받은 것보다 더 혹독하게 시집살이를 시키는 이유도 모두가 같은 현상일 수가 있다. 그런데 어쩌면 그것은 다음의 몇 가지 이유에서 당연한 일일 수도 있다.

　첫째, 아무것도 모르는 어린아이들은 자신들의 가정이 가장 정상적인 가정이라고 생각하면서 자라기 때문에, 또 자기의 부모들이 가장 정상적이고 모든 부모들의 표상이라고 믿으면서 유아기를 지나기 때문에 자기도 모르는 사이에 아주 자연스럽게 자신의 부모를 배워가게 된다. 예를 들면, 분노를 처리하는 방법, 즉 화가 났을 때 얼굴빛이 달라지고, 언성을 높이고, 누군가를 블레임 (Blame: 책임, 탓)하는 아버지를 보고 자란 아들은 자신도 성인이 되면 그렇게 할 확률이 높아지게 된다.

변덕이 심하고, 따지기를 잘하고, 표독스러운 언어를 통해 상대방의 마음에 상처를 주는 어머니에게서 자란 딸은 어머니의 바로 그러한 모습 때문에 자기가 많은 상처를 받고, 어머니의 그런 모습을 자기도 증오하면서 자기 역시 그러한 모습으로 살아갈 확률이 그렇지 않은 가정보다 훨씬 높게 나타나는 것이다.

왜냐하면 분노나 불만의 처리 과정, 즉 표독스럽게, 혹은 눈물이 쑥 빠지도록 따끔하게 혼내는 일을 가장 가까운 어머니를 통해서 가장 확실한 시청각 교육을 통해 자신도 모르게 학습이 되었는데, 그것도 아주 어릴 때부터 반복적으로 학습이 되었기 때문이다. 더욱 중요한 것은, 표독스럽지 않은 온화한 언어로 자기 자녀를 가르치는 부모의 모습을 본 적이 없기 때문에, 그렇게 하고 싶어도 할 수가 없는 것이다. 모델이나 샘플이 없으니 어떻게 흉내를 낼 수 있겠는가?

둘째, 그분이 아버지건 시어머니건 내가 아는 역할 모델은 오직 한 분이기 때문이다. 말하자면, 문제가 많은 아버지 모습만 보면서 자랐기 때문에, 즉 정말 좋은 역할을 하는 아버지 밑에서는 자라지 못했기 때문에, 좋은 아버지 혹은 좋은 시어머니가 어떤 역할을 해야 하는지를 실제로 모르고 있는 것이다. 치유 세미나를 인도하면서 내가 깜짝 놀란 것은, 고아원에서 자라서 아버지가 된 사람들 중에는 자녀들을 향해서 어떻게 해야 할지, 아버지 역할을 몰라 당혹해 하는 분들이 꽤 많이 있었다는 사실이다.

셋째, 증오는 사랑만큼 강하기 때문이다. 사랑과 증오라는 말은 그 의미상으로는 전혀 반대의 개념이지만 동시에 아주 중요한 공통점을 가지고 있다. 그것은 곧 머리와 마음속에 오랫동안 각인이 된다는 것이다. 각인이란 잊어지지도 않고 떼어지지도 않는 영혼의 묶임(Soul-Connection)이라는 것인데, 어떤 면에서는 사랑보다도 증오의 끈이 더 단단할 수도 있다. 이렇게 권위자의 부정적인 모습들을 싫어하면서도 자기 역시 그렇게 행동하는 이유는 증오의 끈을 통해 성인아이의 기질이 대물림되도록 반복교육이 되었기 때문이다.

그러므로 누군가에게 이런 현상이 있다면, 자신의 가정 특히 자신의 권위자가 가지고 있는 역기능적인 요소들과 문제점들을 객관화시켜서 자기를 돌아볼 수 있는 자기 성찰의 과정이 꼭 필요하다. 보다 더 행복한 삶이 당신 앞에 있기 때문이다.

4-11
성인아이와 무의식

　상당히 규모가 큰 미국의 한 교회에서 성가대 지휘자로 봉사하시는 한 여자분이 계셨다. 아름다운 외모에 누가 보아도 매력이 있는 분이었고, 한국에서 명문대를 졸업한 인텔리였다. 그런데 40이 다 되도록 결혼을 안 하고 있다가 어느 날 내적치유 세미나에 참석을 하였다.
　분명히 자신의 삶에는 무언가 문제가 있는데, 그 문제의 원인을 모르는 것이 이분의 가장 큰 문제였다.

　일단 결혼을 하려면 남자들을 좋아해야 하는데 이상하게 모든 남자들이 너무 미웠다. 특별히 남들보다 더 잘생기고 호감이 갈만한 남자들을 보면 오히려 더 퉁명스럽고 쌀쌀맞게 대해지는 것이었다.
　키도 크고 운동도 잘하는 편이었는데, 이분은 어릴 때부터 남자아이들에게 지는 것을 너무 싫어했다. 운동은 물론 공부도 마찬가지였다. 언제나 남자를 타도하는 입장이었는데, 그러다 보니까 자연히 High Miss(노처녀라고 일컬음)가 될 수밖에 없었는데 자신도 자기가 왜 그런지를 알지 못했다는 것이다.

문제는 다른 여자들처럼 행복한 가정을 이루어 아들딸 낳고 행복하게 살 나이인데, 싱글로 사는 일이 너무 힘이 들었고, 더욱이 때때로 밀려오는 고독과 외로움을 달랠 방법이 없었다.

그래서 손을 댄 것이 담배였다. 다른 사람들은 이분이 담배를 피울 것이라고는 상상을 하지 못했다. 교양도 있고, 믿음도 좋은 여자분이 남몰래 숨어서 담배를 피운다는 것을 도저히 인정할 수가 없었던 것이다. 당연히 그녀의 갈등은 커져만 갔고, 결국은 내적 치유 세미나를 찾게 된 것이다.

치유 세미나가 진행되는 동안, 그녀는 상처의 실체를 정확히 깨달을 수 있었는데, 세미나를 마치고 난 후 그녀는 그동안 한번도 말해보지 못했던 자신의 아픔을 공개적으로 드러냈다. 물론 흐느낌과 깊은 한숨을 동반한 고백이었는데, 이런 고백이 그녀의 상처를 객관화시키는 요소가 되었고, 따라서 아무도 모르게 무의식 속에 숨어서 그녀를 괴롭히던 고통으로부터 해방될 수가 있었다.

그녀에 의하면 그녀의 아버지는 아주 불성실한 남자였다. 어쩔 수 없는 상황에서 어머니가 결혼을 했지만 한번도 남편의 사랑을 받아본 적이 없었다. 아버지는 늘 바람을 피웠고, 항의하는 엄마를 때리기 일쑤였다. 집안의 돈을 긁어서 노름으로 탕진하는 것은 늘 있는 일이었고, 심지어 한번 집을 나가면 며칠씩 집에 들어오지 않는 날도 많았다.

이런 상황에서 어머니가 자신을 임신했고, 추운 겨울날 불도 때지 않은 냉방에서 이 어머니가 혼자 딸을 낳았는데, 남편에 대한 극단적인 미움이 남편의 딸에게로 옮겨가게 되었다. 또한 이렇게 나쁜 아버지 밑에서 고생하며 자라느니 차라리 죽는 게 좋을 것이라는 독한 마음을 먹고, 아이의 탯줄도 끊지 않고 그냥 거적을 덮어서 윗 목에 밀어놓았다.

마침 아이의 우는 소리를 듣고 달려온 옆방 사람들 때문에 결국은 살아났지만, 아주 어린 시절부터 어머니의 이러한 푸념소리를 듣고 자란 이 여자아이는, 자신도 모르는 사이에 아버지를 비롯한 이 땅의 모든 남자들에 대한 적대감이 생기게 되었고, 남자에 대한 무의식적 적대감으로 인해 많은 날들을 갈등하며 살아왔던 것이다.

또 다른 경우를 생각해 보면, 특별히 의학적으로 아픈 곳은 없지만 몸이 상당히 약한 분이 있었다. 정서적으로 늘 불안해했고, 염려와 근심부터 먼저 챙겼다. 당연히 매사에 자신감이 없고 늘 우울증에 시달려야 했다. 이러한 자신의 현실 때문에 내적치유 세미나를 참석했던 이 자매도 결국 무의식적 상처 속에 있었던 자신의 아픔을 발견하게 되었다.

이분의 문제는 자신의 어머니로 거슬러 올라가게 되는데, 이 분의 어머니가 자기를 임신할 당시 남편과의 관계가 극도로 나빠져서 이혼을 하고 낙태 수술을 해야 하는지, 아니면 그냥 살아야 하는지 심각한 갈등 속에 있었다고 한다. 더욱이 시어머니까지 며느리가 너무 미워서 혹독한 시집살이를 시키는 중에 결국은 아이를 낳게 된 것이다.

이 며느리는 임신은 했지만 단 하루도 마음편한 날이 없었고, 음식도 제대로 챙겨먹지도 못했고, 안정과 휴식을 취하는 것이 아니라 전전긍긍하며 임신 기간을 지나게 된 그 후유증이 지금 나타나고 있는 것이었다.

이미 태교의 중요성에 대해서 동의하는 시대가 되었지만, 안타까운 것은 태교의 긍정적인 것만 사람들이 인정을 하고 태교의 부정적인 영향에 대해서는 인정을 하지 않는 경향이 있다는 것이다. 즉 자신이 기억하지 못하는 무의식의 뿌리에는 모태의 영향은 물론, 기억조차 전혀 할 수 없는 아주 어린 시절의 상처들이 있을 수 있다는 것을 인식하지 못하는 것이다. 그러므로 자신의 문제가 무엇인지 파악조차 안되는 분들은 아예 처음으로 거슬러 올라가서 자신을 돌아보는 것이 도움이 될 것이다.

제 5 장

학대를 먹고 자라난 성인아이

5-1
인격의 학대와 성인아이

성인아이를 만들어 내는 역기능 가정의 특징들 중에 아주 독특한 한 가지는 어린 자녀들을 한 사람의 인격체로 인정해 주지 않는다는 것이다.

말하자면, 아이들도 각자 자기가 속해있는 학교나 교회 혹은 동네 친구들과의 관계에 있어서 자기 나름대로의 입장을 가지게 된다. '또래 문화'라고 말하기도 하지만, 아무리 나이가 어려도 자기 나이나 성별에 의해 친구들, 즉 공동체를 형성하게 되고, 그 안에서 대인관계의 입장을 지녀야 하는 인격적인 자아가 있는 것이다.

그러나 불행한 것은, 많은 부모들이 자녀들의 인격이나 감정을 무시하고 자녀들의 마음을 상하게 하고 아프게 한다는 것이다. 예를 들면, 한참 음악을 듣고 있거나 TV를 보고 있는 아이에게 "넌 왜 하라는 공부는 안하고 쓸데없이 이런 것만 좋아하느냐?", "이걸 성적표라고 받아왔느냐?", "바보 같은 녀석", "나가 죽어라", "형을 좀 봐라", "너는 동생만도 못하니", "네가 생각이 있는 애니 없는 애니" 등등 아이들의 자존심을 무너뜨리는 말들을 너무도 많이 한다는 것이다.

중요한 것은 이런 종류의 잔소리를 가지고는 자녀들을 바로 잡을 수 없다는 것이다. 정말로 자녀들을 바로 세워주길 원한다면 일단 잔소리를 멈추어야 한다.

다시 말씀드리면 컴퓨터 게임을 열심히 하고 있는 아이를 붙잡고 앉아서 컴퓨터 게임을 못하도록 야단을 치거나, 혹은 너무 화가 난 나머지 컴퓨터 코드를 뽑아 버리거나, 컴퓨터를 갑자기 꺼버리지 말라는 것이다. 한창 재미있게 컴퓨터 게임을 하고 있는데 갑자기 부모가 화를 내면서 컴퓨터를 꺼버리면 아이의 기분이 얼마나 상하겠는가?

그렇다고 컴퓨터 게임이나 TV에 몰두해 있는 자녀들을 그냥 두라는 뜻은 아이다. 만약 아이의 컴퓨터 사용이 문제가 있다면 컴퓨터와 전혀 상관없는 시간과 장소에서 아이가 알아들을 수 있도록 컴퓨터 사용에 대한 좋은 습관과 나쁜 습관에 대한 이야기를 해주라는 것이다.

심지어 어떤 가정은 자녀들을 인격체로 대우해 주기는커녕 자녀들의 감정표현까지 용납하지 않는 가정도 있을 수 있다. 왜냐하면 감정적인 문제가 있는 권위자는 가족의 다른 구성원들이 자신들의 감정을 표현하도록 허용하지 않기 때문이다.

어떤 부모는 자녀가 울면 더 무섭게 매질을 한다. 어떤 아버지들은 유머나 조크를 못하게 한다. 천박하고 경박스럽다고 여기는 것이다.
어떤 가정에서는 밥상에 앉아서는 떠드는 것이 아니라고 가르치는 것도 보았다.
이렇게 정서적인 문제가 있는 아버지나 어머니 밑에서 자라게 되면 성인이 되어서도 자신의 감정을 솔직히 표현할 수 없게 되는 것이다.

주로 결손 가정의 자녀들이나 성공한 것처럼 보이는 역기능적 가정의 자녀들이 가출을 시도하는 이유는, 가정에서부터 보장되어야 하는 자존심과 자존감에 너무도 많은 상처를 받았기 때문일 수도 있다. 즉 자신의 감정 표현이 차단된 공간에서, 그리고 자존심의 상처를 받을 수밖에 없는 가정이라면 누구든 일단 탈출을 시도하기 때문이다.
그리고 가출을 시도하지 않는다 해도 부모들로부터 받는 인격적인 무시나 학대는 어린아이들의 마음속에 무의식적인 분노, 두려움, 모멸감, 슬픔, 부끄러움, 수줍음, 혼란, 무가치, 고독, 불신, 위협, 우울증 등의 증세로 고착이 될 것이고, 성인이 된다 해도 여전히 같은 증상에 시달리는 성인아이로 살게 될 것이다.

예수님도 이 부분을 매우 중요하게 다루신 기록이 성경에 있다. 자기의 어린 자녀라도 그 자녀의 인격을 충분히 인정해야 한다고 강조하신 것이었다.

"또 누구든지 내 이름으로 이런 어린 아이 하나를 영접하면 곧 나를 영접함이니 누구든지 나를 믿는 이 작은 자 중 하나를 실족하게 하면 차라리 연자 맷돌이 그 목에 달려서 깊은 바다에 빠뜨려지는 것이 나으니라"(마 18:5-6).

즉 어린 자녀라 할지라도 주님을 대하는 인격적 태도로 대하라는 것이다.

그런 점에서 요한 웨슬리의 어머니 수잔나 웨슬리의 교육방법은 우리에게 큰 교훈을 준다. 즉 같은 실수를 반복하는 아이에게 짜증이나 잔소리 대신에 다시 한 번 친절하게 설명을 하는 것이다.

보다 못한 주변의 사람들이 어머니 수잔나에게 "화가 나지 않느냐?"고 물었더니 조용히 웃으며 대답했다고 한다.

"그동안 내가 인내심을 가지고 9번이나 가르쳤는데, 내가 한번 화를 내서 일을 그르치면 이전의 노력이 얼마나 아깝습니까? 한번만 더 인내심을 가지면 이 아이가 달라지겠지요. 아이가 달라질 때까지 몇 번이고 이렇게 할 겁니다."

5-2
성인아이와 희생양

　성인아이를 만들어 내는 역기능 가정의 또 다른 중요한 특징은 가정을 이끌고 나가야 하는 권위자, 즉 부모에게 치명적인 문제가 있는 경우이다. 예를 들면, 아버지가 안 계시거나 혹은 아버지가 계시더라도 알코올 중독이나 알코올 의존적인 삶으로 인해 정상적인 가장의 역할을 못하게 될 때, 또한 너무나 무능하여 경제적으로 모든 가족들을 부양하지 못하게 될 때, 어떤 자녀들은 부모를 대신하여 자기가 가장의 일을 하고자 함으로써 스스로를 희생하기 시작한다.

　특히 가난한 형편 때문에 집안의 형제들이 정상적인 교육을 받지 못하게 되면 형제들 가운데 누군가는 희생양이 되어야 한다. 나이가 많은 형이나 누나라면 "내가 희생해서라도 동생들만큼은 공부를 시키겠다"라고 생각을 하게 될 것이고, 그 반대로 똑똑한 형을 위해서 혹은 언니를 위해서 아니면 집안의 대들보가 되는 누군가를 위해서 다른 형제들이 희생을 자처하기도 한다.

그래서 어린아이이면서도 가정을 책임지려고 성실하게 노력하는 아이들 가운데 남들보다 일찍 철이 드는 아이들도 많이 있고, 또한 사람들은 일찍 조숙해지는 아이들을 대견하게 생각하는 경향이 있는 것도 사실이다.

그러나 또 다른 차원으로 생각해 본다면, 일찍 철이 든다는 말은 어떤 점에선 좋은 말은 아닐 수도 있다. 왜냐하면 그만큼 감당해야 하는 마음의 짐과 상처가 크다는 말일 수 있으며, 그 상처와 환경의 후유증으로 인해 자신의 어린이다움과, 더 나아가서 어린아이에게 마땅히 보장되어야 하는 모든 환경을 스스로 포기하고자 하는 시도이기 때문에, 자기 스스로를 희생양이라고 인식하는, 또 한 사람의 성인아이로 자랄 수 있기 때문이다.

문제는 어쩔 수 없는 환경이었지만, 자신을 희생하고 살아가면서 자기 스스로 실패자 의식을 갖게 되어, 성인이 된 이후에라도 정상적인 자신감의 상실이나 공부에 대한 열등감에 시달리는 남모르는 고통을 당하는 사람들이 의외로 많다는 것이다.

그리고 이런 종류의 열등감은 심각한 증상으로 발전되기도 한다. 예를 들면 공평하지 못한 세상이나 환경에 대해 그리고 자신의 삶을 둘러싸고 있는 불행한 환경, 특히 자신이 희생양이 되어야 하는 삶에 대한 억울한 마음이나 분노의 마음들을 해소할 부정적인 탈출구를 찾게 되는 것이다.

즉 자신들이 가지고 있는 억울한 마음의 스트레스를 한방에 날릴 수 있는 짜릿한 무엇에 자신의 마음을 빼앗길 수 있다는 것인데, 자기 스스로의 억눌린 마음을 치유하기 위해 선택한 방법들이 대부분은 정욕적인 쾌락과 맞물리기 쉽고, 이러한 쾌락들은 반복되는 과정을 거쳐 결국은 중독의 양상을 보이게 된다.

흔히 나타나는 자기위로의 방법은 술이나 담배 혹은 마약과 같은 약물중독일 수 있다. 또한 도박중독은 심각한 정신질환이지만 그 시작은 어린 시절의 상처로 비롯된 경우도 많다.

특히 라스베이거스나 한국의 정선 주변의 도박장에 얽힌 비극적인 이야기는 우리 모두를 슬프게 한다. 짜릿한 노름에 빠져 있는 순간, 또한 현란한 불빛과 소음을 내며 떨어지는 카지노의 동전소리는 마음속에 억눌려 있었던 감정의 앙금을 잊어버리기에 좋은 쾌락적 순간일 수 있는 것이다.

그러나 세상의 쾌락으로 마음의 상처를 보상받고자 한다면, 오히려 또 다른 아픔과 상처를 유발하게 될 것이며, 자신뿐만 아니라 자신의 가정과 자녀들을 또 다른 성인아이로 살아가게 만드는 요소가 될 것이다.

그러므로 남들이 모르는 비밀스러운 욕망이나 쾌락의 탈출구를 갖고 있다면, 더 늦기 전에 자신의 마음에 도사리고 있는 영적 굶주림의 뿌리를 돌아볼 필요가 있고, 이런 경우 아주 어린 시절부터 거슬러 올라가 자신의 삶을 살펴보는 것이 도움이 될 것이다.

5-3
멍해지는 순간

    육체적으로는 이미 성인이 됐음에도 불구하고 정신적으로는 치유되지 못한 유년기의 감정에 지배되어 미성숙한 성품을 지니게 되는 성인아이들의 대부분은 아동학대의 경험을 가지고 있다. 예를 들면 지나치게 엄격하고 무서운 아버지나 어머니에게서 자란 분들이나, 도덕적 특히 성적으로 문란하고 혼란스러운 가정에서 자란 경우, 변덕스러운 부모들 밑에서 시달리며 자란 경우, 그 외에도 정신적인 상처를 받으며 자란 분들 가운데서 이런 성인아이의 증상이 쉽게 나타난다.

    아동 학대 가운데 가장 흔한 것은 육체적인 학대이다. 육체적인 학대란 어린아이들의 감정을 일방적으로 무시하고 행해지는 엄격한 체벌이나 어린아이가 감당하기 어려운 육체적인 노동을 시키는 것이다. 덩치가 크고 무서운 아버지가 무섭게 화를 내면서 아버지의 권위와 완력을 가지고 감당하기 어려울 정도의 매를 때릴 때, 그 아이는 두려움에 짓눌려서 자신의 감정을 표현할 수 없게 된다. 예를 들면, 주먹으로 얼굴을 맞는다든지, 혹은 뺨을 맞거나 아니면 회초리나 몽둥이 혹은 주변에 널려져 있는 물건들을 닥치는 대로 사용하여 감정을 폭발시키듯이 가해지는 육체적인 체벌들은 아이들에게 큰 충격을 주게 된다.

심지어 순간적으로 정신의 기능이 정지되는 공백상태가 되기도 한다. 예를 들어 거칠고 큰 손을 가진 어른이 작은 아이의 뺨을 세차게 내리치면 어린아이가 어떤 상태가 되겠는가? 당연히 아이는 소위 '멍해진다'고 표현되는 정신의 공백상태에 빠지게 될 수밖에 없는 것이다.

그리고 이러한 비인격적인 체벌의 순간이 끝나면, 그 자녀들은 극단적인 분노와 함께 극도의 수치감, 그리고 마음의 흐느낌에 빠지게 되며, 이러한 과정이 반복될 때 극단적인 반항 혹은 폐쇄의 장치로 자신의 마음을 굳게 닫아걸게 되는 것이다. 이렇게 자란 분들은 아마도 성인이 된 후에도 혼자 있는 것을 좋아하게 될 것인데, 더 큰 문제는 성인이 된 후에도 당황스러운 상황이 되면 또다시 '멍해지는 순간'을 맞게 되어 또 다른 수치감에 남모르는 아픔을 견뎌야 하는 것이다.

한 가지 중요한 것은, 어린아이가 직접 폭행을 당하진 않았지만 그러한 폭력이 행사되는 것을 가정에서 보고 자란 경우에도 결국 마찬가지 결과가 나타날 수 있다. 특히 아내를 비롯한 배우자에 대한 폭언과 폭행은 어린아이들에게 폭력을 노출시키는 것으로서, 이 경우에도 역시 어린아이는 가정 차원에서 부끄러운 수치심을 갖게 되는 것이다.

또 다른 학대 중에 심각한 영향을 끼치는 것은 성적 학대이다. 이 성적학대야말로 극도의 수치심을 불러오게 되는데, 가정에서 이루어지는 근친상간이나 은밀히 이루어지는 성적인 유희는 아이들로 하여금 비밀스러운 부끄러움을 느끼게 한다.

또한, 인간에게 있어서 성의 정체성은 자기 자신의 존재감에 매우 중요한 영향을 미친다. 그래서 성적으로 보호를 받는 일이 자기 존재의 중요성을 지키는 일이 되지만, 반대로 그 성이 폭력으로 파괴될 때 단순히 육신만 상처를 받는 것이 아니다. 그래서 뉴욕 의과대학 정신과 교수이며 정신분석학자인 센 골드가(Leonard Shengold)와 같은 학자들은 이러한 성적 폭력 자체를 '영혼의 살인'(Soul Murder)이라고 부른다. 성적 폭력은 단순한 육신적 학대가 아니고 존재 자체를 파괴하는 영혼의 학대로 본 것이다.

그런데 이러한 영적 살인에 해당되는 성적 폭력 중에 가장 극단적 피해를 가지고 오는 것은 바로 근친상간으로 인한 성적 폭력이다. 자기 자신이 피해자이지만 그 누구에게도 위로를 받을 수 없기 때문이다. 피해자인 동시에 자기 가족을 사회에서 지탄받게 만드는 가해자가 되고, 가족에게서조차 보호받지 못한 더러워진 자아로 인식이 되기 때문이다.

이 경우에 문제가 되는 것은, 부모들이나 형제자매 사이에서 일어나는 근친상간과 같은 극단적인 불미스러운 일들도 문제가 되겠지만, 부모의 성생활을 아이들에게 노출시키는 것 또한 심각한 성적인 학대가 될 수 있다.

가정생활이 극단적으로 문란해서 큰 고통을 받아 온 한 남자분이 있었다. 치유그룹을 마치고 눈물로 고백한 이야기는, 어린 시절 자기 아버지가 사들고 들어오는 〈선데이 서울〉 같은 주간지를 통해 자신의 성 개념이 왜곡되었고, 그로 말미암아 자신의 삶이 파괴되었노라고 고백하기도 했다.

그런 의미에서 보면, 가정에서 일어나는 근친상간도 큰 문제지만 동시에 성적인 상상을 일으키는 〈플레이보이〉 같은 성인 잡지나 음란 비디오 같은 것을 어린 자녀들에게 노출시키는 것도 그에 못지않은 아주 중요한 성적 학대가 되는 것이다.

그런 점에서 성경은 우리들에게 큰 도움을 준다.

"너는 가증한 것을 네 집에 들이지 말라"(신 7:26)는 신명기의 말씀을 유대인들이 가장 잘 지킨다고 알려져 있는데, 그러한 유대인들 가운데서 이 시대에 필요한 세계적인 인물들이 가장 많이 배출되는 것은 결코 우연한 일이 아닐 것이다.

5-4
언어의 폭력과 성인아이

성인이 되었음에도 불구하고 대인관계나 사회생활에 어려움을 겪는 성인아이들의 중요한 공통점 중 하나는 어린 시절에 경험한 언어의 학대일 수 있다. 이 언어의 학대란 무심코 내뱉은 부모들의 한 마디가 어린아이들의 가슴속에 비수처럼 꽂히는 것을 의미한다. 물론 아이에게는 평생 지울 수 없는 상처가 되고 숨겨진 쓴 뿌리로 작용하는 것이다.

그런 점에서 가족치유 전문기관인 크리텐톤(Crittenton) 센터의 그레이스 캐터만 박사가 말하는 **언어의 폭력에 대해** 관심을 가질 필요가 있다.

캐터만 박사에 의하면 언어의 학대란…

첫 번째, 상대방의 인격을 모독하여 마음의 상처를 주는 행위이다. 예를 들면 "너는 너무 게으르니 좀 더 부지런했으면 좋겠다"라는 뜻에서 "이 게으른 녀석아, 그렇게 게으르니 아무것도 못하지, 이 바보 같은 녀석아"라고 했다면, 이 아이가 그 말을 듣고 부모의 의도대로 좀 더 부지런한 사람으로 자라기보다는 아예 "나는 어차피 게으른 사람"이라는 자의식과 함께 오히려 반항적인 사람으로 자랄 확률이 훨씬 더 높다는 것이다.

두 번째, 언어의 폭력은 상대방에게 수치심을 안겨주어 친구나 동료들로부터 소외시키는 것이다.

예를 들면, 자녀가 공부를 잘하기 바라는 마음으로 "옆집에 네 친구는 공부를 잘하는데 너는 왜 못하니"라고 누군가와 비교해서 말할 경우이다.

자녀의 입장에서 볼 때 옆집의 자녀와 비교해 뒤떨어지는 자신을 깨우쳐 줌으로써 결국 수치심을 느끼게 되고, 그 결과 옆집의 친구보다 더 열심히 공부하게 되는 것이 아니라, 일단 마음에 상처가 되며 더 나아가 오히려 상대적인 열등감을 느끼게 되는 것이다.

세 번째, 언어의 폭력은 상대방을 무능하다고 낙인찍어 자신감을 잃게 하는 행위를 말한다. 예를 들면, 자녀가 무엇인가 중요한 일에 실패를 하거나 혹은 실수를 했을 때, 아니면 시험에서 떨어졌거나 나쁜 점수를 받았을 때, 자녀에게 자극을 주어서 좀 더 잘하라는 의미에서 말을 하지만, 그중의 어떤 말들은 격려와 도전이 되는 것이 아니라 오히려 자신감을 더 떨어뜨리고 스스로 무능한 사람으로 확신을 심어주는 말도 많이 있다는 것이다.

우리가 흔히 듣는 말 중에 "내가 그럴 줄 알았어, 네가 뭐 제대로 하는 것이 있겠니?", "그래 어쩐지 잘 나간다 했지" 등등의 말은 치명적인 언어의 학대가 된다는 것이다.

네 번째, **언어의 학대란 상대방의 행동이나 의견에 대해 노골적으로 비난하고 욕하는 행위를 말한다.** 특히 자기 자식이라고 해서 얼토당토 않는 욕설을 퍼붓는 것이야말로 너무도 심각한 언어의 학대가 될 수 있다는 것이다.

그레이스 캐터만 박사는 자신의 책『숨겨진 상처의 치유』라는 책에서 한 매춘부 여성의 고백을 다음과 같이 소개하고 있다.
"나는 어린 시절부터 가출하게 되기까지 아버지로부터 이유 없는 욕설을 들어야만 했습니다. 아버지는 화가 나면 저보고 "창녀 같은 년"이라고 욕을 했습니다. 더 이상 참지 못하고 집을 나온 제가 지금 매춘부로 지내고 있으니 아버지의 말대로 된 셈 이지요."

부지중에 자행되고 있는 또 다른 언어의 학대는 성에 대해 열등감을 심어주는 학대이다. 이는 남자아이를 선호하는 문화권에서 자행되는 학대일 수 있는데, 예를 들면 "아들을 원했는데 딸을 낳게 됐어", "너는 유산하다가 실패해서 나은 아이야", "너는 차라리 태어나지 않는 것이 훨씬 좋을 뻔했어"라는 말은 평생토록 열등감과 낮은 자존감을 부추기는 나쁜 요소가 된다는 것이다.

이런 아이들에게는 자신의 가정이 삶의 안식처가 아니라 오히려 탈출해야 하는 상처의 도가니로서의 가정이 된다. 부정적인 권위자가 가정이라는 울타리를 치고 아무도 모르게 자신의 자녀들을 마음대로 학대하기 때문이다. 그래서 소위 거리를 방황하는 비행 청소년들과 상담을 해보면 "문제 아이는 없고, 문제 부모가 있을 뿐"이라는 이야기를 더욱 실감하게 되는 것이다.

결국 언어의 학대란 성경의 말씀처럼 "칼로 찌름같이 함부로 말하는 것"(잠 12:18)을 의미한다. 그리고 부지중에 실수한 한 마디가 사랑하는 나의 자녀가 평생 안고 살아야 될 짐이 될지도 모른다. 그런 점에서 우리의 자녀들이 잘 자라고 있는지, 우리가 사용하는 언어의 습관을 돌아볼 필요가 있는 것이다.

5-5
과잉보호와 정서적 학대

자녀들에게 부정적 영향을 끼치는 학대를 이야기하다 보면 대부분의 사람들은 고통을 느끼게 하는 가학행위만을 생각하지만, 사랑의 무분별이 가지고 오는 과잉보호 역시 중요한 학대가 된다.

과잉보호는 외아들·외딸, 늙어서 낳은 아이, 특히 심신이 허약한 아이 등을 둔 보호자의 경우에 많이 나타나는데, 어린아이가 직접 해야 하는 일을 필요 이상으로 도와주고, 요구하는 대로 다 들어주며 지나치게 간섭하는 것을 의미한다. 당연히 아이는 욕구 불만을 이겨내는 힘이 약해지고, 현실에 적응하는 자립심이 부족해지며, 사회에 적응하는 일에도 장애를 겪게 된다.

어린아이들이 정상적인 성인으로 성장하는 데에는 두 가지 중요한 교육적 요소가 있다.
우선 외부로부터 가르침을 받는 교육의 과정이다. 이것은 부모나 교사들을 통해 전달되는 지식과 간접경험을 통한 훈련의 과정들을 의미한다. 그러나 아주 중요한 또 하나의 교육 과정이 있는데, 이것은 자신의 경험을 통해서만 얻을 수 있는 삶의 현실적 적응력이다.

물론 대부분의 어린아이들은 경험이 없기 때문에 실수로 인한 고통의 경험을 하게 되겠지만, 이러한 몸부림의 과정을 통해서 건강한 성인으로 자라게 되는 것이다.

예를 들면, 집이나 동물원에서 사육하던 맹수를 다시 야생으로 돌려보내면, 스스로 사냥하는 훈련을 받지 못했기 때문에 맹수임에도 불구하고 굶어 죽는 사례가 많은 것과 같은 이치이다. 강풍을 막아주는 따뜻한 온실에서 자란 화초를 밖에다 심으면 비바람을 이기지 못해 결국은 죽게 되는 것과도 같다.

과잉보호란 바로 그런 것을 의미한다.

어떤 엄마들 가운데는 아이들의 숙제를 대신 해주고, 아이들의 옷을 늘 골라주며, 필요하다면, 아니 아이들이 요구하는 것이라면 무엇이든지 돈으로 다 해주려고 하는 부모들도 가끔 만나게 된다. 심지어 학교에 가는 아이를 돌려세워서 다른 옷을 입혀 보내는 부모도 있고, 이미 밥상 위에 차려진 반찬까지 숟가락 위에 얹어 주면서 먹는 것까지 골라 주고 간섭하고 챙겨주는 엄마들도 있다.

이런 가정에서 자라나는 아이들의 특징은 무엇이든 스스로 해결해 나가는 자립심이 부족하다는 것이다. 그리고 이런 아이들에게 옷이나 신발 등을 사는 쇼핑을 시켜보면 물건 고르는 일을 아주 힘들어 한다. 무엇이든 과감하게 결정하는 일에 많이 서툴고, 조금만 문제가 복잡해지면, 금방 실망하고 자신감을 잃고 무기력한 모습에 빠지게 되는 것이다.

배가 고플 때 자기 스스로가 고기를 잡아먹을 수 있도록, 비록 낚시 바늘에 찔려서 피를 흘리더라도 낚시 도구 사용하는 방법을 가르쳐 주었어야 했는데, 배가 고프다고 할 때마다 잘 요리된 고기를 주었기 때문에, 이제 성인이 되어서 무언가 혼자의 힘으로 해결해 나가야 함에도 불구하고 여전히 무기력한 삶을 살 수밖에 없는 것이다.

말하자면 과잉보호란 전형적인 정서적 학대로서 "너는 무엇인가 부족하다. 엄마가 챙겨주지 않으면, 혹은 아빠가 도와주지 않으면 너 혼자 힘으로는 아무것도 못하는 아이"라는 메시지를 계속 주고 있는 것이다. 즉 사랑이라고 생각하고 세심하게 챙겨주었지만 사실은 '너는 열등한 아이'라는 암시를 계속 넣어준 것이다.

그러므로 아이들에게 스스로의 경험을 통해 배울 수 있는 기회를 주는 것이 중요하다. 예를 들면, 어떤 아이가 친구들로부터 놀림을 받을 수 있는 아주 이상한 옷을 골라 입고 학교를 간다고 생각해 보자. 대부분의 엄마들은 아이를 불러 세워 좀 편리하고 예쁜 옷으로 갈아 입혀서 보낼 것이다. 그러나 바로 그럴 경우 웬만

하면 그 옷차림으로 그냥 학교에 보내라는 것이다. 그리고 친구들한테 놀림도 받아보게 하는 것이다. 만약 놀림을 받았다면 나중에는 입고 가라고 해도 입고 가지 않을 것이기 때문이다.

도시락을 가지고 가지 않겠다면 그냥 보내는 것이다. 배가 고파 보면 나중에는 스스로 도시락을 챙기게 될 것이다. 작은 예지만 바로 이런 교육이 자신의 삶을 헤쳐 나갈 수 있는 자립심과 사회에 적응할 수 있는 사회성을 키워주는 요소가 되기 때문이다. 그런 점에서 볼 때 지나친 과잉보호야 말로 대표적인 정서적 학대가 될 수 있는 것이다.

그러므로 자녀들의 자립심을 기른다고 모든 자녀들을 일부러 해병대에 보낼 필요는 없지만, "배고픈 아이에게 생선요리를 주지 말고 물고기 잡는 법을 먼저 가르치라"는 탈무드의 가르침은 부모들이 꼭 가져야 할 삶의 지혜인 것이다. 예컨대 돈을 펑펑 주어서 돈쓰는 법 먼저 가르치지 말고, 돈 버는 것이 얼마나 어려운지 먼저 가르치면 아이들이 망가질 일이 없다는 말이다.

제 6 장

성인아이의 치유

6-1
성인아이와 방어기제

성인아이에 대한 필자의 칼럼을 읽은 분들 가운데 몇 분이 "우목사 글을 읽어보니 내게도 성인아이의 기질이 좀 있는 것 같다"며 농담을 건네는 분들이 계셨는데, 어쩌면 그 말이 사실일 수도 있다. 황성주 박사에 의하면, 어린 시절에 상처없이 자라는 사람이 없기 때문에 모든 사람이 환자라지만, "완전한 의인은 단 한명도 없다"는 성경의 진단은 누구든 완전히 성숙하지 못한 모습이 조금씩은 있다는 말과도 같기 때문이다.

이 글을 쓰는 필자를 비롯해서 대부분의 사람들이 성인아이의 성향을 가지고 있기 때문에 남들이 모르는 아픔이나 갈등들을 가지고 있지만, 그 모든 위기와 긴장들을 헤치고 살아갈 수 있는 것은 누구든 자기 스스로를 보호하고자 하는 본능이 자신의 무의식 속에 이미 고착되어 있기 때문이다.

이렇게 자기 나름대로 자기를 보호하는 습관이 성격으로 굳어진 무의식적 실체를 프로이드는 '기계화된 숙련된 기술' 즉 '메커니즘'(mechanism)으로 보았는데, 이 무의식적 기술이 자기의 단점이나 약점 더 나아가 환경과 상황 속에서 자기를 지켜내기 위해 방어적으로 작용하는 것을 '방어기제'(Defense Mechanism)라고 불렀고, 1894년 프로이드의 논문《방어의 신경정신학》에서 이 단어를 처음으로 사용하였다.

이러한 방어기제를 주목해 봐야 하는 이유는 누구든지 자기 방어기제가 강하게 형성되어 있을수록 내면의 치유가 어려워지기 때문이다. 방어기제의 특징은 어느 것이 옳고 그르냐에 따라 행동으로 나타나는 것이 아니고, 현실적으로 자기 자신을 불안하게 하거나 스트레스로 작용하는 일들을 모면하기 위해 자기 자신을 스스로 속이고 기만하는 것이기 때문이다.

프로이드에 의하면, 사람들이 흔히 사용하는 방어기제 중 하나는 '합리화'(rationalization)인데, 이솝우화의 '신포도'를 생각하면 합리화를 쉽게 이해할 수 있다. 능력이 안돼서 포도를 따먹을 수 없다고 생각하면 비참해지지만, 포도가 실 것이기 때문에 안 따먹는다고 생각을 하면 자존심에 상처받을 일이 없는 것이다. 그래서 안 먹어봤기 때문에 모를 수밖에 없는 포도의 맛을 시다고 결론을 내리고 자존감의 상처 없이 유유히 지나가는 것이다.

사람들이 합리화를 사용하는 결정적 이유는 목표에 이르지 못한 실망감을 제거할 수 있고, 따라서 자신의 행동을 용인, 혹은 묵인하도록 하는 동기를 제공함으로써 결국 무의식적인 '자기보호'를 꾀할 수 있기 때문이다. 말하자면 합리화란 '진짜 이유'보다는 '좋은 이유'를 찾아서 자신을 변호, 핑계 혹은 변명하는 것이다. 중요한 점은 이러한 것은 무의식적 현상이기 때문에 거짓말은 아니다.

예를 들면, 참석하고 싶었던 파티에서 거절되었다면 '그 파티에 초청되었어도 나는 가지 않았을 것이다'라고 생각한다든지, '엄마가 깨우지 않아서 늦었다'라고 생각하는 것들이 전형적인 합리화이다. 정말 중요한 일이라면 엄마에게 의존하지 말고 자기가 알람시계를 두 개씩이라도 준비해서 일어났어야 하는데, 그러한 진짜 이유를 생각하기 전에 자기의 게으름을 감출 수 있는 무의식적 방어기제를 사용하게 되는 것이다.

사람들이 사용하는 또 다른 방법은 '부정'(denial)인데, 고통스러운 환경이나 위협적인 정보를 거부함으로써 자신의 불안으로부터 도피하려는 방법이다. 예를 들면, 사랑하는 사람이 죽었으나 잠시 외국에 갔다고 생각한다든지, '우리 애들은 절대 그럴 리가 없어'라고 생각함으로써 현실적인 아픔을 피해가는 것이다. 즉 감당할 수 있는 선에서만 인정을 하는 것인데, 몸이 아프더라도 "나는 절대로 암이 아닐 거야"라며 고집스럽게 병원에 가지 않다가 때를 놓치는 사람들을 종종 볼 수 있는 것도 이런 이유일 수 있다.

그 외에도 프로이드가 말하는 방어기제로는 억압, 투사, 승화, 퇴행, 전위, 고착, 보상, 이질화, 무감각, 그리고 누군가가 자신의 잘못을 지적하면 '그러는 너는 잘하냐?'라며 피해가는 공격 등이 있는데, 이러한 방어기제는 사람마다 양상은 다르지만 무의식적으로 기계화가 되어서 성격 속에 배어있기 때문에, 그 사람과 가까이 지내는 주변 사람들은 대부분이 알게 된다는 것이다.

그럼에도 불구하고 본인이 자신의 무의식적 방어기제를 인식하지 못하는 이유는, 자신도 모르는 사이에 자신의 삶 속에 길들여져 있고, 이미 무의식적인 습관을 넘어 성격이나 삶의 모습 가운데 깊이 고착되어 있기 때문이다. 그리고 이러한 무의식적 방어기제에 대해서 문제제기를 하는 이유는, 이러한 방어기제가 때로는 '자아기만'을 수반해서 보다 더 성숙한 삶과 열매를 누리는 일을 결정적으로 방해하기 때문이다.

6-2
성인아이 치유와 거룩한 각성

　내적치유의 과정에서 성인아이의 문제를 심도있게 다루는 이유는, 자신의 삶에 만족하지 못한 대부분의 사람들이 성인아이의 기질을 가지고 있지만 본인은 전혀 의식을 못하기 때문에, 훨씬 행복한 삶의 열매를 누릴 수 있음에도 불구하고 오히려 고통스러운 삶을 사는 분들이 의외로 많기 때문이다.

　그러므로 성인아이의 증상을 치료하는 가장 중요한 첫 단계는 자신의 문제를 현실적으로 인식하는 것이다. 정상이라고 생각했던 나에게 여러 가지 문제가 있다는 것을 알기 시작하는 것, 더 나아가서 현재 나를 둘러싸고 있는 삶의 모든 문제의 원인들이 다른 사람들에게도 있겠지만, 사실은 내게 더 큰 문제가 있다는 사실을 인정하는 것이야말로 치료의 차원으로 볼 때 가장 중요한 요소가 되는 것이다.

예를 들면, 부부간의 갈등이나 고부간의 갈등 혹은 자녀들과의 문제, 더 나아가서 직장 동료들과의 문제로 자주 직장을 옮긴 다든지, 아니면 교회에 적응을 못하고 자꾸만 떠돌게 된다면, 특히 목회자가 자꾸 목회지를 바꾸어야 하는 상황이 생긴다면, 물론 그러한 이유를 제공하는 현실적인 문제가 있겠지만, 사실은 내가 바로 문제의 중심에 서 있었다는 사실을 아는 것이 무엇보다 중요할 수 있다는 것이다.

현실적으로 사람들의 관심은 자기 자신보다 자신을 둘러싼 환경에 집착하는 경향이 있다. 그래서 더 많은 물질, 더 높은 지위와 명예, 더 좋은 집이나 차를 추구한다. 그리고 그 모든 것을 소유하면 인생이 행복할 것으로 생각하지만 어떤 점에서 삶에 진정한 만족이 없는 이유는 환경 때문이 아니라 바로 자기 자신일 수 있다는 것이다.

부정적으로 고착된 무의식이나 고정관념 혹은 성격적인 결함이나 건강하지 못한 자기 정체성을 가지고 있다면 행복 자체가 어려워지기 때문이다.
그러나 문제가 심각한 사람일수록 다른 사람의 눈에 있는 티끌은 쉽게 보면서도 자신의 눈에 있는 들보를 보지 못하기 때문에 자신의 문제를 인식하고 인정한다는 것은 결코 쉬운 일이 아니다.

그래서 성인아이 치료를 전문으로 하는 정신과 의사인 찰스 휫필드(Charles Whitfield)는 자신의 문제를 인식하는 작업을 '거룩한 각성'이라고 부르는데, 이 '거룩한 각성'이란 '현실'이나 '원인'이 자기가 생각해 오던 것과 동일한 것이 아니라는 것을 처음으로 자각하는 과정을 의미한다.

중요한 것은 이 각성의 차원이 단순히 내게 성인아이의 기질이 있다는 것을 인정하는 차원을 넘어서, 더 이상의 상처로부터 보호하고자 하는 무의식적 방어기제가 자기에게 어떤 모습으로 형성되어 있는지까지 알 수 있다면 치유와 변화의 가능성이 훨씬 높아진다.

왜냐하면, 설사 성인아이가 힘든 과정을 거쳐서 자신의 문제를 의식했다 하더라도, 치유를 시도하려 하면 성인아이 자신은 그것이 저항인 줄도 모르는 채 저항 현상을 만들어 내기 때문이다. 즉 과거의 상처 이야기를 나누는 순간에 다시 옛날의 기억이 되살아나면서 당시에 느꼈던 여러 가지 혼란한 감정들, 즉 두려움, 슬픔, 분노, 자포자기 같은 감정들을 경험하게 되는데, 이러한 감정들을 느끼게 될 때 이미 몸에 굳어진 방어기제의 방법들을 통해 이러한 감정을 해결하려고 시도하기 때문이다.

예를 들면, 어느 알코올 중독 아버지에게 두 아들이 있었는데, 큰 아들은 키도 크고 힘이 세기 때문에 아버지가 행패를 부릴 때, 아버지에게 굴하지 않고 몸으로 맞서 대항함으로써 자신을 지키며 자라게 되었고, 둘째 아들은 너무 어려서 힘으로 아버지를 상대할 수 없었는데, 그렇다고 무조건 매를 맞을 수 없었기 때문에 자신이 할 수 있는 일, 즉 도망을 쳐서 자신을 보호하게 되는데, 치유의 관점에서 보면 이미 자기에게 익숙해져 있는 이러한 성격 자체가 치유를 방해할 수 있다고 보는 것이다.

 말하자면, 첫아들처럼 반항적인 성품으로 자란 분에게 당신에게 문제가 있을 수 있다고 이야기하면, 이런 분들은 당연히 "당신이 무슨 참견이냐? 너나 잘하세요"라며 반항의 모습으로 고착된 방어기제로 대응을 할 것이며, 둘째 아들처럼 도피로 자신을 지켜온 사람이라면 내적치유나 성인아이라는 말만 들어도 벌써 골치가 아파질 것이다. 그러면 당연히 또 도망을 시도할 것이다.

 그러므로 내적치유의 첫 단추는 '내 눈에 들보 있었네'라며 깜짝 놀란 후에 자신을 둘러싸고 있는 많은 갈등의 요소가 바로 자기 때문임을 자각하는 것인데, 이것이 바로 거룩한 각성으로서 치유의 첫 단계이다. 들보를 본 사람만 그 들보를 빼려고 노력하기 때문이다.

6-3
성인아이 치유를 위한 슬픔 드러내기

치유나 치료라는 말은 그 의미로 볼 때 상당히 희망적이고 긍정적인 말이지만, 이러한 치유나 치료가 정말 이루어지려면 한 가지 중요한 전제조건이 있는데, 그것은 병을 인정해야 한다는 것이다. 자신이 심각한 병에 걸렸어도 그 사실을 모르거나 고집스럽게 인정하지 않는 사람은 절대로 의사 앞에 가지 않기 때문이다.

하지만 자기 자신이 문제라고 인정하는 것은 결코 쉬운 일이 아니다. 주님의 말씀처럼 많은 사람들이 자신의 눈에 있는 들보를 못 보기 때문인데, 그래서 어떤 심리학자들은 자신의 문제를 깨닫는 일을 '거룩한 깨달음'(holy awakening)이라고 부른다.

성인아이가 가지고 있는 마음의 상처를 치유하는 일을 단계별로 나누어 설명하기는 어렵지만, 어쨌든 이런 깨달음이 있었다면 그 다음 단계는 상처에 대한 슬픔(grieving)을 드러내는 일이다. 여기에서 말하는 슬픔, 즉 애통이란 어린 시절에 당한 경험들 가운데 너무나도 고통스러워서 당시에는 현실로 받아들일 수 없었던 경험이거나, 혹은 여러 가지 이유로 충분히 슬퍼하지 못했던 '상처'나 '상실'들로 인한 슬픔을 다시 한 번 재경험하는 것을 의미한다. 즉 이전에 충분히 쏟아내지 못했던 슬픔을 마음껏 토해 내는 것을 의미하는데, 여기에서 말하는 슬픔이란 사건 자체에 대한 기억을 말하는 것이 아니다.

말하자면 '당시엔 내가 정말 슬퍼했었다'거나 '너무 힘들어서 그럴 수밖에 없었다'는 안타까운 과거의 슬픈 기억으로 돌아가라는 것이 아니고, 당시에 맛보았던 슬픔의 경험을 감정적으로 기억해 내어, 과거의 슬퍼하던 순간으로 되돌아가 그 슬픔 속으로 다시 한 번 빠져드는 것을 의미한다.

즉 타임머신을 타고 시간을 거슬러 올라가, 결정적인 상실과 상처, 그리고 슬픔을 당하던 당시의 시간에서 내리라는 것이다. 그리고 그 슬픔을 이어받아서 미처 토해내지 못했던 슬픔들을 계속해서 토해내며 마음껏 슬퍼하는 것을 의미한다.

왜냐하면, 충분히 토해내지 못한 억울함과 서러움의 에너지, 즉 극단적인 슬픔의 에너지가 충분히 분출되지 않으면, 피해의식이나 한으로 고착되어 만성적 염려, 긴장, 공포, 과민반응, 분노, 원망, 슬픔, 공허함, 혼란, 죄책감, 수치심 혹은 감정의 마비 등의 증세를 보이게 되고, 더 나아가 자신은 물론 다른 사람들에게까지 악영향을 끼치게 되기 때문이다.

그래서 충분히 분출되지 못한 부정적 에너지가 무의식 속에 남아 있으면 결국 성격 속에 고착되어 만성적인 고통을 수반하게 되는데, 크리츠버그 교수는(Kritsberg) 그것을 '만성적 충격'(Chronic Shock)이라 부르고 찰스 횟필드 교수는(Charles Whitfield) '강박 충동의 반복'이라고 부른다.

내적치유 사역자로 잘 알려진 한신대의 정태기 교수의 사례보고에 의하면, 이름 모를 병으로 죽어 가던 한 여인이, 죽기 전 마지막 단계에서 3일 동안이나 엉엉 울면서 그동안 맺혔던 아픔들, 그리고 풀지 못했던 슬픔들을 다 털어 놓은 후에 건강이 회복되어 정상적인 생활로 돌아왔던 예가 있었는데, 모두 마찬가지 원리라고 볼 수 있는 것이다.

여기에서 현실적으로 문제가 되는 것은, 내적치유의 성공과 실패를 좌우하는 것이 과거의 슬픔으로 돌아갈 수 있는가 없는가에 달려 있다고 해도 과언이 아닌데, 과거의 슬픔을 분출해야 되는 이유를 인식하더라도 충분히 아파하지 못했던 자신의 아픔을 눈물로 토해내는 작업이 결코 쉽지 않다는 것이다. 왜냐하면 과거 자신에게 있었던 상처의 기억을 불러오는 것은 얼마든지 가능한 일이지만, 슬픈 감정을 불러오는 것은 어려운 일이기 때문이다. 그래서 내적치유의 필요성은 알지만 사역이 진행되지 않고, 또

때로는 치유 세미나에 참여했다가 오히려 실망하는 일도 생기게 된다.

그러나 한 가지 아주 중요한 비법이 있다. 성령님의 도우심을 진실로 믿고 간구하는 것이다. 그분이 오셔서 우리에게 거룩한 각성을 주시고, 또한 자신의 아픔을 스스로 느끼도록 도와주실 때, 우리는 성령님의 터치하시는 기름 부으심 속에서 자신의 모든 아픔들을 토해낼 수가 있는 것이다. 그러므로 내적치유 작업은 결국 성령님의 역사가 없이는 불가능한 일이고, 그런 의미에서 내적치유 사역은 성령님의 사역이라고 볼 수 있는 것이다.

바로 이러한 부분도 일반 심리치료자들과 비교해서 영성 치유자들만이 사용할 수 있는 강력한 병기 중의 하나이다. 통곡과 함께 쏟아내는 뜨거운 슬픔의 눈물은 감성 터치를 넘어 영성 터치까지 이루어질 때 가능한 일이기 때문인데, 치유 사역을 하다 보면 슬픔을 쏟아내는 치유의 경험들은 얼마든지 가능하기 때문이다. 이 말은 지금도 우리와 함께하시는 성령님을 얼마든지 체험적으로 느낄 수가 있다는 뜻이다.

6-4
성인아이 치유를 위한 나눔의 중요성

　성인아이의 증상을 치료하는 가장 중요한 첫 단계가 자신에게 마음의 병이 있다는 것과, 그 병이 어떤 사건과 경로를 통해 왔는가를 깨닫는 것이라면, 두 번째 단계에서는 그 아픔을 드러내는 단계라고 볼 수 있다.
　그러나 여기에서 중요한 것은, 아픔을 드러내는 과정들이 공개적인 고백으로 이루어질 때 효과가 더 높을 수 있다는 것이다. 물론 개인적인 프라이버시에 속한 아픔을 공개적으로 고백한다는 것은 부끄러운 일이며 결코 쉬운 일이 아니다. 하지만 누구든 진정한 치유를 원한다면 부끄러움을 드러내야 한다. 한 나라의 대통령이라도 혹은 여성이라도 그가 병에 걸렸을 때는 의사 앞에서 옷을 벗고 부끄러운 부분을 드러내야 하는 것과 마찬가지인 것이다.

　문둥병에 걸려서 엘리사를 찾아왔던 나아만 장군에게 엘리사가 요단강에서 일곱 번 목욕을 하라고 이야기했을 때, 나아만 장군은 화를 냈다. 자기 나라엔 더 좋은 강물이 있다고 핑계를 댔지만, 사실은 다른 이유가 있었다.

　강물에 들어가려면 우선 장군이 타는 멋진 말에서 내려와야 한다. 장군이 입는 훈장 달린 멋진 장군복을 벗어야 하고, 속옷까지 벗어야 하는데, 그러면 무엇이 드러나겠는가? 당연히 문둥병으로 썩어져 가는 더러운 고름으로 얼룩진 맨살을 드러내야 하는 것이다.

　더군다나 많은 부하들, 하인들, 특히 여자 하녀들 앞에서도 썩어져 가는 몸을 보여야 하는데, 그러니 얼마나 자존심이 상하고 화가 났겠는가? 처음엔 화를 냈지만, 결국 공개적으로 옷을 벗고, 부끄러운 몸을 드러내고 요단강에 들어간 것을 기억해야 한다.

　손 마른 사람이 주님께 고쳐달라고 부탁했을 때 주님께서 하신 말씀은 "네 손을 내밀라"였다. 사람들이 보는 앞에서 매니큐어로 잘 다듬어진 예쁜 손이 아니라 뼈가 문드러져 손이 뒤틀린 부끄러운 손을 공개적으로 주님 앞에 그것도 모든 사람들 앞에서 내밀어야 했다. 어려운 상황이었지만, 이 사람은 그동안 감추고 다녔던, 한 번도 사람들에게 보여주지 않았던 자신의 말라비틀어진 손을 공개적으로 내밀었고 결국은 치유를 받았다.

　성경에서는 단순한 상처를 넘어서 자기에게 숨겨져 있는 죄까지도 모두 고백하라고 말한다.

"그러므로 너희 죄를 서로 고백하며 병이 낫기를 위하여 서로 기도하라 의인의 간구는 역사하는 힘이 크니라"(약 5:16).

이렇게 죄에 대한 고백을 할라치면 당연히 상처이야기도 나오게 된다. 죄를 지을 수밖에 없는 상황은 대부분 상처와 연관이 있기 때문이다.

이렇게 공개적으로 고백하는 일이 중요한 이유는 마음속 깊이 숨겨놓았던 부끄러운 일들이 사람들 앞에서 공개적으로 고백된다면, 그것은 더 이상 비밀스러운 일이 아니며 따라서 자신의 고통을 객관적으로 처리할 수 있는 장점을 가지고 있기 때문이다.

즉 아무도 모르는 부끄러운 상처와 그 후유증을 죽을 때까지 즉 무덤까지 가지고 가는 것이 아니라, 누군가 자신을 진정으로 이해해 주고 보호해 주는 사람들 앞에서 진솔하게 자신의 문제를 털어놓을 때, 상상할 수 없는 자유함과 해방감을 맛보기 때문이다.

다시 말하면, 그동안 부끄러운 일이라고 생각하며 마음속에 감추어 두었던 아픔을 진솔하게 서로 나누다보면, 나 혼자만 아픈 줄 알았는데 그 정도의 아픔은 대부분의 사람들이 모두 가지고 있다는 사실을 알게 될 것이고, 그러면서 자신의 문제를 객관화시켜

상식적인 관점에서 문제를 해결할 수도 있기 때문이다.

뉴욕에서 목회자 치유세미나를 인도할 때, 고백되어진 내용 중에 한 목사님이 초등학교 시절에 선생님이 너무 무서워서 오줌을 싼 이야기를 털어놓았다. 그러자 다른 분이 고속버스에서 설사가 났는데, 기사가 세워주지 않아 고속버스에서 똥 싼 이야기도 나왔다. 함께 울고 웃으며 나눈 이러한 이야기로 인해 얼마나 후련해 하고 통쾌하게 웃었는지 모른다.

중요한 것은 이러한 고백이 쉽지 않다는 것이다. 부끄러운 사실을 노출시킴으로 또 다른 고통이나 피해를 볼 수도 있다는 두려움이 작용하기 때문이다. 그래서 내적치유의 성패를 가르는 또 하나의 중요한 요소는 어디까지 나눌 수 있는가의 문제이다. 즉 치유 그룹이 서로를 철저히 신뢰하도록 분위기를 인도해야 하는 것이다. 그리고 과거의 상처는 물론, 지금 현재 하나님과 나 사이를 가로막고 있는 죄의 문제가 무엇이며, 그 죄가 자신에게 들어온 상처의 통로까지 나눌 수 있다면 그 치유 그룹을 통해 놀라운 삶의 변화를 경험하게 될 터인데, 성령님의 도우심으로 이런 과정은 모두가 가능하다.

6-5
성인아이의 치유와 용서

성인아이를 치유하는 과정 중의 하나가 한 번도 고백해 보지 못한 자신의 상처와 그로 인한 현실적인 후유증의 문제를 나눔으로 자신만의 독방에서 나와 자신의 삶을 객관적으로 바라볼 수 있도록 돕는 것이라면, 그 다음의 단계는 자신에게 치명적인 상처를 준 바로 그 사람을 진정으로 용서하게 하는 것이다.

하지만 꿈에도 잊을 수 없는 고통을 준 미움과 증오의 사람, 혹시 가족이라면 애증이 함께 있을 터인데, 이런 사람을 진정으로 용서하는 일은 결코 쉬운 일이 아니다. 왜냐하면 상처를 발견하는 일은 우리의 기억력과 훈련, 분석을 통한 판단력에 의해 이루어질 수 있으나 과거의 슬픔을 다시 느낀다든지, 그 슬픔을 유발한 피해자를 진심으로 용서하는 일은 더 이상 의식이나 냉철한 판단력으로 해결할 수 있는 문제가 아니기 때문이다.

이것은 감정의 문제이며, 이 감정이란 사건이나 사실 자체가 아니라 사건에 대한 무의식적인 반응, 즉 감정의 밑바닥에서 일어나는 자율 심리작용을 의미하는데, 자율 신경계통을 자신의 의식으로 조절할 수가 없기 때문이다.

예를 들면, 디스크 환자가 자신의 의식으로 허리의 고통을 없앨 수 없고, 신경통 환자가 다리 쑤시고 아픈 것을 자신의 의식으로 없앨 수 없는 것과 같다. 말하자면 '오늘 비가 오지만 고통을 절대 느끼지 말아야지'라고 신경통 환자가 아무리 결단해도, 그 결단만 가지고는 육신의 고통이 사라지지 않는 것과 같은 이치이다.

그러므로 마음의 상처를 통해서 극단적 미움과 불신, 그리고 억울함과 증오로 가득 찬 감정의 상한 영역을 단순한 의식적 노력으로 용서하는 일은 쉬운 일이 아니다. 즉 용서한다고 입으로는 용서를 선포할 수 있으나, 그 마음속 깊은 곳에서 미움을 풀어내 버리는 일은 결코 쉽지 않다는 뜻이다.

용서의 과정에서 제기되는 또 다른 문제는 권위자의 부당한 행동에 의해서도 내가 상처를 받을 수도 있지만, 권위자의 정당한 행동, 즉 나의 잘못에 대한 정당한 처벌로도 상처를 받을 수 있다는 것이다. 예를 들면, 어린 나이에 도둑질을 하다 들켜서 부모에게 매를 맞았는데, 길거리에서 혹은 친구들이 보는 앞에서 "도둑놈은 내 자식이 아니니 옷을 벗고 나가라"고 친구들 앞에서 공개적으로 매를 맞았다면, 잘못은 내가 했을지라도 누가 잘못했느냐고 잘잘못을 따지는 것은 중요한 일이 아니다.

말하자면 실수와 허물이 가해자에게 있건 피해자에게 있건, 그 사건이나 상처 혹은 동기를 따져서 책임의 소재를 묻는 일은 아무런 의미가 없다. 왜냐하면 매를 맞은 피해자 자신이 이미 자기의 잘못을 알고 있지만, 상한 곳은 감정이지 머리가 아니기 때문이다.

그러므로 이 시점에서 매우 중요한 것은 내담자의 마음에 남아 있는 위로 받지 못한 슬픔의 처리이며, 이 과정을 진정으로 거친다면 후련한 마음과 함께 상대방을 용서할 수 있는 마음의 여유까지도 기대할 수 있게 되는 것이다.

그러므로 내적 치유에서 치유의 최대 장애물이 있다면 그것은 용서하지 못하는 마음이라고 볼 수 있다. 그리고 많은 경우에, 내담자들이 가해자들을 용서했다고 말을 함에도 불구하고 계속 그들에 대해 쓰라린 감정을 가질 때가 있다. 그러나 이 말은 아직도 완전한 용서가 이루어지지 않았다는 말에 다름이 아니다. 왜냐하면 진정한 의미에 있어서의 용서는 우리의 마음속에 있는 분노, 원망, 앙심 혹은 복수심 등의 올무로부터 해방시켜주는 단 하나의 열쇠이기 때문이다.

그런 의미에서 풀러신학교의 찰스 크래프트(Charles H. Craft) 교수는 용서를 일종의 '영적 배설 기관'으로 보았다. 인간의 신체 구조로 볼 때, 배설 작용이 제대로 이루어지지 않거나 노폐물을 몸에 지니고 있다면 그로 인해 몸에 병이 생기듯이, 누군가에 대한 용서가 제대로 이루어지지 않는다면 그로 인하여 마음의 질병을 갖게 되기 때문이다.

용서하지 못하는 마음을 신체 구조의 영적 배설물로 본 크래프트 교수의 통찰력은 상당히 일리가 있는 설명이다. 누구든지 음식을 먹으면 영양분은 몸에 흡수가 되지만 동시에 영양분을 제외한 찌꺼기가 남는다. 중요한 것은 이 나머지 배설물들은 반드시 몸 밖으로 나와야 하는데, 이것이 바로 용서라는 것이다.

이러한 용변 찌꺼기들이 배설되지 않고 몸에 그냥 남아 있으면 어떤 일이 벌어질까? 처음엔 거북한 느낌이 들겠지만, 시간이 지날수록 가스가 차고 시간이 더 지나면 속에서 썩게 될 것이고 그로 인해 큰 고통을 겪게 되지 않겠는가?

그러므로 진정한 내적치유는 진정한 용서를 통해 마음의 감옥에서부터 진정한 해방과 자유를 얻도록 위로하고, 돕고, 섬기는 사역이며 성령님의 도우심으로 이러한 사역은 얼마든지 가능한 것이다.

제 7 장

스스로 참담한 분노의 포로

7-1
내면적인 아픔과 분노

내면적인 아픔을 경험할 수밖에 없는 유산한 산모들에게 나타나는 또 하나의 아픔은 '분노'(feelings of anger)이다. 여기에서 중요한 것은 실제로 유산을 경험한 여인에게서만 분노의 감정이 생기는 것이 아니고, 모든 종류의 꿈의 유산들 즉 인생의 소중한 꿈과 목표가 실패로 돌아간 사람들 속에도 같은 분노가 나타난다는 것인데, 이 **분노는 주로 세 가지 대상**에게 나타나게 된다.

첫 번째 분노의 대상은, 하나님이다.

즉 죄 없는 아이를 데려간 하나님에 대해 서운한 생각이나 원망 더 나아가서 분노의 감정까지도 생기는 것이다. 예를 들면, 하나님이 정말 계시다면 어떻게 내게 이런 일이 있을 수 있을까? 라고 생각하게 되고, 하나님에게 무시당하거나 아니면 버림받았거나 잊혀진 존재라는 생각에서 오는 분노일 수 있다. 더군다나 아직 태어나지도 않은, 즉 죄 없는 아기를 데려가신 하나님에 대해서 "어떻게 하나님이 내게 이러실 수 있을까?"라는 서운한 생각과 함께 분노의 마음이 생기는 것이다.

두 번째 분노의 대상은, 건강한 아이를 낳은 정상적인 다른 자매들에 대한 분노일 수 있다. 물론 다른 자매가 건강하고 예쁜 아이를 낳아서 가슴에 안고 젖을 먹이는 것은 나를 놀리기 위해서 하는 행동이 아니다. 호텔이나 뷔페식당을 빌려서 돌잔치를 성대히 하는 것도, 그래서 1살 아이에게도 한복을 해 입히고 온 가족이 행복해 하는 것도 나에게 모멸감을 주려고 하는 일이 아니다. 그러나 이러한 모든 일이 유산한 여인에겐 서운한 생각으로 다가오기 쉽다.

다른 사람들의 모습이 너무 좋고 행복해 보일수록 상대적으로 자신의 비참함이 더욱 드러나기 때문이다. 그래서 '나는 유산을 해서 이토록 비참하고 고통스러운데, 어떻게 당신은 건강한 아이를 낳아서 내 앞에서 그렇게 좋아할 수 있는가?'라는 생각이 들게 되는데, 이것은 시기나 질투가 아니고, 내가 너무 아파서 상대방의 성공을 축하해줄 여력이 없기 때문이다.

예를 들어, 한 동네에 두 개의 식당이 있는데, 한집은 장사가 너무 잘돼서 손님이 북적거리는데 다른 집은 손님이 없어서 파리만 날린다면 온 종일 손님을 한 명도 받지 못한 그 식당주인이 어떻게 잘되는 식당을 칭찬할 수 있겠는가?

행복한 라헬을 지켜보아야 하는 외로운 레아가 어떻게 행복할 수 있겠는가?

매일 밤 과부처럼 혼자 보내야 하는 어머니의 모습이 너무도 애처로워서, 그 아들 르우벤이 합환채를 구해 줄 정도로 외로움에 시달리는 여인이 남편의 사랑을 독차지하는 여인 앞에서 어떻게 행복한 마음을 가질 수 있을까?

그래서 사업에 실패한 사람, 정치에 실패한 사람, 혹은 다른 인생의 소중한 꿈에서 실패하거나 고통을 당하고 있는 사람들이 그 방면에 성공한 다른 사람들을 향해 칭찬의 말보다는 잘못된 일들을 찾아내서 흠집을 내거나 비난하는 일을 자주 보게 되는데, 그만큼 내면적인 아픔이 크다는 것을 대변해 주는 것이라고 볼 수 있는 것이다.

세 번째 분노의 대상은, 자기 자신을 비롯해서 자신의 주변 환경일 수 있다. 남편이 조금만 더 신경을 써 주었더라면, 아니면 아이들이 말썽을 부리지만 않았어도, 혹은 환경이 조금만 더 편했어도 그런 일이 없었을 것이라고 생각하기 때문이다. 그러나 더욱 중요한 것은 자기 자신에 대해서도 스스로 분노할 수 있다. 결국 자신의 책임이라고 느끼기 때문이다.

중요한 것은, 분노 자체는 정상적인 감정일 수 있고 또한 죄가 되지는 않지만, 그 분노를 처리하는 과정이 잘못되면 더 큰 상처와 파괴를 불러오게 된다는 것이고, 결국 시작은 죄가 아니었어도 끝은 죄로 끝날 수가 있다는 것이다.

예를 들면, 내 마음속에 있는 무의식적 분노의 감정이 비통함이나 원한 혹은 증오나 복수심으로 표현이 된다면 어떤 삶의 태도가 나오겠는가? 이렇게 무의식적인 분노가 있는 분들의 특징 중 하나는 말에 뼈가 있다는 것이다. 같은 말이라도 아프게 하는 방법을 알고 있고, 이미 성격이나 습관으로 형성되어 있는 경우가 대부분이다.

어쨌든 말에 가시가 있건 뼈가 있건 말로써 상처를 주는 대부분의 사람들은 그들이 근본적으로 나쁜 사람이라서가 아니라, 아무도 모르는 내면적인 아픔과 슬픔을 당했지만 그러한 아픔의 감정이 제대로 치료가 되지 않아서 오늘 그런 모습으로 나타날 수 있다는 것이다. 중요한 것은, 원인이 무엇이든지 간에 이러한 분노의 감정이 치료되지 않으면 또 다른 심각한 상처를 불러온다는 것이다.

우리는 가끔 하고 싶은 말은 다해야 속이 시원하다는 사람들을 만나게 된다. 그리고 그런 분들에게는 공통점이 하나 있는데, 자기는 '할 말은 하는 사람'이라는 것과 '말을 좀 심하게 하지만 그래도 뒤끝이 없다'는 자부심이 그것이다. 그런데 중요한 것은 심장을 꿰뚫는 모든 화살에 뒤끝은 없다. 사람의 생명을 앗아가는 모든 화살은 날카로운 앞 끝만 있다. 관우 같은 장수도 화살 앞 끝에 찔려서 결국 죽었고, 정말 치명적인 독화살의 독도 모두 앞 끝에 묻혀 있다. 그래서 독화살은 관통하지 않고 앞 끝에 스치기만 해도 적을 죽게 만드는 것이다.

그래서 시편의 기자는 사람의 입술에는 사람을 죽이는 독이 숨어있음을 선포한다.

"뱀 같이 그 혀를 날카롭게 하니 그 입술 아래는 독사의 독이 있나이다"(시 140:3).

잠언서의 기자도 마찬가지이다. 인간의 말에는 죽이고 살리는 권세가 함께 있음을 우리에게 알려준다.

"죽고 사는 것이 혀의 권세에 달렸나니 혀를 쓰기 좋아하는 자는 그 열매를 먹으리라"(잠 18:21).

그러므로 말에는 뒤끝도 없어야 하지만 더 중요한 것은 앞 끝이 없어야 한다. 즉 말에 가시를 돋치게 하거나 뼈를 앞 끝에 감추어서 뼈 있는 말을 던지는 것은 분노 해결에도 도움이 되지 않고 더 큰 상처만 유발시킬 뿐이다. 이미 날카로운 앞 끝에 찔려서 마음이 심하게 상한 사람들에게는 뒤끝 없음이 별로 위로가 되지 못하기 때문이다.

7-2
분노의 노예

개신교 목사의 딸이었던 스토우 부인(Harriett Beecher Stowe)이 쓴 소설 『엉클 톰스 캐빈』(Uncle Tom's Cabin)은 미국 최대의 비극인 노예제도를 폐지하는 시발점이 되었다.

주인공인 톰 아저씨는 신분이 흑인 노예였기 때문에 여기저기 팔려 다니며 수많은 고생을 하지만, 언젠가는 가족들과 다시 모여서 함께 살게 되리라는 희망으로 모든 것을 견디는 품위 있는 노예였다. 스토우 부인은 이 소설에서 노예들의 눈물을 드러낸다. 노예들은 '말할 줄 아는 가축'이 아니라 남편과 아내, 그리고 부모와 자녀로서의 사랑과 슬픔을 함께 느끼는 인격적 존재임을 그려냄으로써 남의 일로만 알고 지내던 백인들의 감동과 눈물을 자아냈다.

노예의 비극은 자유가 없다는 것이다.
자신의 생각과 의지로 자기의 행동방식을 결정하지 못한다. 자신의 의지와 상관없이 누군가에게 끌려다녀야 하고, 그러한 자신의 모습이 너무도 싫지만 그 끈을 놓을 수 없고 결국은 비극으로 끝난다는 것이다.

어떤 점에선 분노의 영성이 그렇다. 예를 들면 어떤 사람들은 운전을 하다가도 길이 막히면 짜증이 조절되지 않고 분노, 즉 화로 이어지는 사람들도 있다. 출근길이든지, 사고가 났든지 공사로 인해 길은 늘 막힐 수가 있다. 그러면 아예 음악을 듣든지, 아니면 라디오나 듣고 싶었던 CD를 들으면서 얼마든지 좋은 마음을 유지할 방법들이 있는데, 어떤 사람들은 길이 막히면 짜증을 내거나 신경질을 먼저 부리는 것이다.

그러나 이러한 것은 사실 길이 막혀서 화가 나는 것이 아니라 자신의 뜻대로 되지 않아서, 즉 빨리 가고 싶은데 그게 안 되니까, 더 정확히 말하면 이전에 이미 자신의 뜻대로 안돼서 마음을 많이 상한 경험이 있기 때문이다. 그리고 그 상처가 아물지 않았기 때문에 길이 막히는 것과, 자신의 뜻이 막히는 일이 오버랩 되면서 자신도 모르게 무의식적 분노를 표현하게 된다고 볼 수 있는 것이다.

예를 들면, 출근을 하려고 하는데 와이셔츠 준비가 안됐다든지, 아니면 반찬이 짜거나 싱겁든지, 집안의 청소가 잘되어 있지 않다든지, 다른 사람들이 약속 시간에 늦게 나온다든지, 아니면 배가

고픈데 음식준비가 안됐다든지, 상대방이 나의 프라이버시를 무시하고 함부로 말했다든지, 길이 막혀서 비행기를 타지 못했다든지, 어떤 사람은 설교나 예배 시간이 조금만 길어져도 화가 나는 사람이 있는데, 생각해보면 이런 일들은 화를 낼 일이 아니다.

중요한 것은 분노의 원인이 어디 있든지 간에 분노의 감정이 치료되지 않으면 또 다른 심각한 상처를 불러온다는 것이다. 미국의 권위 있는 심리학자인 헨리 브랜든은 삶의 장애를 느끼는 비정상적인 인격체계를 가지고 있는 사람들의 근본 원인을 분노라고 이야기한다. 그에 의하면 자신의 삶에 고통을 당하는 사람들의 약 80-90%의 사람들이 바로 분노를 절제하지 못해서 생긴 문제라고 규정한다.

그래서 누군가가 상습적으로 분노를 하게 되면 여러 가지 치명적인 후유증이 생길 수 있는데, 가장 흔한 증상이 건강에 이상이 생기는 것이다. 즉 사람들이 흔히 말하는 화병이 생기게 되는데, 이 화병은 마음과 육체에 모두 영향을 주어서 정신쇠약이나 우울증은 물론 각종 암으로도 나타나게 된다는 것이다.

노르만 D. 교수도 같은 이야기를 하는데, 만약 누군가에게 있는 분노의 감정이 처리되지 못하고 그냥 억눌러진다면 이러한 억압된 분노는 여러 가지 병을 가지고 오는데, 심한 두통은 물론 목이 굳어진다든지 구토, 위궤양, 설사, 궤양성 대장염, 가려움증, 피부질환, 천식, 호흡장애, 동맥 혈전증, 중풍 등으로 나타나게 된다는 것이다.

특히 주목해야 하는 것은, 일단 분노의 감정이 누군가를 지배하게 되면, 그 사람은 그 순간부터 분노의 노예가 되어야 하고 그 분노의 힘은 여러 종류의 사고를 불러온다는 것이다. 홧김에 물건을 집어던지면 당연히 나중에 다시 사야 한다. 문을 쾅 닫고 나가다가 문짝을 망가뜨린다든지, 아니면 다른 사람과 싸움을 하다가 다친다든지, 화가 난 상태로 망치질을 하다가 자기 손을 다치는 일은 너무도 흔한 일인 것이다.

실제로 필자가 아는 어떤 분은 아침에 부부싸움을 하고 나왔는데 화가 풀리지 않아서 술을 먹게 되었고, 술을 먹은 상태에서 운전을 하다가 결국 사고를 내고 말았다. 취중이라 뺑소니를 쳤다가 결국은 잡혀서 큰 대가를 치른 일도 있었다. 분노의 노예가 되면 이런 낭패가 늘 기다리고 있는 것이다.

7-3
분노의 특징

이민교회의 목회를 오래 하면서 느끼게 된 것 중의 한 가지는 이민교회야말로 분노병을 잘 치유해야 된다는 것이었다. 이 분노병이란 마치 중풍병처럼 분노가 하나의 병적 현상으로 몸에 배어 있다는 말인데, 이민의 삶이 마치 절벽 위의 벼랑에 서 있는 것처럼, 그래서 살짝 건들기만 해도 벼랑 아래로 떨어질 것처럼 신경이 날카로운 상태로 살 때가 많기 때문에, 필자가 붙인 병의 이름이다.

마치 풍선의 포화상태처럼 이미 극단적으로 부풀어 올라 조금만 건드려도 터질 것 같은 사람, 즉 바늘로 살짝 건드리기만 해도 분노를 폭발시킬 무의식적 준비를 하고 있는 사람들이 의외로 많이 있다. 그래서 아이들을 향해서, 혹은 직장의 동료나 직원들에게, 심지어 밥상에서 밥을 먹다가도, 교회에서 회의를 하다가도 자기도 모르게 분노의 감정이 끓어올라 또 다른 상처를 만들게 되는 것이다.

그러므로 분노가 자주 반복된다든지, 아니면 분노의 절제가 안 되는 분들은 상습적 분노에 대한 이해를 먼저 하면 도움이 될 수가 있다.

상습적 분노의 특징은 다음과 같다.

분노의 첫 번째 특징은, 일반적으로 나타나는 상습적 분노는 2차 감정이라는 것이다.

예를 들면, 어떤 사람은 운전 중에 새치기를 당했는데 얼마나 기분이 나쁜지 자기도 보복운전을 하고, 그것도 모자라 집에까지 따라가서 욕을 하고 왔다는 사람도 있었다. 그러나 이러한 경우 사실은 새치기를 당해서 화가 난 것이 아니다. 이미 오래 전에 지나치게 억울한 일을 당했거나, 혹은 부당한 비난이나 지나치게 엄격한 체벌을 받고 자라게 되면, 그 마음속에 울분을 토하거나 복수하고자 하는 분노의 마음이 생기는 것이다. 그래서 본때를 보여줄 사람을 찾고 있다가 결국은 자기도 모르게 불특정 다수에게 분노를 쏟아내는 것이다.

분노의 두 번째 특징은, 분노도 감기처럼 이리저리 옮겨 다닌다는 것이다. 예를 들어 남편이 직장 상사에게 정말 억울한 일을 당했다면 어떻게 되겠는가? 물론 성숙한 사람이라면 마음의 억울함을 분노로 폭발시키지는 않을 것이다.

하지만 미성숙한 사람이라면 퇴근하고 돌아와 죄 없는 아내에게 트집을 잡아 화풀이를 할 것이다. 억울한 아내는 자기보다 힘이 없는 아들에게, 갑자기 봉변을 당한 아들은 자기 동생에게, 결국 막냇동생은 자기보다 더 힘이 없는 강아지를 걷어차게 되고, 이 힘없는 강아지는 홧김에 주인아저씨 구두를 물어뜯고, 자기 구두가 다 뜯긴 것을 발견한 아저씨는 처음보다도 더 많이 화를 내고, 결국 화는 여기저기 옮겨 다니게 되는 것이다.

좀 비화되긴 했지만 사실 전혀 근거 없는 이야기는 아니다. "종로에서 뺨맞고 한강에서 눈 홀긴다"는 말도 있는 것처럼, 상처를 받은 데와 푸는 데가 서로 다르기 때문에, 마치 감기 바이러스가 여기저기 옮겨 다니듯이 분노 바이러스도 이 사람 저 사람에게 옮겨 다니며, 상처의 악순환을 만드는 것이다.

분노의 세 번째 특징은, 분노의 폭발은 학습을 통해서 배우게 된다는 것이다. 즉 분노를 내는 다른 사람을 보고 혹은 자신이 피해자로서 당했던 분노 폭발을 경험 삼아 자기도 같은 방법으로 분노를 표출하게 된다는 것이다.

언젠가 심방을 갔다가 깜짝 놀란 일이 있었다.
한 젊은 부부의 가정이었는데, 아이들이 어려서 그냥 옆에서 놀게 하면서 예배를 드리고 있었다. 한참 설교를 하고 있었는데, 갑자기 한 4살쯤 된 그 집의 어린 딸이 함께 동행했던 다른 성도의 남자 아이의 뺨을 아주 야무지게, 그것도 '찰싹' 소리가 나도록 때린 것이었다.

뺨을 맞은 아이는 당연히 자지러지게 울었지만 정작 놀라고 당황한 것은 어른들이었다. 도저히 어린아이의 모습이라고는 상상이 안 될 정도로 매몰차게 때렸기 때문이다.

주변의 모든 사람들이 놀라고, 또 때린 아이의 부모도 많이 당황했지만, 그 남편이 그 아내와 아이들을 평상시에 그렇게 때렸기 때문에, 그 어린 딸도 학습을 통해 배운 것이라는 것을 나중에 알게 되었다.

가끔 세상을 놀라게 하는 엽기적인 폭력사건의 범인들을 연구해 보면, 그러한 범죄 방법을 혼자 생각해 낸 것이 아니고 영화나 TV 혹은 자신의 경험에서 배웠다고 고백하는 경우를 많이 대하게 된다. 즉 폭력이나 분노도 학습이 된다는 것인데, 그래서 아이들 앞에서 함부로 화를 내서는 안 되는 것이다. 아이들이 보고 배울지 모르기 때문이다.

7-4
내면적인 아픔과 분노의 후유증

분노가 어디에서 왔건 간에 모든 분노는 후유증을 남긴다.

독사가 어디에서 왔건 간에 일단 독사에 물리면 독성의 후유증이 나타나는 것과 마찬가지인데, 분노는 독이기 때문이다.

다른 사람들이 내게 고통을 주지 않고 그 고통을 스스로 만들었다고 해도, 예를 들면 유산한 산모들처럼 원치 않는 인생의 유산을 경험하면서 내면적으로 스스로 만들어진 분노라 해도 결과는 마찬가지인데, 이러한 **분노가 치유되지 못하면** 다음과 같은 치명적인 결과를 가지고 오게 된다.

첫 번째, 치료되지 못한 내면적 분노는 건강에 치명적인 영향을 주게 된다.

캘리포니아 주립대학의 돈 노먼(Don Norman) 교수에 의하면, 분노의 후유증으로 나타나는 증상을 두통, 목근육의 수축, 혈압상승, 구토, 위궤양, 설사, 궤양성 대장염, 가려움증, 피부질환, 천식,

호흡장애, 뇌졸중 등으로 보았다.

또한 명강의로 소문났던 존 헌터라는 생리학 교수는 "누구든지 화를 내게 되면 화를 내는 사람이 먼저 죽는다"는 주장을 제기했는데, 어느 날 아침에 앞에 앉은 한 학생이 자리에서 일어나서 헌터 교수의 강의에 반박을 하게 되었다.

그런데 문제는 학생의 반박을 받은 헌터 교수가 화를 이기지 못하고 갑자기 분노가 치밀어 올랐고, 급기야 심장마비를 일으켜서 강의 도중에 쓰러져 죽게 되었다. 즉 자기가 강의한 대로 화를 내는 사람이 먼저 죽는다는 것을 임상실험으로 직접 보여준 케이스가 되었다.

두 번째, 분노는 공동체의 분위기를 파괴한다.

누군가가 화를 내면 그 분위기는 금방 썰렁해지게 되기 때문인데, 이것은 직장이나 교회도 마찬가지이다. 특히 교회에는 많은 회의들과 모임이 있는데, 누구든지 일단 모임석상에서 화를 내게 되면 그날의 모든 예배나 회의는 물거품이 되는 것이다.

그리고 그날의 분위기만 파괴하는 것이 아니라, 이렇게 파괴되는 일이 반복되면 결국은 모든 공동체의 평화와 안정, 더 나아가 모든 행복은 파괴될 수밖에 없는 것이다. 홧김에 소리를 지르는 교회나, 화가 상습적으로 폭발하는 가정이 어떻게 행복할 수 있겠는가?

그리고 이렇게 억울함이나 분노가 있는 사람은 언제나 '본때'의식을 갖게 된다. 상대가 누구든 간에 마음에 들지 않는 부분이 있으면 한번 따끔하게, 눈물이 쏙 빠지도록 맛을 보여줄 준비를 아예 성격적으로 갖고 있기 때문에, 이런 사람은 혈연이든지 아니면 특별한 이해관계에 얽힌 사람을 제외하고는 진정한 친구가 없게 되는 것이다.

세 번째, **분노의 결과는 대인 관계의 파괴를 불러온다.** 누군가의 마음속에 비통함이나 억울함이 있으면 좋은 말이 나갈 수가 없다. 또한 그냥 넘길 수도 있는 일인데 과민반응을 보인다든지 아니면 화부터 낸다면 그 다음부턴 당장 대인관계에 문제가 생기게 되는 것이다.

왜냐하면 일단 한번 마음을 다치면 누구든 그 사람을 조심하지 않겠는가?

그렇다고 같이 싸울 수도 없고, 상대하자니 피곤하게 되니 어떤 일이 벌어지겠는가? 당연히 "똥이 무서워서 피하냐 더러워서 피하지"라는 심정으로 누구든 그 사람에게 가까이 가려고 하지 않을 것이다.

그때부터 그 사람은 시한폭탄으로 인식이 될 것이고 정상적인 대인관계는 불가능해진다.

정상적인 관계란 자연스러운 대화를 통해서 양보와 타협 또한 협력과 이해를 통해 함께 더불어 나아가는 것인데, 생각을 나누는 과정에서부터 성격적으로 화를 내게 되면, 즉 자기 생각대로 되지 않는다든지 아니면 자신의 의견이 거부될 때 화부터 내게 되면, 그때부턴 정상적인 대화는 불가능해지고 애완용 동물, 즉 개나 고양이를 다루듯이 살살 다루어야 하는 일이 생기게 되는 것이다.

네 번째, 분노는 화를 내게 되면 본인 자신에게도 점점 상처가 된다. 필요 이상의 화를 내고 돌아서면 당장 '괜히 그랬나' 하는 후회의 감정이 찾아오고, 상대방이 보일 반응이나 보복에 대해서도 염려와 불안이 생기게 된다. 그래서 분노의 불이 꺼지면 당장 풀이 죽고 의기소침해지고 자책이 된다. 그러면서 내리는 결론은 '안보면 그만이다'이다.

그래서 상습적으로 분노하는 사람에게 나타나는 아주 특이한 현상 중의 하나는 다른 사람의 마음을 자기가 먼저 아프게 하고 자기가 먼저 안보기로 결정한다는 것이다.

분노나 혈기를 함부로 드러냈던 아들을 지켜봐야 했던 야곱이 얼마나 고통스러웠으면 이렇게까지 말했을까?

"내 혼아 그들의 모의에 상관하지 말지어다 내 영광아 그들의 집회에 참여하지 말지어다 그들이 그 분노대로 사람을 죽이고 그 혈기대로 소의 발목 힘줄을 끊었음이로다"(창 49:6).

7-5
진주조개에서 미꾸라지로

상처를 받은 조개만이 진주를 만들 수 있지만, 날카로운 모래알로 인해 속살이 찢기는 상처를 받았다고 해서 모든 조개가 진주를 만들어 내는 것은 아니다. 오히려 많은 조개들은 그 상처로 인해 병이 들기도 하고 때론 그냥 죽어 가기도 한다.

문제는 조개만 상처를 받는 것이 아니다. 오히려 사람들은 어린 시절의 상처들로 인해, 더 정확히 말하면 역기능 가정에서 자라난 후유증으로 인해 자기도 모르는 정서적 고통과 피해를 안고 살아가게 된다.

물론 이러한 상처들은 그 사람의 성격이나 습관으로 이어지기도 하고, 자신감의 결여나 열등감과 같은 부정적 자의식으로 고정되어 자신의 삶에 불행한 열매들을 맺게 하는 것이다. 그리고 이러한 어린 시절의 상처로 인해 정서적, 심리적 혹은 영적 장애물을 갖고 살아가는 사람들을 우리는 성인아이라고 부른다.

다시 말하면 성인아이란 글자 그대로 몸은 자라서 성인이 되었는데, 아직도 그의 성격이나 태도 가운데 어린아이의 미숙한 기질이 그대로 드러나는 것을 말한다. 어린아이들의 특징을 생각해보면 쉽게 이해가 된다.

예를 들면 우선 어린아이들은 생각 자체가 매우 미성숙하다. 말하자면 주변상황에 대해서 전혀 배려할 줄을 모른다. 그래서 오줌똥을 함부로 싸고, 어디서나 떼를 쓰고, 고집을 부린다. 이런 성향을 그대로 가지고 자라게 되면, 성인이 되어서도 내가 하는 말이나 일이 주변 사람들이나 혹은 분위기에 어떤 영향을 미칠지에 대해 고려하지 못하기 때문에, 다른 사람들에게 쉽게 상처를 주게 되고, 그래서 늘 문제의 중심에 서 있게 된다.

또한 어린아이들은 자기중심적이다. 모든 것이 자기를 위해 존재한다고 생각한다. 아빠는 나를 위해 돈을 벌어오는 사람이고 엄마는 나에게 젖을 주는 사람이다. 그래서 내게 필요한 것들이 충족되지 않을 때 주변 상황과 관계없이 울게 된다.

직장이나 가정에서 혹은 교회 공동체 속에서도 가끔 이와 같은 사람들을 만나게 된다. 언제나 자기밖에 모르고 자기 뜻대로 되지 않으면 화를 내게 된다. 목사도 자기 말을 들어야 하고, 자기 아내도 남편도 심지어 아이들도 모두 자기 뜻대로 움직여 주어야 한다. 그리고 자기 마음대로 안되면 심술이 나고 짜증이 나게 된다.

또한 어린아이들의 특징은 참을성이 없다는 것이다.

그래서 작은 일에도 늘 보채게 된다. 배려하고 인내하는 마음은 성숙한 성인들에게는 너무나 당연한 것이다. 성령님의 9가지 열매 가운데서도 가장 나중에 나오는 성숙한 열매가 바로 절제이다.

그러나 미성숙한 사람은 여전히 어린아이처럼 자신의 감정을 절제하지 못해서 작은 일에도 참지를 못하고 화부터 낸다. 그리고 이러한 분노는 분노를 받는 사람뿐 아니라 누군가 분노를 표출하는 것을 바라보는 제3자와 분노하는 사람이 있는 공동체의 모든 평화를 파괴한다.

그래서 교회의 지도자가 아무리 봉사와 헌신을 잘하고 교회 일을 열심히 해도, 결정적인 순간에 샴페인 오픈하듯이 분노의 뚜껑을 열면 그동안의 노력들이 다 물거품이 되고 마는 것이다.

그런 점에서 분노는 라면을 쏟는 것과 비슷하다.

예를 들면, 어떤 사람이 라면을 끓이기 위해 냄비의 물이 끓을 때까지 기다려서, 라면과 스프 그리고 파와 계란까지 넣어서 맛있게 라면을 끓였고, 사람들은 테이블에 둘러앉아 맛있는 라면이 오기를 기다리고 있다.

그런데 그동안 열심히 라면을 끓인 사람이 라면을 들고 오다가 갑자기 넘어지는 바람에 냄비가 뒤집어지면서 라면을 땅에 쏟아 버리게 된 것이다. 분노는 이와 같다. 열심히 봉사하고 땀을 흘려 헌신했어도, 어느 한순간 분노가 폭발되면 그동안의 모든 노력들이 물거품이 되는 것이다.

　여성들은 잘 모르겠지만, 군대를 다녀온 대부분의 남자들은 기억하는 것이 있다. 추운 겨울밤에 난로에 둘러앉아 라면을 끓여 먹던 훈훈했던 기억이다. 추운 겨울 한밤중에 보초를 서고 오면 온몸이 거의 얼어붙는다. 바로 그때 난로에 둘러앉아 라면을 끓여 먹으면 그야말로 꿀맛이었다.

　그 날도 매우 추운 겨울밤이었는데, 한 고참 병사의 실수로 반합의 라면이 바닥에 쏟아졌다. 중요한 것은 더 이상 끓일 라면이 없었다는 것이다. 그래도 다행인 것은 라면을 쏟은 병사가 졸병이었으면 많이 맞았을 텐데 고참이었기 때문에 그런 일은 일어나지 않았다. 하지만, 추운 몸을 녹이며 라면을 기다린 병사들은 허탈한 마음을 쓸어 안으며 차디찬 모포로 들어갈 수밖에 없었다. 성인아이의 분노란 바로 이렇게 그동안의 노력을 물거품으로 만들며 주변의 사람들을 허탈하게 만든다는 점에서 비슷하다.

　성인아이란 어떤 점에서 작은 미꾸라지일 수도 있다. 물속에 한 마리만 있어도 토끼가 아침마다 먹는 깊은 산속 해맑은 옹달샘을 진흙탕으로 만들 수 있기 때문이다.

7-6

분노처리는 이렇게

작은 일에도 분노하게 되고, 남들보다 자주 분노가 생긴다면 수류탄의 뇌관처럼 분노의 뇌관이 마음속에 살아있기 때문이다. 그래서 이 분노의 뇌관이 터지지 않도록 폭발물 처리하듯 분노도 잘 처리해야 하는데, 분노처리가 생각처럼 쉬운 문제가 아니다. 성경에서도 "노하기를 더디하는 자는 용사보다 낫고 자기의 마음을 다스리는 자는 성을 빼앗는 자보다 나으니라"(잠 16:32)고 한 것을 보면, 그만큼 분노를 인격적으로 처리하는 것이 어려운 일이지만, 훈련받은 '폭발물 처리반'들이 폭탄을 잘 다루듯이, 분노도 다음과 같은 방법으로 훈련을 받으면 분노의 인격적 해소가 가능할 수 있다.

첫 번째, 분노는 반드시 인식되어야 한다.

말하자면 남들보다 쉽게 분노하고, 또한 분노의 횟수가 많은 사람은 자기 자신의 마음속에 분노가 내재되어 있음을 인식하고 있어야 한다는 것이다. 그리고 자신의 마음속에서 분노의 뇌관이 건드려질 때, "아, 내가 지금 화가 나기 시작했다"라는 것을 이성적으로 인식할 수 있어야 하는 것이다.

두 번째, 되새김질과 복수는 저지되어야 한다.

즉 풀을 뜯어먹는 소들이 위가 네 개나 되어서 일단 먹은 것을 다시 끌어올려 되새김질을 하는 것처럼, 어떤 사람들은 이미 지나간 상처 혹은 억울한 일들을 자꾸만 반복해서 생각한다. 심지어 잠자리에서도 생각을 하게 되니까, 자다가도 벌떡 일어나면서 자신의 건강을 해치게 된다. 그러므로 이미 지나간 일은 잊어버려야 한다. 원수를 갚는 것이나 본때를 보이는 것은 나의 역할이 아니고 하나님이 하실 일이다.

세 번째, 분노를 말로 설명하라는 것이다.

소리를 지르거나 폭발시키지 말고 그 분노의 감정을 말로 설명하는 것이다. 즉 '나 지금 화가 나려고 한다' 혹은 '당신의 그런 태도 때문에 화가 났는데 내 마음이 진정이 되지 않는다'라는 식으로 상대를 비난하지 말고, 현재의 자신의 기분을 말로 설명하라는 것이다.

네 번째, 한 번에 한 가지의 문제만 다뤄야 한다.

예를 들면, "옛날에도 그러더니, 또 그랬다"든가, "늘 나를 열 받게 한다"라고 말하면서, 이전에 있었던 일들을 들추지 말라는 것이다. 일반 법정에서도 일사부재리의 원칙, 즉 이미 잘잘못을 가려서 처벌을 받은 범죄는 다시 처벌할 수 없음을 기억해야 한다.

하지만 어떤 사람은 아주 오래전 실수를 소뼈 우려먹듯이 두고 두고 기회가 있을 때마다 또 들춰내서 싸울 때마다 단골 소재로 사용하는 사람들이 있는데, 물론 그 결과는 양쪽 모두의 초토화로 끝나게 되는 것이다.

다섯 번째, 상대방에게도 반응할 기회를 주어야 한다.

어떤 분들은 소나기처럼 자기의 분노를 모두 퍼부은 후에 문을 '꽝' 닫고 나가는 사람도 있다. 회의를 하다가도 혈기를 부리고는 벌떡 일어나서 자리를 박차고 나가기도 한다. 전화를 하다가도, 자기 말만 퍼붓고 전화기를 '딱' 끊어 버리고는 다시 걸려오는 전화를 받지 않는 사람도 있다.

그러면 어떤 일이 벌어질까?

상대방 쪽에서 보면 너무도 황당하고 기가 막히게 된다. 대화를 통해서 오해를 풀기도 하고 선후 따져서 문제를 해결해야 인격적 관계가 형성되는데, 일방적으로 대화의 채널을 끊어버리면 참담한 기분을 넘어서 인격적 모독으로 받아들이게 되는 것이다. 당연히 인격적인 신뢰의 관계는 파괴되고 말 것이다.

여섯 번째, 분노의 최종 목적을 이해하라는 것이다.

분노의 목적은 잘못된 것을 바로 잡는 것이든지 아니면 격분한 감정의 해소이지 상대방의 정복이나 고문 혹은 파괴가 아니다.

특히 순간적 분노의 충동을 절제하지 못하고 폭발시켜서 사랑하는 가족에게 상처를 주었다면, 이 분노의 목적이 처음부터 가족 구성원의 파괴와 고통이었는가를 스스로 성찰해야 한다. 최종 목적을 생각해 보지 않은 부분별한 분노가 가정을 지옥으로 만들 수도 있기 때문인데, 그 분노를 터뜨리기 전에 최종 목적과 결과를 생각하라는 것이다.

일곱 번째, **중요한 것은 분노를 절제하는 인격적인 성품은 어린 시절부터 부모를 통해 훈련이 되어져야 한다.** 즉 연필을 책상에 신경질적으로 던지는 행위처럼, 자녀들의 분노 폭발을 부모들이 용납하게 되면 성인이 되어서도 무의식적 습관으로 나타나게 된다. 하지만 어린 시절부터 감정을 절제할 수 있는 인격이 훈련된다면, 분노를 폭발시키는 자신의 모습이 스스로 부끄러워 분노의 감정에 끌려다니는 실수는 하지 않게 될 것이다.

제 8 장

영적 배설물의 하수처리장인 용서

8-1
왜 용서를 해야 하는가?

　의사들의 이야기를 들어보면, 환자들의 약 70-80%는 마음의 병에서 시작이 된다. 가슴에 품고 있는 적개심이나 분노는 스스로를 해치는 독소이기 때문이다. 그것이 흔히 말하는 화병이라는 것이다. 가슴속에서 울화가 치밀어 오르는 것이다. 신체적으로는 물론 정신적인 차원을 넘어서 영적으로도 모두 나쁜 영향을 준다. 통계에 의하면 화를 자주 내는 사람은 심장마비를 일으킬 위험이 두 배나 많고, 화를 잘 내는 사람은 그렇지 않은 사람에 비해 50대 사망률이 무려 다섯 배나 많다고 한다.

　이러한 사실을 더 정확이 알려주는 것은 사실 과학적 통계보다 TV 드라마이다. 갑자기 충격을 받거나 분노가 치밀어 오르는 순간 뒷골을 부여잡고 쓰러지는 장면을 최소한 몇 번씩은 모두 보았을 것이다.

　용서하지 못하는 또 다른 표현은 소위 '한'이라는 것이다.

그 마음에 풀어지지 않는 상처의 응어리가 있다는 뜻이다. 마치 하와이에서 여전히 활동 중인 활화산처럼 마음속에서 분노의 마그마가 부글부글 끓고 있는 것이다. 지금은 아무도 건드리지 않아서 마치 휴화산인 것처럼 조용하지만, 그 마음속에는 뜨거운 분노의 마그마가 터져 나올 기회를 기다리며 누군가가 건드려 주기를 기다리고 있다는 뜻이다.

중요한 것은 이러한 억울함이나 울분 혹은 용서하지 못하는 분노의 응어리는 우리 마음속의 에너지, 즉 정신 에너지를 계속해서 탈진시킨다는 것이다. 왜냐하면 지금 말하고 있는 분노나 억울함 등의 작용은 모두가 정신적인 작업(working)인데, 에너지 없이는 어떤 작업도 진행되지 않기 때문이다.

예를 들어, 만약 누군가가 극단적으로 분노를 폭발시켰다면, 분노의 현장이 가정이건 공동체이건 평화의 분위기는 당연히 파괴가 될 것이고, 분노의 격정이 지나가면 분노를 폭발한 당사자의 마음속에 후회와 더불어 비통함이 찾아오게 될 것이다.

문제는 거기에서 끝나는 것이 아니다. 미성숙한 자신의 이미지와 파괴된 관계에 대한 염려도 생기고 자책은 물론 자기연민도 생기게 된다. 분노가 폭발될 때, 너무도 많은 양의 마음의 에너지가 방출되었기 때문이다. 분노를 폭발시키고 나서 마음이 개운한 것이 아니고 비통해지고 의기소침해지는 것은 너무 많은 양의 정신

에너지가 방출되어 스스로 탈진되었기 때문이다.

그래서 분노를 폭발시킨 대부분의 사람들은 화는 자기가 냈으면서도 마음의 상처는 오히려 자기가 받는다. 그래서 분노를 일으키고 난 후의 비통함과 처절함을 견디지 못하여 사람들을 피해 방으로 들어가 혼자 드러눕거나, 술을 마심으로 스스로의 마음을 추스르거나, 담배를 피워 자기의 마음을 스스로 달래거나, 외딴 곳을 찾아 혼자 방황하는 것이다. 마치 상처 입은 이리나 늑대가 깊은 동굴로 들어가서 혼자 시간을 보내며 치유의 때를 기다리는 것과 비슷하다.

이처럼 용서하지 못하는 마음은 언제나 폭발 준비가 되어 있는 마음의 화산 덩어리인데, 그것이 무엇이든지 간에 덩어리를 유지하기 위해서는 거기에 사용할 에너지가 필요하다.

예를 들면, 주먹을 아주 강하게 쥐기 위해서는 많은 힘이 필요하다. 그리고 강하게 쥔 주먹을 풀지 않으면 손의 힘은 계속 소모된다. 마찬가지로 마음속에서 누군가를 진정으로 용서하지 못하고 미워하는 응어리가 있다면, 그 응어리를 유지하기 위해 정신 에너지는 계속 방출될 것이며, 나도 모르는 사이에 마음의 에너지가 계속해서 소모되고 있다는 뜻이다.

결국은 체력도 약해지고 저항력이나 면역체계도 무너지기 때문에 신체적 질병으로 옮겨가기가 훨씬 쉬워지는데, 의사들은 바로 이런 점에서 암과 같은 질병의 근본 원인은 바로 '마음의 한'일 수 있다고 경고하는 것이다.

그래서 결국 극단적인 미움이나 분노를 용서라는 배설기관을 통해 해결하지 못한 사람은 끊임없이 마음의 에너지가 방전되고 있기 때문에 몸도 쉽게 탈진이 된다. 이런 사람들은 힘이 모자라기 때문에 늘 지쳐 있고, 쉽게 피곤을 느끼며, 몸이 약해지니 면역력도 떨어지게 되고, 결국 의사들의 경고처럼 치명적인 병으로 발전할 수밖에 없는 것이다.

1960년대에 '면역허용이론'으로 노벨의학상을 받은 오스트레일리아의 프랭크 버네트 박사에 의하면, 모든 정상인들에게도 하루 평균 수백 개에서 수천 개의 암세포가 발생한다는 것이다. 엄밀히 말하면 암세포가 아니라 '돌연변이세포'인데, 면역력이 강한 사람들은 이러한 암세포의 증식을 막아서 곧 사라지게 하지만, 면역력이 떨어진 사람들은 초기 암세포의 활동을 막을 힘이 없어서 결국 암으로 발전한다는 것이다.

잠을 잔다는 것은 몸이 쉬는 것을 말한다. 잠을 잘 때만큼은 온 몸에서 힘을 뺀다. 즉 주먹을 꼭 움켜쥐고 자는 사람은 없다. 이렇게 육신은 잠을 자서 온 몸의 힘을 뺀다. 그런데 용서하지 못한 마음은 사람이 잠을 잘 때에도 보이지 않는 마음의 주먹을 꼭 쥐고 있는 것이다. 그래서 잠을 자고 일어나면 개운한 것이 아니고 오히려 마음의 에너지가 모두 방출되어 지친 상태로 일어나게 된다.

그는 일어나면서 이렇게 말한다.

"아, 피곤해!"

그러니 아침에 일어나서 기지개를 켜며 '아, 참 잘 잤다!'라고 말하기 위해서라도 용서에 대해 연구도 하고 배우기도 하고 노력도 하고 실천도 해야 하지 않을까? 용서는 마음의 모든 상처와 한과 분노와 같은 영적 배설물들을 밖으로 내보낼 수 있는 유일한 영적 쓰레기의 하수처리장이기 때문이다.

그래서 용서라는 하수처리장 기능이 잘 돌아가는 사람은 매우 건강한 삶을 살겠지만, 이 용서라는 하수처리장이 고장이 나서 전혀 기능하지 못하는 사람은 마치 쓰레기 매립장 옆에 집을 짓고 사는 사람처럼 온갖 악취로 고생을 하게 될 것이다. 보물도 아니고, 아무런 가치도 없고, 아름답지도 못한 상처와 한을 마음에 품고 사니 당사자가 가장 힘들지 않겠는가?

그러므로 용서야말로 정신건강의 특효약이다. 용서한 사람이 억울하게 손해를 보는 것이 아니라 오히려 몸도 마음도 건강해져서 영광된 삶으로 보상을 받게 되기 때문이다. 성경도 이점을 분명히 하고 있다.

"노하기를 더디하는 것이 사람의 슬기요 허물을 용서하는 것이 자기의 영광이니라"(잠 19:11).

8-2
용서하지 못하는 마음은 사탄의 요새

요새란 전쟁에서 아주 중요한 위치를 말한다.

6.25 전쟁이 끝나갈 무렵, 휴전이 한창 논의되고 있을 때, 남북은 보다 유리한 고지를 차지하기 위해서 치열한 전투를 벌였다. 이 전투에 쏟아 부은 한국과 미국의 포탄은 약 22만 발, 중공군은 5만 발이었는데, 전쟁 중 하루 포탄 소비량이 가장 많았던 전투였다.

단 9일 동안의 전투를 치루는 과정에서 이 요새의 주인이 24번이나 바뀌었고 중공군은 14,000여 명, 우리 국군은 약 3,500명의 전사자가 생겼는데, 이 전투가 바로 유리한 요새를 차지하기 위한 백마고지 전투였다.

요새란 전쟁의 요충지로서 기본적으로는 안전한 본부라는 뜻이며 방어벽, 전진기지라는 의미로도 사용하는데, 사도 바울은 사탄에게도 사탄의 요새, 즉 "견고한 진"(고후 10:4)이 있다고 말한다.

요새와 비슷한 의미로는 대사관이 있다.

주권을 가진 각 나라마다 수교를 하면 대사관을 서로 교환하는데, 외교법상 대사관 건물은 상대방 나라에 있지만 대사관의 모든 건물과 땅은 그 나라가 주인이 아니라 대사관을 파견한 자국 소유가 된다. 그래서 중국으로 탈출한 탈북 난민들이 중국 내의 타국 대사관으로 들어가려고 노력을 한다. 일단 중국을 제외한 다른 나라의 대사관에만 들어가면, 그때부터는 중국 법을 따르는 것이 아니라 그 나라의 법을 따르기 때문에 서방으로 혹은 한국으로 망명을 할 수 있다.

누군가를 용서하지 못하는 마음은 바로 내 마음에 사탄이 대사관을 세우도록 허락하는 것과 같다. 그래서 아무 때나 사탄이 들어오고 나가며 나를 농락하고 우롱하고 평화를 파괴한다. 마치 징검다리를 건널 때 돌들을 골라서 내딛듯이, 사탄이 내 마음에 역사할 때 용서하지 못하는 비통한 마음, 억울한 마음을 통해서 격동시킨다.

가끔씩 길을 가다 보면 지렁이나 벌레들이 죽어 있다.

사람에게 밟히기도 하고 차에 치이기도 한다. 그러면 어떻게 알았는지 개미들이 잔뜩 모여 있다. 개미들에게는 파티가 벌어진 것이다.

사탄이 지나가다가 누구에게 들어갈까 살펴보다가 미워하는 마음, 증오하는 마음, 완악한 마음을 보면 얼씨구나 하고 들어간다. 왜냐하면 사랑과 용서가 하나님의 취향이듯이 미움과 증오는 사탄의 취향 중에 제일 좋아하는 것이기 때문이다.

이렇게 들어간 사탄은 마음속에서 뱀처럼 똬리를 틀고 주인행세를 한다. 그래서 절대로 용서를 못하게 하고 오히려 더 든든한 사탄의 요새로 만든다.

나는 청국장을 좋아해서 한 달에 몇 차례는 꼭 청국장을 먹는다. 길을 가다가도 청국장의 구수한 냄새가 나면 돌아보게 된다. 그처럼 사탄이 지나가다가 용서하지 못하는 마음을 보면 이게 웬 떡이냐 하면서 얼른 들어가 역사하게 된다. 그러면 자다가도 벌떡 일어나서 울분을 토해야 하고, 소리를 질러야 하고, 결국 화가 나서 잠도 못 자게 하고, 소화도 안되고, 그러다가 위장병도 걸리고, 혈압도 올라가고 암을 비롯해서 각종 병에 걸려 결국 인생이 파괴되는 것이다.

그렇게 일단 적에게 마음을 허락하면 사탄이 그 마음을 가지고 노는 일은 얼마나 쉬운가?

주일 예배를 통해 은혜를 받은 사람이 있어도, 그 사람 마음에 사탄의 요새가 있는 사람이라면 사탄도 그 사람이 은혜를 받고 기뻐하는 것을 알 것이다. 누군가가 은혜를 받고 주님의 제자가 되는 것을 가장 싫어하는 사탄이 그냥 두겠는가?

아마도 사탄은 '어, 너 그랬어? 너 은혜 많이 받았어? 어디 한번 해보자' 그러면서 갑자기 미워하는 사람을 만나게 하든지, 아니면 미운 사람을 생각나게 하면 갑자기 미운 생각이 들어서 화가 나고 가슴이 울렁거리고, 그러다가 부부싸움을 하며 평화를 깨고 방금 전에 받은 은혜를 모두 쏟아버리게 된다.

그러니 사탄 노릇하기가 얼마나 쉬운가?

그러나 만약 누군가가 용서의 채널을 통해 영적인 쓰레기, 혹은 사탄이 좋아하는 영적 음식, 즉 미움, 분노, 증오, 비통함 등을 마음의 방에서 깨끗하게 치워서 용서의 평안함으로 채운다면 사탄도 더 이상 역사하기가 어려워진다.

왜냐하면 내 마음속에 있었던 사탄의 대사관을 근본적으로 철폐했고, 사탄의 견고한 진을 용서라는 무기로 이미 부숴 버렸기 때문에 여간해서는 사탄이 내 마음에 들어오기가 쉽지 않기 때문이다.

8-3
용서는 예수님의 라이프 스타일

　지난 2013년 12월에 95세의 일기로 타계한 넬슨 만델라 대통령의 장례식은 역대 최대 규모의 인파가 몰린 성대한 장례식이었다. 넬슨 만델라 전 대통령의 영결식에는 모두 91개국 정상들과 10명의 전직 대통령들이 참석하였는데, 이는 지난 2005년 교황 요한 바오로 2세 장례식 당시에 참석한 70여 개국 정상을 훨씬 웃도는 역대 최대 규모였다.

　영결식에서는 순서에 따라 버락 오바마 미국 대통령과 지우마 호세프 브라질 대통령, 라울 카스트로 쿠바 대통령, 리위안차오 중국 국가부주석, 그리고 반기문 유엔 사무총장 등이 추모사를 하였다.

　그러나 모든 사람들이 만델라를 존경하는 것은 아니었다. 27년이나 억울하게 옥살이를 하고 풀려나서 남아공의 대통령이 되었을 때에 가장 먼저 반기를 든 사람들은 만델라의 최측근이었던 흑인 동료들이었다. 그들은 드디어 복수의 기회가 왔다고 생각하였다.

27년이라는 세월을 감옥에서 썩게 하고, 흑인의 땅 아프리카에서 오랜 세월 착취해 온 백인 기득권자들에게 복수의 칼날을 통쾌하게 휘두를 줄 알았다. 하지만 그가 빼든 칼은 처절한 복수의 칼이 아니고 용서였다. 그래서 복수를 주장하고 기다려온 그의 동료들은 우유부단하고 무능한 대통령이라고 반기를 들었지만, 결국 그의 선택은 옳았다.

오바마 대통령은 "나는 만델라로부터 영감을 얻은 수많은 이들 중 한 사람으로 그가 없는 내 인생은 도저히 상상할 수 없었다"며 그의 죽음을 애도했고, 반기문 유엔 사무총장은 "넬슨 만델라는 정의로운 거인이었고, 우리에게 감화를 주는 소박한 사람이었다"라고 추모했다. 결국 만델라의 용서의 힘은 남아공의 흑백분리 정책을 완전히 무너뜨리는 결정적인 계기가 된 것이다.

용서에 대한 아주 중요한 성경의 교훈은 용서는 예수님의 라이프 스타일이라는 것이다. 예수님은 당신에게 침을 뱉고, 주먹으로 치고, 발로 차고, 채찍으로 때리며, 머리에 가시 면류관을 씌운 사람들의 명단을 복수의 살생부로 만들어 마음에 응어리로 남기지 않으셨다.

망치로 두드려 투박하게 만들어진 대못들, 못가시가 삐죽삐죽 나온 날카로운 대못으로 손과 발을 십자가에 못 박아 죽인 사람들에게 복수하기 위해 십자가에서 뛰어내리지도 않으셨다. 오히려 십자가에 달려 모진 숨을 헐떡이며 돌아가시는 순간에도 그들의 용서를 위해 하나님께 기도하셨다.

"이에 예수께서 이르시되 아버지 저들을 사하여 주옵소서 자기들이 하는 것을 알지 못함이니이다 하시더라 그들이 그의 옷을 나눠 제비 뽑을새"(눅 23:34).

단순하게 죄의 용서를 구하신 것이 아니다. 자기들이 무슨 일을 하는지 알지도 못하는 불쌍한 사람들이니 용서해 달라는 용서의 근거까지 말씀하시면서 용서를 구하셨다. 자신의 손과 발에 지금 막 대못을 박고, 지금은 그 옷까지 재미 삼아 제비뽑기하며 나눠 갖는 사람들이지만, 그래도 예수님은 그들을 용서하기 원하셨다.

용서가 중요한 이유는, 용서가 이루어지는 곳에서는 하나님께서 승리를 하시고, 용서가 이루어지지 않는 곳에서는 사탄이 승리하기 때문이다. 만약 예수님이 십자가 위에서 용서 대신 복수를 선택하셨다면, 그래서 십자가에서 뛰어내려 천사들을 동원하여, 로마병정들을 모두 죽이셨다면 보혈은 흘려지지 않았을 것이고, 단 한 명도 구원을 받지 못했을 것이며, 결국 하나님이 구약 시대부터 많은 선지자들을 통해 예언하며 준비해 오셨던 인류의 구속사도 결국 실패로 돌아갔을 것이다.

더 나아가 용서는 예수님의 스타일이기 때문에, 진정한 용서가 있는 곳에서는 하나님의 영광이 드러나고 지옥은 무너진다. 그곳이 국가이던 가정이던 교회이던 용서가 있는 곳이 결국은 천국이 되고, 마지막까지 용서하지 못하고 시기, 미움, 분노, 혈기, 복수 등이 계속되면 그곳이 교회일지라도 금세 지옥으로 변하고 만다.

스데반 집사 역시 예수님의 라이프 스타일을 그대로 배운 사람이다. 그가 돌에 맞아 죽어 가며 한 말은 "주여, 이 죄를 그들에게 돌리지 마옵소서"였다.

만델라 대통령은 자랑스러운 감리교회의 세례교인이었으며 항상 교회와 함께 일하기를 원했다.

1994년 최초의 흑인 대통령으로 당선된 후에도 스위스 제네바에 있는 WCC(세계교회협의회) 본부를 첫 해외 방문지로 꼽았다. 그가 자랑스러운 것은 감리교도라서가 아니라, 그는 감옥에서도 믿음을 지켰고, 감옥을 나온 다음에도 믿음을 지켰는데, 상처의 후유증으로부터 완전히 해방되는 용서의 위대한 신비를 그가 알고 있었기 때문이다.

8-4
용서에 대한 통찰력

누구든 상처가 클수록 상대방을 용서하기가 쉽지 않다. 흔히 있을 수 있는 작은 사건이 아니라면 더욱 그렇다. 인격과 마음과 영혼에 상처를 받았다면 이미 그 마음엔 쓴 뿌리가 생겼을 것이고, 이 쓴 뿌리는 원망과 한, 그리고 비통과 복수심의 잔뿌리들을 마음속에 심었을 것이다. 그래서 자기에게 치명적인 상처를 준 사람들을 용서하기란 정말 쉽지 않다.

더욱이 상대방이 자기의 잘못을 뉘우쳐도 용서하기가 어려운데, 뉘우치기는커녕 의기양양한 모습을 보일 때면 용서할 마음이 아예 사라져 버린다. 이렇게 용서하기가 어려움에도 불구하고 **용서에 대한 몇 가지 통찰력**을 가지면 용서하기가 훨씬 쉬워진다.

첫 번째는, 용서는 무엇보다도 본인 자신을 위한 일이다.

용서는 상대방을 위해서 하는 것이 아니고 본인 자신을 위해서

하는 일임을 분명히 알아야 한다. 누군가를 미워하고 누군가에 대한 분노의 감정을 가지고 있으면, 고통을 당하는 사람은 용서해 줄 수가 없는 나쁜 가해자가 아니라 용서를 하지 못하는 자기 자신이다. 가슴이 답답하고 심장이 터질 것 같은 느낌이 올 수도 있고, 잠도 안 오고, 소화도 안 된다. 결국 나만 손해이다.

더욱 중요한 것은, 나에게 상처를 주어 나를 아프게 했던 사람들은 거의 대부분 자신의 잘못을 기억하지도 못한다는 점이다. 어떤 성도 한 분이 다른 분한테 마음 아픈 소리를 듣고 밤새도록 잠을 못 자고 있다가 새벽에 교회에 나가 기도하다가 깨달은 이야기가 있다.

'내게 상처 준 그 사람도 어젯밤 잠을 못 잤을까?'라는 생각이 갑자기 든 것이다. 그리고 보니 그 사람은 아무 일도 없었던 것처럼 잘 자고 나온 것이 아닌가.

그때 이분이 깨달은 사실이 있다. 상처를 준 사람들은 자신이 상처 준 줄도 모르는데, 우리는 그런 사람들을 용서하지 않으면 그들도 같은 고통을 당할 것이라고 오해를 한다는 것이다. 그래서 그냥 용서해 주기가 억울한 생각이 들고, 내가 용서를 안 해주고 오래 가지고 있으면 그 사람도 오래 고통을 당할 것 같지만 전혀 그렇지 않다. 용서하지 못하는 마음은 자기에게만 더 큰 상처를 입히게 되는 것이다.

그러므로 우리는 자신의 정신을 건강하게 하기 위해서, 또 내

주변의 사랑하는 남편과 아내 혹은 아이들을 위해서라도 반드시 용서해야 한다. 내가 용서하지 못하면 내게 상처를 준 사람이 피해를 보는 것이 아니라 주변의 사랑하는 사람들에게 피해가 고스란히 돌아가기 때문이다. 미소는 사라질 것이고 짜증과 신경질이 나도 모르게 튀어나올 것이기 때문이다.

그래서 예수님은 일흔 번씩 일곱 번이라도 용서하라고 하셨다. 490번만 용서하라는 뜻이 아니고, 저인망으로 작은 고기까지 몽땅 잡지 말고, 즉 작은 일에 트집 잡지 말고 아주 큰 그물망을 가져서 시시한 일은 그냥 내보내라는 것이다. 그래서 어떤 의미에서 큰 사람이란 야망이나 꿈이 큰 사람이 아니라 용서의 그물이 넓은 사람이라 할 수가 있다. 왜냐하면 욕심에서 나온 야망이라면 아무리 큰 꿈을 이루어도 졸부를 면할 수 없기 때문이다. 하지만 용서의 크기가 정말 큰 사람이라면 어디를 가든지 하나님의 영광을 드러내기 때문이다.

두 번째는, 나 역시 용서받은 죄인임을 먼저 기억해야 한다.

예수님은 일만 달란트나 되는 엄청난 부채를 탕감 받은 사람이 바로 당신이라고 말씀하신다. 이렇게 큰 빚을 탕감 받았으면서 100데나리온 빚진 사람을 용서하지 못한다면 주님은 나를 어떻게 보실까? 이 문제는 그냥 가볍게 여기지 말고 진심으로 묵상하며 다뤄야 하는 것이다.

세 번째는, 용서를 말로 시인하는 것은 매우 효과적이다.

용서란 '용서합니다'란 말로만 되는 것이 아니다. 왜냐하면 말로는 용서를 선포하지만 실제의 마음에선 용서가 안 될 수도 있고, 또한 말로는 하지 않지만 실제로는 용서가 이루어지기도 하기 때문이다. 그러나 말로 시인하는 것은 매우 중요하다. 자신의 결단을 의미하기 때문이다. 용서가 말로 되는 것은 아니지만 그럼에도 불구하고 말로 시인해야 하는 이유는 자신의 의사를 분명히 하는 것이기 때문이다.

안타까운 것은, 어떤 사람들은 "나는 용서 못해"라는 말을 함으로써 자가 최면에 걸리고 무의식 속에 넣어서 스스로 용서를 못 하는 쪽으로 확정하게 만든다. 그래서 용서를 못하는 분들을 보면 말로도 용서하기를 꺼려 하는 것을 볼 수 있다. 본인의 의지가 용서를 못하는 쪽으로 결정을 했기 때문이다. 하지만 이젠 말로 시인해야 한다. 용서하기가 어려워도 "그래, 내가 주님의 이름으로 용서한다"라고 선포해야 한다. '절대로 용서할 수 없다'는 고집을 버리고 이젠 말로 시인해야 한다.

네 번째는, 그를 위해 축복하라.

고린도전서 4장 12절에 보면 "모욕을 당한즉 축복하고"라고 되어 있다. 내가 축복한다고 다 이루어지고 내가 저주한다고 다 이루어지는 것이 아니지만, 우리의 기도를 하나님이 들으시고 판단하시기 때문이다. 즉 용서를 구하는 당신의 선한 태도를 하나님께 보여드리는 것이 용서하지 못하는 악한 모습을 보여드리는 것 보다 백배 좋은 일이기 때문이다. 하나님은 나의 태도를 보시고 내가 축복을 받을 사람인지 아닌지를 판단하신다. 즉 나의 중심과 마음의 상태에 관심을 가지고 계신다는 것이다. 그래서 우리가 우리에게 죄 지은 자를 용서하고 축복할 때 오히려 하나님은 우리를 먼저 축복하신다. 우선 용서란 관문을 통해 자기가 가지고 있는 영적 찌꺼기들을 모두 깨끗하게 씻겨주시기 때문이다.

마지막으로, 용서를 위해 진심으로 기도하는 것이 중요하다.

그러나 이 경우에 사실대로 기도하는 것이 중요하다.

"하나님, 도저히 용서할 수 없는 사람이지만 이젠 용서할 수 있는 힘을 주십시오. 사실은 아직도 화가 납니다. 그러나 이제는 용서하기를 원합니다. 용서의 능력을 주시고 미움과 증오로부터 해방시켜 주옵소서."

이런 기도를 진심으로 드리면 아마 당신도 정말 놀랄 것이다. 어느 순간 당신의 마음에 진정한 자유가 찾아올 것이기 때문이다.

8-5

용서의 적-무지

용서의 중요성이나 필요성에 대해서는 대부분의 사람들이 잘 알고 있지만, 진심으로 용서하고 그 사건이나 상처로부터 자유로워지는 것은 생각처럼 쉽지 않다. 왜냐하면 몸의 상처가 치유돼도 흉터가 남는 것처럼, 상처가 크면 클수록 억울함, 모욕감, 미움, 복수심, 분노와 같은 후유증의 독이 우리의 마음에 남아있기 때문이다. 그래서 때린 사람은 잊어버리기 쉽지만, 맞은 사람의 상처는 쉽게 아물지 않는 법이다.

그러나 용서를 하지 못하는 보다 근본적인 이유를 하나 꼽으라면 바로 무지를 꼽을 수 있는데, 그 무지란 용서하지 못하는 마음이 어떤 방향으로 발전을 하는지, 그 열매나 결과가 무엇인지를 전혀 인식하지 못하는 무지를 의미한다.

성경에 보면, 사도 바울은 옛사람과 새사람을 구분지어 말하면서 옛사람의 특징 중 한 가지가 '총명이 어두워진 무지함'(엡 4:18)이라고 말하는데, 그 무지함이란 올바른 지식과 지성에 대한 결여를 의미한다.

"저들의 죄를 용서하여 주옵소서. 저들이 하는 일을 알지 못 하나이다"라는 십자가상의 기도의 대상이 되었던 바리새인들처럼, 자기가 무슨 짓을 하는지를 전혀 모르는 무지를 말하는 것이다.

왜 사람들은 진정으로 용서를 하지 못할까?

여러 가지 이유가 있지만, 누군가를 용서하지 못하는 사람들의 무의식 속에는 만약 자기가 누군가를 진심으로 용서한다면 자신만 손해를 본다는 느낌을 갖기 때문이다. 잘못은 그 사람이 했는데 내가 용서를 하면 나만 바보가 되고 나만 억울한 상태로 남는다고 생각한다. 뿐만 아니라 내가 용서를 하지 않고 처절하게 비통해 하는 양만큼 그 사람도 고통스러울 거라는 무의식적 생각을 하게 되는데 이것은 완전한 착각이다.

한 개구쟁이 소년이 숲속을 지나다가 작은 돌멩이를 장난삼아 발로 찼는데, 그만 풀 속에 숨어 있던 개구리를 정통으로 맞혔다. 머리에 시퍼렇게 멍이 든 개구리가 엉엉 울면서 생각을 하니 너무나 억울했다. 아무리 생각해도 그 소년이 너무 괘씸했다.

"내가 뭘 잘못했단 말인가? 어떻게 나한테 이럴 수 있어? 전생에 무슨 원수가 졌다고?"

너무 억울해서 잠도 안 오고, 자다가도 그 생각만 하면 벌떡 일어나서 씩씩 거렸다.

개구리가 비통한 울분을 토하며 그 마음에 부글거리는 복수심으로 괴로워할 때, 그 개구리를 괴롭게 한 개구쟁이 소년도 같이 괴로워하면서 잠을 못 잤을까?
착각이다. 그 소년은 자기가 누군가에게 상처를 입힌 줄도 모르기 때문에 지금도 잘 먹고 잘 살고 있는 것이다.

요즘 '돌직구'라는 말이 유행처럼 번지고 있다. 그리고 실제로 '돌직구'를 날리는 사람들을 보면, 마치 상대방의 반응이나 기분은 전혀 배려하지 않고 거침없이 함부로 말하는 것을 잘하는 일로 착각하는 사람들처럼 보이기도 하는데, 이런 사람들이 요즘 갑자기 생겨난 것은 아니다.
이미 오래전부터 "나는 할 말은 해야 직성이 풀린다"는 사람들은 늘 있어 왔다.
상대방의 감정이나 상황보다 자기의 직성을 풀기 위해 날카로운 '돌직구'를 날린다. 그러면서 꼭 덧붙이는 말이 있다.
"그래도 나는 뒤끝은 없어."

이미 독화살을 날려서 앞 끝으로 상대방을 다 죽게 한 바로 그 사람은 아무런 뒤끝도 없이, 즉 아무런 느낌이나 반성도 없이 사라져 갔는데, 독화살에 찔린 사람은 그 상처를 부여안고 증오와 한으로 얼룩진 비통의 시간을 보낸다. 마치 그렇게 많이 아파해야 독화살을 날린 사람도 똑같이 고통스러워할 것이고, 그래야 내가 덜 억울할 것처럼 착각을 하는데, 미안하지만 상처를 준 사람은 당신이 아파하리라고는 상상도 못하는 것이다. 그리고 누군가가 아파하는 것에 대해 미안해 할 사람이라면 당신에게 그렇게 하지도 않았을 것이다.

 일흔 번씩 일곱 번이라도 용서하라는 주님의 말씀은 상대방을 위해 용서하라는 말이 아니다. 바로 나를 위해 용서하라는 것이다. 짧은 인생 속에서 상처받은 것도 억울한데, 그 상처에 대한 울분이 무슨 보물이나 되는 것처럼 바보처럼 끌어안고 살지 말라는 말이다.
 그래서 누구든지 이러한 어리석은 무지에서 벗어나 용서와 해방의 상관관계를 바로 이해할 수만 있다면, 인생의 남은 시간들을 자유와 벗하며 살게 될 것이다.

8-6
용서가 진짜 안 된다면

　용서에 대한 필요성이나 중요성을 잘 알기 때문에 용서를 하려고 해도 잘 안 된다는 분들이 가끔 있다. 실제로 누군가를 진심으로 용서하는 것은 쉬운 일이 아니다. 용서는 말로 하는 것이 아니며 마음으로 하는 것이기 때문이다. 단순히 미워하지 않는 것을 넘어서, 그 사람에게 생기는 불행을 기뻐하는 대신 연민의 정으로 바라볼 수 있는 단계가 되어야 진정한 용서라고 볼 수 있기 때문이다.

　"당신들은 두려워하지 마소서 내가 당신들과 당신들의 자녀를 기르리이다 하고 그들을 간곡한 말로 위로하였더라"(창 50:21)는 요셉의 용서를 보면, 고통을 준 사람들에게 복수하기는커녕, 혹은 '그들의 불행이 나의 기쁨'이라고 즐기는 것이 아니라, 그들의 처지를 진심으로 염려하며 최선을 다해 돌보는 데까지 이르게 된다.

흔히 누군가를 용서하지 못하는 사람들의 이유를 들어보면, 대부분 용서해야 할 상대방의 죄와 허물이 너무도 크고 악하기 때문이라고 말한다. 나한테 준 피해 혹은 고통의 양이 너무나도 크기 때문에 도저히 용서를 할 수 없다는 것이다. 그리고 그 말은 어느 정도 사실이다. 큰 상처를 받았을수록 용서하기가 쉽지 않기 때문이다.

그러나 꼭 상대의 허물이 너무 커서만 용서가 안 되는 것일까? 다른 이유는 없는 것일까?

혹시 내 마음이 너무 작거나 이기적이라서, 아니면 무의식 가운데 용서하지 않기로 마음을 굳게 먹어서, 아니면 내 마음이 굳어져서 그런 것은 아닐까?

우리는 '너 자신을 알라'라는 말을 들으면, 소크라테스를 생각한다. 그런데 '너 자신을 알라'라고 먼저 강조한 사람은 소크라테스에게 스승과도 같았던 고대철학의 아버지 탈레스였다. 그 헬라 철학의 시조라고 불리는 탈레스에게 누군가가 물었다.

"이 세상에서 가장 어려운 일이 무엇입니까?"

그는 대답하기를 "자기를 아는 일"이라고 대답했다.

그러면 또 "가장 쉬운 일은 무엇입니까?"라고 물었더니 "남을 충고하는 일"이라고 대답했다.

지식 중에 가장 중요한 지식이 자기를 아는 것이라면, 우리는 사도 바울 앞에 무릎을 꿇어야 한다. 한때 사도 바울은 자기가 최고인 줄 알았다. 이름도 위대한 사람을 뜻하는 '사울'이었으니까. 하지만 예수님을 진정으로 만난 후에는 자기에 대한 관점이 달라졌다. 자신을 보는 눈이 열린 것이다. 그래서 '작은 자'라는 뜻의 '바울'로 이름부터 바꾼다.

완벽주의자 성향을 가진 바울이 빌립보서 3장 12절에서 "나는 완전하지 못한 자"(I am not perfect)라고 스스로 고백을 한다.
로마서 7장 24절에서는 "나는 곤고한 사람"(I am wretched man)이라고 고백을 하는데, 'wretched'라는 말은 너무도 야비하고 비열해서 초라하고 불쌍한 사람이라는 뜻이다.

시간적인 변화를 생각해 보면, 처음에는 자신을 '사도 중에 가장 작은 자'(고전 15:9)라고 불렀다. 작은 자이긴 하지만 자기를 베드로와 같은 사도 레벨로 본 것이다.
하지만 에베소서에 보면 사도는 고사하고 "모든 성도 중에 지극히 작은 자보다 더 작은 나"(엡 3:8)라고 한 단계 더 내려온다.

이제는 사도 중에서가 아니고 예수를 믿는 모든 성도 중에서 가장 작은 자라는 고백이다. 거기서도 끝나지 않는다. 로마 감옥에서 죽기 직전에 쓴 유언장과 같은 디모데전서에서는 "죄인 중에 내가 괴수니라"(딤전 1:15)라고 썼다.

내가 사람을 10명이나 죽였는데 1명 죽인 살인범의 얼굴에 침을 뱉을 수 있는가? 일만 달란트를 사기 쳤는데 오백 데나리온 사기 친 사람을 감옥에 넣을 수 있는가?

결국 바울은 죽기 전에 자신을 배신했던 마가를 용서한다.

자기가 더 큰 죄인임을 깨달았기 때문이다.

예전엔 마가가 용서가 안 되어 진정한 동역자 바나바와도 심히 다투고 갈라섰지만(행 15:38), 이제 보니 다 부질 없는 일이었다. 그래서 디모데가 로마 감옥에 면회를 올 때, 이전에 용서하지 못했던 마가도 함께 데리고 오라고 부탁을 한다(딤후 4:11).

간음한 여인을 보면서, 그 여인과 나와의 차이가 단순히 '걸리고 안 걸리고'의 차이라는 것을 알지 못하면 결국 돌을 던지게 된다. 미워하는 것도 성경이 살인죄로 규정했다면 간음죄와 살인죄 중 어떤 죄가 더 클까? 상처가 너무 커서 용서가 안 되는 것이 아니고, 혹시 내가 나를 아는 지식에 무지하고, 내 마음이 너무 악하기 때문은 아닐까?

8-7
정말로 용서하기 원한다면

한번은 베드로가 주님께 물었다.

"형제가 내게 죄를 범하면 몇 번이나 용서하여 줄까요?"

그러면서 '이 정도면 많이 용서하는 것이 아닙니까?'라는 마음으로 "한 일곱 번 정도 하면 됩니까?"라고 여쭈었다.

그런데 주님께서는 전혀 다른 말씀을 하셨다.

일곱 번뿐 아니라 일곱 번을 일흔 번까지라도 용서하라는 것이었다. 주님의 말씀은 횟수로 따져서 490번만 용서하라는 것이 아니었다.

횟수와 관계없이 나를 위해 용서하며 살라는 말씀이고, 죄의 무겁고 가벼움은 물론, 내가 받은 상처의 많고 적음과도 관계없이 평생 용서하며 살라는 말씀이다. 아니 오히려 상처가 크면 클수록 악한 후유증이 더 많기 때문에 진짜 용서는 큰 상처일수록 더욱 필요하지 않을까?

더 중요한 것은, 용서가 안 되는 상처가 정말 있다면, 어차피 불가능한 용서를 실천해 보겠다고 고생하지 말고 그냥 상처를 안고 살라고 하셨을 텐데, 상처의 종류에 관계없이 그냥 도토리 세듯이 490번이라고 쉽게 말씀하신 것은, 상처는 다 거기서 거기니까 네가 마음만 먹으면 모든 상처는 용서가 가능하다는 의미라고 해석할 수도 있는 것이다.

하지만 용서의 의미를 알고, 용서의 필요성을 절감하고, 심지어 용서하려고 나름대로 노력을 한다고 자동적으로 용서가 되는 것은 아니다. 더 나아가서 하나님의 말씀에 순종해서 용서를 해 보려고 하지만, 용서는 논리의 문제가 아니라 가슴의 문제이기 때문에, 의도적 노력만으로는 감정의 찌깨기가 사라지지 않는다는 것이 우리의 고민인 것이다.

실제로, 한국 건강보험심사 평가원에 의하면 심한 상처나 스트레스, 그리고 대인관계나 사회적 부적응 증상, 즉 소위 화병으로 진료를 받은 화병 환자의 수가 2011년 11만 5,000명, 2012년 12만 1,000명, 2013년 11만 명 등으로 지난 3년간 연평균 11만 5,000명이었다.

남성 환자 수 4만 5,000명에 비해 여성 환자의 수는 7만 명으로 더 많았으며, 주로 4-50대 중년층 환자들이 가장 많았고, 이들은 항우울제, 신경안정제 등의 약물치료를 받고 있었다.

이렇게 화병으로 고생하는 사람들이 가지고 있는 공통점은, 자기들도 그 화병을 준 사람들을 용서하고 자기들도 화병에서 벗어나고 싶은데, 용서가 잘 안 된다는 것이다.

하지만 정말로 누군가를 용서하기 원한다면 방법이 전혀 없는 것은 아니다. 아주 확실한 방법이 하나 있기는 하다. 그것은 용서가 안 되는 사람을 억지로 용서하려고 하면서 자신의 마음을 광야로 내몰기 전에, 용서가 안 되는 그를 위하여 진정으로 축복하며 기도하는 것이다. 이 방법이 용서의 특효약이라는 것은 미국 오하이오 주립대학의 연구팀들에 의해 발견이 되었는데, 이런 내용은 미국 〈폭스뉴스〉와 영국 일간 〈데일리 메일〉 등에 의해 대중에게 전달이 되었다.

오하이오 대학의 연구팀은 대학생들을 대상으로 남을 위해 기도하면 부정적인 감정이 줄고 안정을 찾는 효과가 있는 것을 발견했다. 이 연구팀은 증오, 우울감, 긴장, 피로, 스트레스, 상처 등의 이유로 크게 분노하고 있는 학생들 중에서 임의로 선정한 사람들에게 죽어 가는 암환자 스토리가 실린 신문기사를 보여주고, 그 환자들을 위해 진심으로 기도하거나 그에 대해 염려하는 시간을 갖게 했다. 그런 다음 그들의 감정을 다시 측정한 결과 남을 위해 기도한 사람들은 그렇지 않은 사람들보다 분노지수가 현격하게 줄어든 것을 발견한 것이다.

특히 이 연구팀을 이끈 브래드 부시먼 교수는 "누군가를 위해 기도할 때 공격성과 분노의 감정이 치유될 수 있다"며 기도가 실제의 감정 치유에 효과가 있다는 것인데, 그에 의하면 증오하는 사람을 위해 기도하면 그 사람을 용서하기가 한결 수월해진다는 것이다.

하지만, 이렇게 기도를 통해 용서에 이르는 원리는 이미 주님께서 우리에게 말씀해 주셨다.

"나는 너희에게 이르노니 너희 원수를 사랑하며 너희를 박해하는 자를 위하여 기도하라"(마 5:44).

그뿐 만이 아니다. 그냥 기도가 아니라 그 영혼을 위해 진심으로 축복하라는 것이다.

"너희를 저주하는 자를 위하여 축복하며 너희를 모욕하는 자를 위하여 기도하라"(눅 6:28).

중요한 것은 우리에게 '정말로 용서할 마음이 있는가?'라는 것이다. 그리고 누군가를 정말 용서할 마음이 있다면 억지로라도 기도부터 시작할 일이다. 진심으로 그를 위하여….

제 9 장

눈물과 치유

9-1
눈물의 신비와 치유

역사적으로 보면 눈물에 속은 사람들이 꽤 있는 것 같다.

도스토예프스키는 "여자의 눈물에 속지 말라"고 했고, 소크라테스는 "여자의 눈물을 믿지 말라"고 했다. 키에르케고르도 "눈물만큼 빨리 마르는 것은 없다"고 눈물을 부정적으로 말했지만, 셰익스피어만큼은 아니었다. 셰익스피어는 '햄릿', '오셀로', 그리고 '안토니와 클레오파트라'라는 자신이 쓴 희곡에서 모두 '악어의 눈물'이라는 말을 대사로 인용한다.

악어는 사람과는 달리 코 안으로 내려보내는 눈물관이 없어서 모든 눈물은 눈 밖으로 나올 수밖에 없는데, 특히 먹이를 먹기 위해 입을 크게 벌리는 순간 눈물샘을 건드리게 되어 눈물이 밖으로 흐른다. 이런 과학적 사실을 전혀 몰랐던 로마의 역사학자 플리니우스는 이 '악어의 눈물'을 참회와 사죄의 눈물로 해석했다.

이집트 나일강에 사는 악어가 사람을 잡아먹은 후에 참회의 눈물을 흘리는 것으로 설명을 했는데, 플리니우스의 해석은 틀린 것이었다.

'악어의 눈물'은 참회나 사죄의 눈물이 아니다. 그것은 생리학적인 반사작용일 뿐이다. 의학용어에도 얼굴신경 마비의 후유증으로 나타나는 '악어 눈물 증후군'(crocodile tears syndrome)이 있다. 환자들의 침샘과 눈물샘의 신경이 뒤얽혀 마치 악어가 먹이를 먹을 때처럼 침과 눈물을 함께 흘린다는 뜻에서 이런 이름이 붙었다.

어쨌든 악어는 누군가를 잡아먹는 크고 잔인한 이빨과 눈물을 동시에 보일 수가 있어서 위선적인 거짓 눈물을 상징하는 불미스러운 명성 '악어의 눈물'이라는 이름을 갖게 된다.

사람에게도 이런 생리적인 눈물이 있다.
아픔을 느낄 때, 구토가 날 때, 크게 웃거나 하품을 할 때, 이물질이 들어갔을 때, 마늘이나 양파의 매운 냄새가 날 때도 눈물샘은 자극을 받는다. 그래서 원치 않지만 눈물이 흐른다.

눈물을 성분으로 따지자면, 수분이 90%, 식염이 7%, 단백질 2%, 점액소 1%이다. 눈물은 눈을 보호하고 청결을 유지하기 위해 각막과 결막을 항상 적셔서 이물질을 씻어냄과 동시에 각막상피에 포도당과 산소 등 영양을 공급한다. 그래서 눈물이 전혀 없다면 눈을 깜빡이는 데도 불편을 느끼게 되고 반드시 인공눈물을 들고 다녀야 한다.

그런데 프랑스 과학자 '드마르셍'은 눈물의 성분이 항상 같지 않다는 것을 증명해 냈다. 즉 감동을 받고 흘리는 뜨거운 눈물은 단백질과 카테콜라민이 증가하기 때문에 보통 눈물보다 덜 짜고 꽃 냄새가 나는 것을 발견하였다. 반대로 심한 울분이나 분노 혹은 억울해서 흘리는 눈물은 교감신경 흥분으로 수분은 적어지고 염분이 증가하기 때문에 바닷물보다도 더 짜고 고약한 냄새가 난다는 흥미로운 사실을 발견한 것이다.

미국의 생화학자 윌리엄 프레이(W. H. Frey) 박사는 위에서 설명한 생리학적 눈물 말고 감정의 희로애락에 의해 흘리는 감정의 눈물에는 스트레스에 의해 분비되는 부신피질호르몬(ACTH)이 함유되어 있기 때문에, 눈물을 통해 체내에 생긴 스트레스 물질이 배출된다는 것을 입증했다. 즉 울고 싶을 때 마음껏 울어야 체내의 스트레스가 사라지고, 여러 가지 감정을 씻어낼 수 있다. 하지만 울어야 할 때 울지 않고 계속 참으면 스트레스가 계속 쌓이고 결국 스트레스성 질환에 걸릴 확률이 높아지게 되는 것이다.

M. T. 구리포 박사도 이에 동조하고 나섰다.
설문을 조사한 결과 병든 사람들보다 건강한 사람이 훨씬 많이 운다는 것이다.
비가 와야 무지개가 생기는 것처럼 눈물이 흘러야 그 영혼에도 아름다운 무지개가 생길 수 있다. 기본적으로 강퍅 혹은 완악한 마음에는 눈물이 흐를 수 없기 때문이다. 중요한 것은 뜨거운 눈물을 흘리지 않고는 경험할 수 없는 진정한 평온함이 존재한다는 것이다.

그래서 누군가를 불쌍히 여기며 흘리는 긍휼의 눈물, 같은 처지에 있는 사람을 보고 흘리는 공감의 눈물, 사랑의 감격으로 흘리는 연민의 눈물, 자신의 죄를 진정으로 뉘우치며 통곡하는 회개의 눈물, 자신의 상처와 아픔을 토해내는 치유의 눈물을 통해 상한 마음이 씻겨지고 정화되며, 그 영혼이 맑아지는 것이다.

예수님도 이 땅에 계실 때 세 번 뜨거운 눈물을 흘리셨다. 그리고 담담히 모든 것을 내려놓고 십자가로 가셨다.

9-2
용서의 눈물

"눈물 젖은 빵을 먹어보지 않은 사람과는 인생을 논하지 말라. 인생의 참맛을 모르기 때문이다."

괴테가 한 말이다. 굶주림의 고통을 받고 있을 때 간신히 손에 넣은 단 한 조각의 빵을 눈물을 흘리면서 먹는 그런 비통한 경험을 해본 적이 없다면 진정한 인생에 대해 알 수 없다는 뜻이다.

눈물이란 무엇인가?

생물학적으로는 눈물샘에서 분비되는 액체이고, 문학적으로 표현한다면 볼테르가 말한 것처럼 "목소리가 없는 슬픔의 언어"이다. 일반적으로 눈물은 힘들고 어려울 때, 억울하고 슬플 때, 가장 처절하고 고통스러울 때 흘리게 되는데 요셉의 경우는 사뭇 다르다.

그가 애굽으로 팔려갈 때나 노예 생활 중에, 혹은 누명을 쓰고 감옥으로 끌려 들어갈 때가 그의 인생에서 가장 처절한 비극의 순간이었는데, 성경에 보면 요셉은 이렇게 힘들고 어려울 때 눈물을 흘렸다는 기록이 전혀 없다.

오히려 모든 고통이 지나고 행복이 왔을 때, 삶의 성공이 오고 모든 사람이 부러워하는 자리에 올랐을 때 울기 시작한다. 그런데 조금 우는 것이 아니라 마치 누군가 눈물의 수도꼭지를 틀어 놓은 것처럼, 국무총리가 된 이후에 모두 6번을 울게 된다.

첫 번째 눈물은, 양식을 사기 위해 애굽으로 온 형들을 처음 만났을 때다.

"요셉이 그들을 떠나가서 울고 다시 돌아와서 그들과 말하다가 그들 중에서 시므온을 끌어내어 그들의 눈 앞에서 결박하고"(창 42:24).

반갑기도 하고, 놀랍기도 하고, 서운하기도 한 복잡한 감정으로 요셉은 형들을 정탐꾼이라고 야단을 친다. 그러자 제일 큰형 르우벤이 요셉에게 못할 짓을 해서 우리가 벌을 받는 것이라는 말을 할 때, 잊어버렸던 옛날의 상처가 기억이 나서 방에 들어가 아무도 몰래 엉엉 울었다.

두 번째 눈물은, 베냐민을 만났을 때 흘렸다.

"요셉이 아우를 사랑하는 마음이 복받쳐 급히 울 곳을 찾아 안방으로 들어가서 울고"(창 43:30).

두 번째 양식을 사러온 형들의 일행 속에 베냐민이 함께 온 것이다. 보고 싶은 어머니 라헬이 낳은 자신의 친동생 베냐민을 보는 순간, 그 정을 억제하지 못하고 방으로 급히 들어가 실컷 울고는, 울지 않은 것처럼 세수하고 나왔다.

세 번째 눈물은, 베냐민의 자루에 은잔을 넣고 배은망덕한 사람이니 애굽의 종이 되어야 한다고 말하면서 형제지간의 정을 확인할 때였다.

"요셉이 큰 소리로 우니 애굽 사람에게 들리며 바로의 궁중에 들리더라"(창 45:2).

그런데 모든 형들이 베냐민은 진짜 안 된다고 대신 자기들이 남겠다고 진심으로 애원을 한다. 형제애를 확인한 요셉이 결국은 견디지 못하고 자기가 요셉이라며 신분을 밝히고 '방성대곡'을 했다.

얼마나 서러웠고 사무쳤으면 방성대곡을 했을까?
당신은 언제 방성대곡을 해 보았나?

네 번째 눈물은, 어린 시절에 헤어졌던 늙으신 아버지를 고센까지 마중을 나가서 만났을 때였다.

"요셉이 그의 수레를 갖추고 고센으로 올라가서 그의 아버지 이스라

엘을 맞으며 그에게 보이고 그의 목을 어긋맞춰 안고 얼마 동안 울매"(창 46:29).

색동저고리를 입혀 주셨던 아버지, 지금은 130세가 되어 다 늙으신 아버지를 끌어안고 그리움에 사무쳐서 눈물을 쏟아낸다. 한국어 성경의 '얼마 동안 울매'의 NIV 번역은 'and wept for a long time'이다. 그러니까 한번 울고 끝난 것이 아니다. 아주 길게 울었다는 뜻이다.

다섯 번째 눈물은, 아버지 야곱의 장례식 때 흘렸다.

요셉이 그의 아버지 얼굴에 구푸려 울며 입맞추고 그 수종 드는 의원에게 명하여 아버지의 몸을 향으로 처리하게 하매 의원이 이스라엘에게 그대로 하되'(창 50:1-2).

한 많은 아버지의 인생을 생각하며, 그 아버지의 장례를 치르며 또 한없이 운다. 여기까지는 모두 이해가 된다.

하지만 **마지막 여섯 번째 눈물은,** 피보다 진했다.

40일을 애곡하는 아버지의 장례식이 끝났고, 아버지 죽음에 대한 슬픔도 어느 정도 가셨는데 형들이 단체로 요셉을 찾아왔다. 그리고 요셉을 향한 아버지의 특별 유언을 전하며 용서를 빌었다.

"너희는 이같이 요셉에게 이르라 네 형들이 네게 악을 행하였을지라도 이제 바라건대 그들의 허물과 죄를 용서하라 하셨나니 당신 아버지의 하나님의 종들인 우리 죄를 이제 용서하소서 하매"(창 50:17a).

복수를 두려워한 형들은 아버지의 이름을 빌어서 요셉에게 용서를 구했다. 아버지의 얼굴을 봐서라도 자기들을 용서해 달라고 요청을 한 것이다. 이미 형들과 애굽에서 몇 년을 함께 살았으니 이제와서 용서 이야기를 꺼낼 필요가 없을 것 같았지만 형들의 생각은 달랐다. 노예와 죄수로 학대받고 살았던 인생의 쓰라린 고통과 슬픔은 결코 망각되지 않는다는 것을 형들은 알고 있었기 때문이다.

그래서 요셉에게 와서 충심으로 용서를 빌었는데, 그 말을 들은 요셉이 아무 말도 하지 않는다. 대신 또 운다. 요셉의 두 뺨에 아무도 모르게 십수 년 동안 참아왔던 서러움의 눈물이 흘러내렸다.

"요셉이 그들이 그에게 하는 말을 들을 때에 울었더라"(창 50:17b).

악을 행하고 용서를 구하는 사람들은 눈물을 흘리지 않는데, 오히려 그 악행의 처절한 피해자였던 사람이 뜨거운 눈물을 흘린 후에 형들에게 걱정하지 말라며 오히려 위로한다.

이것이 바로 용서의 눈물이고, 용서하기로 스스로에게 결심하는 눈물이고, 용서하면서 자신의 상처를 깨끗이 씻어내는 뜨거운 눈물이며, 상처의 앙금과 그 후유증까지 모두 걷어내는 치유의 눈물이다.

그리고 요셉의 눈물은 끝이 난다. 복수의 칼날도 없다. 다만 애굽 땅에 새로운 사역이 시작된다.

이 뜨거운 용서의 눈물을 통해 우리는 치명적인 인생의 상처를 어떻게 치유하고 어떻게 건강한 삶으로 회복할 수 있는지를 배우게 되는 것이다.

9-3
영화 보고 울은 이야기

상처와 한으로 얼룩진 괴팍한 노인을 만나보려면 관객 수 1,000만 명을 훌쩍 넘긴 한국영화 〈국제시장〉을 보면 된다.

주인공인 덕수 할아버지는 부산 국제시장에 조그만 가게를 하나 가지고 있는데, 그 이름이 매우 촌스럽다. 6.25때 일찍 월남한 고모가 운영하던 가게였는데, 그 이름이 '꽃분이네'다. 고모로부터 그 가게를 물려받아 운영하는 덕수는, 주변의 다른 가게들이 시대의 흐름에 맞게 상호를 현대식으로 바꿔 달 때도 여전히 촌스러운 이름 '꽃분이네'를 고집한다. 전쟁 후에 태어나 현대식 교육을 받고 자란 자녀들은 '꽃분이네'가 도대체 뭐냐며 창피하다고 아버지에게 항의를 하지만 아버지는 초지일관 그 이름에 집착한다.

또한, 조국 한국이 근대화의 물결을 타고 재래시장의 재개발이 한창일 때, 아니 시장통의 모든 상인들이 재개발을 원할 때, 오히려 직원들의 얼굴을 함부로 때리고, 소리를 지르며 행패를 부리는 비상식적 고집쟁이 할아버지였다.

자식들이 잠시 여행을 떠나면서 돌보아 달라고 맡기고 간 어린 손녀에게 아이들 동요를 가르치는 대신 "눈보라가 휘날리는 바람 찬 흥남부두에"라는 유행가 '굳세어라 금순아'를 가르쳐 부르게 해서 그 자녀들을 기겁하게 만든 덕수 할아버지는 괴팍한 노인임에 틀림없다.

그런데 그 노인이 나를 울렸다. 아내에게 들킬까 봐 눈물을 훔치지 못했지만 몇 번인가 뜨거운 눈물이 볼을 타고 흘러내렸다. 영화의 주제가 괴팍한 늙은이가 아니라 상처와 아픔, 그리고 고통과 슬픔이었는데 거기다가 치유까지 담고 있었기 때문이다.

중공군이 흥남시를 점령해서 미군들과 함께 후퇴를 하는 장면에서부터 영화는 시작된다. 아버지는 짐이 너무 많아서 어린 여동생을 소년 덕수에게 맡겼는데, 후퇴하는 배에 결사적으로 매달려 타고 보니 등에 있어야 할 동생이 없어진 것이다. 결국 아버지는 어린 여동생을 찾기 위해 배에서 내리게 되는데 그것이 아버지와의 마지막 생이별이었다.

전쟁의 아비규환 속에서 아버지는 덕수에게 소리친다. 아버지가 없으면 큰 아들이 가장인 거라고. 부산에 가서 '꽃분이네' 고모 가게를 찾으라고, 나도 뒤따라 갈 거라고….

이후의 이야기는 한국 역사의 흔적을 다루었다.

아버지 없고 가난한 아들 덕수가 가족을 먹여 살리기 위해 서독의 광부로 가는 이야기, 나중에 월남을 갔다가 부상을 당해 평생을 불편하게 걷는 이야기, 그러는 중에 민족의 한이 되었던 남북 이산가족 상봉의 뒷이야기들이 전개된다.

내가 눈물을 흘렸던 것은 서독 광부들과 간호사들의 이야기를 다룰 때였다. 서독으로 간 간호사들은 백의의 천사 아름다운 나이팅게일이 아니라, 서독 간호사들이 하지 않는, 즉 시체를 닦는 일처럼 어려운 일들을 많이 했다. 서독의 광부들도 그야말로 열악한 상황에서 가장 힘든 일을 해낸 것이다.

그들의 모습 속에서 미국에서 함께 고생했던, 아니 지금도 하고 있는 이민교회 성도들이 생각이 났다. 밤 11시에 들어와서 새벽 4시에 잠을 깨려면, 엉금엉금 기어서 찬물 가득한 욕조에 머리를 박아야 했다는, 그렇게 10년째 살고 있는 Y집사, K집사 생각도 났다.

두 번째는, 이산가족 찾기 생방송을 통해서 덕수의 동생을 찾는 장면에서 울었다. 마치 요셉이 다 늙으신 아버지 야곱을 만날 때, 고센까지 마중나가 아버지를 끌어안고 우는 모습으로 비춰졌다. 미국에 살면서, 한국에서 부모님이 돌아가셨어도 영주권이 없는 불법체류 신분이라 아버지 장례식에 가지 못하고, 대신 교회에 와서 한없이 울고 갔던 또 다른 L집사, A집사 생각도 났다.

그러나 무엇보다도 민족의 아픈 세월을 고스란히 온 몸으로 감당해온 덕수의 처절한 몸부림이 스스로 불쌍해서 덕수 할아버지가 목놓아 울 때 나도 따라 울었다.
그 나이에 영화보고 우느냐고 놀리는 분도 있을지 모르겠지만, 덕수만큼 아픈 시절이 있었던 내게는 덕수의 눈물이 남의 눈물처럼 생각이 되지 않았고, 또 뜨거운 감동의 눈물을 흘렸을 때만 찾아오는 후련함과 편안함이 한동안 여운으로 남아 있었다.

그런데, 과연 나만 그랬을까?
아마도 상처와 한으로 얼룩진 괴팍한 노인, 덕수 할아버지가 연륜과 체통을 벗어던지고 한 인간으로 돌아가서 엉엉 우는 장면에서 함께 운 관객이 있었다면 그가 누구였든지 영화관을 나설 때는 한결 시원하고 가벼워진 느낌이었을 것이다. 왜냐하면, 덕수 할아버지의 눈물을 이해하는 사람들은 그와 비슷한 상처가 있었을 것이며 덕수 할아버지가 울 때 함께 따라 운 사람들은 덕수 할아버지처럼 그 눈물을 통해서 마음의 찌꺼기들이 흘러나왔다고 볼 수 있기 때문이다. 그래서 눈물은 마음을 치유하는 특효약일 수도 있는 것이다.

9-4
요셉과 덕수의 눈물

누구든 내적치유에 관심이 있는 분들에게 추천하고 싶은 영화가 몇 개 있는데, 옛날 영화로는 〈Shine〉이라는 외국 영화이며 최근 것으로는 〈국제시장〉이다. 영화 〈국제시장〉을 만든 감독이나 배우들을 개인적으로는 알지 못하지만, 내적치유 전문가들이 의도적으로 만들었어도 이보다 치유를 잘 묘사하기가 쉽지는 않았을 거라는 생각이 들었다.

첫째는, 마음에 치명적 상처가 있는 사람은 괴팍한 성격으로 발전할 가능성이 높은데, 영화의 주인공 덕수가 그랬다.

덕수는 자기가 잃어버린 동생을 찾기 위해 간신히 올라탄 배에서 내려야 했고, 그것 때문에 월남하지 못한 아버지에 대한 상처 때문에, 모두가 원하는 재개발도 무식하게 반대하고 모두가 부끄러워하는 촌스러운 가게 이름 '꽃분이네'를 고집한다.

못 오실 아버지인 것은 알지만, 혹시라도 찾아오실 때에 이름이 달라져 있으면 만날 방법이 없기 때문에 괴팍하게 보이는 것을 알면서도 고집을 꺾지 않는다.

둘째는, 마지막 순간에 흘리는 눈물을 치유의 눈물로 묘사했는데, 내적치유의 관점에서 볼 때는 충분히 가능성이 있는 설정이었다.

자녀들이 함께 모여 파티를 하면서 어린 손녀가 노래를 부르는데 자기가 가르친 '굳세어라 금순아'를 부른다. 애한테 도대체 무슨 짓을 한거냐며 단체로 핀잔을 하는 자식들을 뒤로 하고 혼자 골방으로 들어간다.

그리고는 엉엉 운다.

이제는 먹고 살만한 행복한 가족들을 보면서, 그러나 힘에 넘치게 고생을 했던 과거를 돌아보면서, 자기 때문에 오지 못한 아버지를 생각하면서, 아무도 이해하지 못하는 외로움과 서러움을 토해내면서 슬피 우는데, 영상은 그의 어린 시절로 돌아간다.

그리고 아버지가 환상 중에 나타나서 어린 소년 덕수를 감싸 안는다.

"덕수야, 수고했다. 너는 정말 잘한 거야."

그러자 어린 덕수가 아버지 품에 안겨 몸부림치며 운다.

"아버지, 정말 너무너무 힘들었어요. 나 정말 힘들었어요."

평생에 한 번도 못해본 말이었다.

내적치유에는 '슬픔 드러내기'라는 과정이 있다.

그 과정은 예전에 얼마나 아팠는가를 기억하라는 것이 아니고, 타임머신을 타고 되돌아가 상처를 받은 현장에서 내리고, 그 때에 미처 다 토해내지 못한 그 슬픔을 눈물과 함께 모두 쏟아낼 때 치유가 된다고 보는데, 그 영화가 그랬다.

다 늙은 노인을 어린 시절로 돌아가게 한 것이다. 다 늙은 노인이 눈물을 흘리는데, 그 눈물은 노인의 눈물이 아니다. 따뜻한 아버지의 품속에서 마냥 슬픔을 토해내는 어린아이의 눈물이었다.

평생을 죄의식 속에 살게 하고, 그래서 보상심리로 자신을 던져 희생해온 모든 상처를 그 상처가 시작된 어린 시절로 되돌려 보냈고, 결국 아버지의 위로의 품에서 늙은 아이 덕수는 치유된다.

셋째는, 치유된 사람들에게서 나타나는 온화한 성품이 덕수에게도 나타난다.

혼자서 엉엉 울고 난 다음날, 덕수는 사랑하는 아내에게 말한다. 이제는 상호도 바꾸고, 가게도 팔라고. 아버지가 못 오실 거라고. 자기가 늙어 죽을 때가 되었으니 아버지 못 오시는 것 이미 알았지만 상처로 인한 아집이 그것을 붙들고 있었다. 하지만 상처가 씻겼으니 더 이상 붙들 필요가 없어진 것이다. 아집과 고집이 무너지는 순간이고 괴팍에서 해방되는 순간이었다. 울고 나면, 아니 치유되면 순화되기 때문이다.

요셉도 그랬다.

마지막 여섯 번째 용서의 뜨거운 울음을 울고 난 요셉은 오히려 형들을 간절한 말로 위로한다. '간절'이라는 태도는 죄를 지은 형들이 보여야 하는데, 오히려 실컷 울고 난 요셉에게 복수라는 완악함 대신 온유함이 나타난 것이다. 진정한 온유는 상처가 없기 때문에 나오는 것이 아니라 진정으로 치유된 심령에서 나타나는 것이다.

내적치유와 이 영화의 다른 점은, 이 영화에서는 아버지가 찾아와서 덕수를 품에 안고 위로하지만, 내적치유에서는 그 역할을 성령님께 의뢰한다는 것이다. 그리고 실제로 성령께서 그 일을 행하신다고 상상해 보라. 어떤 결과가 나타날 것인가?

성령께서 아빠 하나님(갈 4:6)의 모습으로 찾아오셔서서 우리를 만져주시는 것이다. 성령님의 기름 부으심이 그 심령에 넘쳐흐를 때, 평생 가지고 있던 뿌리 깊은 아픔과 상처를 어루만지실 때, 특히 상처의 현장으로 돌아간 자리에서 주님이 품에 안으실 때, 늙은 아이 덕수처럼 엉엉 울게 된다. 그렇게 모든 것을 토해내면 삶이 변할 수 있다. 순화되기 때문이다. 결국 버릴 것 버리고, 끊을 것 끊고, 결단할 것 결단하고, 용서할 것 용서하고 새로운 삶을 살 수 있게 되는 것이다. 덕수처럼….

제 10 장

아무도 모르는
내면의 아픔

10-1

내면적인 아픔

　인간의 삶에 고통을 가지고 오는 요소들은 언제나 외부로부터만 오는 것은 아니다. 즉 모든 실패나 상처 혹은 아픔과 슬픔의 근본적인 원인이 다른 사람에게만 있는 것이 아니라 바로 나 자신에게도 있을 수가 있는데, 이러한 슬픔을 내면적인 아픔이라고 부른다.
　이 내면적인 아픔이란 마치 유산한 여인의 아픔과도 매우 흡사하다. 왜냐하면 유산이란 자신의 태중에서 어린 생명이 죽는 것인데, 이러한 비극이 바로 자신의 내면, 즉 자신의 몸속에서 일어나기 때문이다.

　여기에서 말하는 유산이란, 임신을 했지만 아이를 낳지 않기 위해 의도적으로 하는 낙태수술을 말하는 것이 아니다. 이것은 3대 독자 며느리가 모두가 바라는 가운데서 아이를 임신했거나, 혹은 임신을 해서 할아버지, 할머니, 주변 친지들, 그리고 남편, 특히 본인이 너무너무 좋아했는데 불행하게도 낙태가 아닌 유산이 된 경우를 의미한다.

유산을 하게 된 이유는 여러 가지가 있을 수 있다. 체질적으로 몸이 약했던지 아니면 몸에 병이 있을 수도 있다. 무얼 잘못 먹었거나 얼음판에서 실수로 넘어졌을 수도 있다. 운동이나 일을 너무 과하게 했거나 돌부리에 걸려 다쳤을 수도 있고, 교통사고가 원인일 수도 있다. 어쨌든 중요한 것은 유산의 이유가 다른 사람들에게 있는 것이 아니라 자신의 부족이나 부주의 혹은 실수인 경우를 의미한다.

아이를 간절히 원했지만 불행하게도 유산이 되어 슬퍼하는 산모처럼, 특별한 아픔이나 고통의 순간이 찾아와 그의 삶을 송두리째 흔들 때, 우리는 이것을 삶의 위기라고 부르는데 정신의학자 캐플란(Gerald Caplan)은 이러한 **삶의 위기를 두 가지로 나누어서 설명**한다.

첫째는, 단계적 위기로서 출생, 용변훈련, 사춘기, 객지 생활, 취업적응, 사회구조적응, 결혼적응, 임신과 출산, 중년적응, 부모사망, 갱년기, 은퇴, 배우자의 죽음, 친구들의 죽음, 자신의 죽음 등으로 거의 모든 사람들의 삶 속에 단계적, 그리고 필수적으로 일어나는 위기들을 의미한다.

둘째는, 우발적 위기인데 연령이나 성별에 관계없이 일어날 수 있는 일로 지위와 존경의 상실, 사업의 실패, 우연한 사고나 질병, 정신질환, 신체장애, 홍수나 지진 같은 자연재해, 전쟁이나 기근 같은 사회적 재난, 원치 않는 임신 등을 의미한다.

또한 단계적인 위기극복이 중요한 이유는, 한 번의 위기에서 실패하면 그 다음 단계들도 순탄치 못한 경우가 많기 때문이다. 또 우발적 위기를 감당하기 어려운 이유는, 우발적 위기는 언제나 예기치 못한 순간에 아무런 경고도 없이 일어나서 어떤 대책이나 준비 없이 위기를 만나기 때문이다. 중요한 것은, 이러한 삶의 위기들은 고도의 긴장과 정서적인 위험을 수반하게 되고, 따라서 그 사람의 심리적, 신체적, 영적, 그리고 대인관계나 성격에까지 치명적인 영향을 주게 되는 것이다.

또한 사랑하는 자녀를 유산했을 때처럼 삶의 위기의 순간을 지날 때에 경험하게 되는 슬픔과 아픔은 당사자가 아니면 그 고통의 깊이를 이해할 수가 없는데, 더욱 중요한 것은 유산이 꼭 임신되어져 있는 자녀에게만 국한되는 것이 아니라는 것이다. 행복도 유산이 될 수 있고, 모든 인생을 걸고 자신을 던졌던 삶의 소중한 꿈과 소망도 모두 유산이 되어 훨훨 날아갈 수 있다는 것이 문제이다.

예를 들면, 요셉처럼 아무리 좋은 꿈을 꾸었다 해도 현실적으로는 이집트로 팔려가야 하는 꿈의 유산도 있을 수 있는데, 이렇게 삶의 의미를 송두리째 잃어버릴 수 있는 영적인 유산의 경우를 우리는 너무도 쉽게 찾아볼 수 있다. 조상으로부터 물려받은 선산을 팔고 은행 빚까지 얻어서 시작한 사업이 망했다면, 혹은 사랑하는 남편을 믿고 모든 것을 바쳐 결혼했는데 그 남편으로부터 버림을 받았다면, 혹은 재수는 필수고 삼수는 선택이라지만 사수까지 했는데 결국 대학문턱에도 못 가봤다면, 마치 유산한 여인이 경험하게 되는 고통과 흡사한 내면적인 아픔을 당할 수밖에 없기 때문에, 우리는 이러한 경우를 영적인 유산이라고 부르는 것이다.

문제는 이 영적인 유산의 아픔이 생각보다 훨씬 심각한 고통을 초래한다는 점이다. 한국에 경제 위기 IMF가 왔을 때, 그래서 감봉이나 감원, 구조조정, 명퇴, 조퇴 등의 이름으로 사람들이 평생 직장에서 실직을 당했을 때, 즉 평생 쌓아올린 꿈이 허물어질 때 하루에도 수백 명씩 자살한 것만 생각해봐도, 이 영적 유산으로 오는 아픔들이 얼마나 심각한지를 알 수 있는 것이다.

하지만 이렇게 영적인 유산으로 인해 고통 중에 있는 사람들을 도울 수 있는 통로도 있다. 예를 들면 유산한 여인이 어떤 내면의 슬픔을 경험하게 되는지, 그리고 또 어떤 과정을 거쳐서 회복이 될 수 있는지를 연구하면 우리는 자기 인생에서 영적인 유산을 한 사람들, 즉 모든 꿈을 상실하고 모든 것을 잃었다고 생각하는 사람들의 아픔을 객관적으로 이해할 수 있는 안목이 생기며, 따라서 그 아픔으로부터 해방될 수 있도록 도울 수 있는 통로도 발견할 수 있기 때문이다.

10-2
내면적인 아픔과 상실감

유산한 여인의 아픔을 이해하는 것은 사람들이 가지고 있는 내면의 아픔을 이해하는 데 큰 도움이 된다. 산모의 불찰로 일어나는 유산은 다른 사람에게 책임을 물을 수도 없거니와 그 책임과 아픔을 자기 자신이 고스란히 감당할 수밖에 없기 때문에 다른 데 가서 하소연도 할 수 없는 내면적 고통을 감수해야 하는 것이다.

중요한 것은 유산이란 자녀에게만 국한되는 것이 아니고 인생의 모든 중요한 영역에서 일어날 수 있다는 것이다.

말하자면 정말 중요하다고 생각했던 것들, 인생을 바쳐 투자했던 삶의 목표들, 자신의 젊음과 능력과 시간과 재물을 다 동원하여 이루고 싶었던 인생의 꿈 등 많은 영역에서 유산을 경험할 수가 있는데, 이렇게 영적 유산을 경험하게 될 때 찾아오는 첫 번째 아픔은 바로 '상실감'(feelings of loss)이라고 볼 수 있다.

유산을 당한 산모의 입장에서 보면, 비록 눈으로 본 적은 없지만 아주 중요한 것을 잊어버린 것이다. 더욱이 그 아이는 탯줄을 통해 어머니의 신체와 깊이 연결되어 있었으므로, 비록 얼굴을 보지는 못했을지라도 생생한 현실이었기 때문에, 마치 손이나 팔이 잘려 나간 것처럼 신체의 일부가 상실된 것과 같은 아픔을 갖게 되는 것이다.

같은 의미에서, 우리의 인생 가운데 자신의 진정한 희망과 꿈이 상실되었을 때도 상실감으로부터 오는 내면적 아픔에 시달리게 되는데, 중요한 것은 이러한 상처가 치유되지 못하면 바로 그 사건이 인생의 방향을 부정적으로 휘게 만드는 전환점이 되기도 한다는 것이다. 마치 소나무 분재의 어떤 가지처럼 꺾어져 휘게 되는데, 분재는 휘어도 운치가 있지만 인생은 그렇지 않을 수 있다.

예를 들면, 진학시험에서 실패했거나 혹은 사업이나 가정생활에서 실패했더라도 얼마든지 재도전해서 좋은 열매를 얻을 수도 있을 터인데, 상실감이 지나치게 커서 자기를 용서하지 못하거나 인생을 조소하는 쪽으로 고착이 되어 버리면 거기가 인생의 막다른 골목이 되기도 하는 것이다.

남자에게 치명적인 배신 즉 상처를 당한 경험 때문에 '모든 남자는 도둑놈'이라는 선입견을 가지면, 평생을 혼자 살 터인데 문제는 거기서 끝나지 않는다.

혼자 사는 아빠나 엄마에게 익숙해져 있는 자녀는 자신도 모르게 가정에 대한 잘못된 고정관념이 생긴다.

가정이 행복하기 위해선 가족 간의 희생, 사랑, 헌신, 더 나아가 양보와 책임 등의 모든 요소가 있어야 행복할 수 있지만, 그러한 것을 보지 못하고 자라난 자녀들에겐 오히려 그러한 분위기가 부담이 될 수도 있는 것이다. 그래서 이혼한 부모의 자녀들의 이혼율이 월등히 높아지게 되는 것이다.

그러나 우리가 알아야 할 중요한 사실이 있다.
한 자녀의 유산이 인생의 유산은 아니라는 것이다. 즉 한 번의 실패가 인생의 실패가 아니라는 뜻이다. 그것은 그저 단 한 번의 유산일 뿐이기 때문에, 다시 용기를 가지고 또 다른 아이에 대한 계획을 세우고 도전을 하는 것이다. 다시 한 번 생명과 씨앗을 잉태하는 것이다. 이전보다 철저히 준비해서 또다시 꿈을 꾸고 희망을 설계하는 것이다.

요셉이 보여주는 인생의 행로가 바로 그런 경우였다.
그에겐 하늘의 해도 달도 별들도 자기에게 절하는 위대한 꿈이 있었지만, 형제들에게 배신을 당함으로 그 꿈들은 산산이 부서져 내렸다.
성공에 대한, 인생에 대한 큰 꿈이 있었지만 오히려 애굽의 천박한 노예로, 또 강간미수범이란 죄수의 신분으로 전락했을 때 자신의 인생이 송두리째 무너지는 좌절감과 허무감의 아픔을 느꼈을 것이다.

형들을 애굽에서 만난 후 폭포수처럼 눈물을 흘리는 요셉, 성경의 표현대로 방성대곡하는 요셉을 보면, 물론 다시 일어나서 성공은 했지만 좌절과 상실의 순간에 그가 느꼈던 아픔의 정도를 가늠해 볼 수 있게 한다.

그러나 그는 실패의 현장 애굽에서, 비록 신분은 노예였지만 자신의 삶을 다시 추스르기 시작했다. 물론 하나님을 진짜 의지하고 말이다. 그리고는 모든 배신과 상실감의 상처를 딛고 우뚝 서서 애굽의 총리가 되었다. 한 번의 실패가 인생의 실패가 아닌 것을 삶으로 보여주고 있는 것이다.

처절하게 실패했던 삶의 자리로 돌아가는 또 다른 멋진 사람이 있다. 이전엔 실패했지만, 이번엔 정말 해 볼만 했기 때문이다

"모세가 그의 아내와 아들들을 나귀에 태우고 애굽으로 돌아가는데 모세가 하나님의 지팡이를 손에 잡았더라"(출 4:20).

믿음의 지팡이라는 새로운 무기를 들고 돌아갔다. 그리고 이겼다.

10-3
내면적인 아픔과 슬픔

사람들이 가지고 있는 내면적인 아픔은 유산한 여인의 아픔과 유사하기 때문에 유산한 여인의 심리상태를 조명해 보는 것이 도움이 될 수 있는데, 유산한 여인이 마음에 느끼는 또 다른 감정은 슬픔(feelings of grief)이다.

이 슬픔이 특이한 것은, 한 생명이 죽어 갔지만 장례식도 치를 수 없는 아픔이며, 더욱이 함께 슬퍼할 사람도 없고 공개적으로 드러낼 수도 없는 아픔이라는 것이다.

특히 살아있던 사람이라면 사진이나 추억거리라도 있겠지만 아이에 대한 기억은 아무것도 없는데, 주변 사람들은 "그럴 수도 있다. 잊어버려라"고 위로한다. 하지만 무엇을 잊어버리겠는가? 아기의 얼굴조차 본 적이 없는데. 그래서 무엇을 잃어버렸는지조차 모르는 아픔, 즉 고독 속에 숨겨져 있는 슬픔을 지니게 되는 것이다.

차라리 장례식이라도 있었으면, 주변 사람들과 함께 공개적으로 슬퍼하고 위로를 받으면서 그 아픔을 훌훌털어 내고 다시 출발할 수도 있겠지만, 아픔을 공개적으로 처리할 수 있는 장례식의 기회조차 없다는 것이 문제의 핵심이다. 심지어는 아픈 내색조차 하지 못하는 경우도 많다. 시부모나 남편으로부터 '유산한 주제에 뭘 잘했다고 그래'라는 편잔을 들을까 두려워 마음껏 울지도 못하는 것이다.

일반적으로 모든 죽음에는 슬픔이 동반되지만, 어떤 죽음은 슬픔과 함께 감사의 마음이 생기는 죽음도 있다. 부모가 건강하게 장수하다가 고통 없이 돌아가시고 장례까지 잘 치르게 되면 사람들은 호상이라고 부른다. 좋은 장례라는 뜻이다.

그러나 어떤 죽음은 우리가 생각하는 것보다 훨씬 아프고 고통스러운 죽음들도 있는데, 예를 들면 죽음의 시기가 적절치 못할 때이다. 세월호의 사고처럼 어린 자녀들이 죽는다든지, 아니면 출세가도를 달리던 사람이 갑자기 사망을 하게 되면 남아 있는 가족들이 느끼는 슬픔은 더욱 커지는 된다. 또한 죽음의 양상이 비극적일 때, 즉 자살이나 과실치사 혹은 전쟁처럼 자연사가 아닌 모든 죽음은 더욱 큰 슬픔을 느끼게 한다.

그런데 또 한 가지 아주 중요한 슬픔이 있다.

시신을 찾지 못해서 죽은 자에 대한 장례를 치루지 못할 때이다. 이럴 경우 그 슬픔이 평생에 한으로 남게 된다. 기본적으로 장례란 돌아가신 분을 자연으로 돌려보내는 존엄한 작업이다. 동시에 남아 있는 사람들이 마음껏 슬퍼하도록 돕는 역할도 너무 중요하다. 슬픔을 토해내야 치유가 되기 때문이다.

하지만 아이의 유산에는 장례식이 없다는 것이다.

그래서 평생 남모르는 슬픔이나 죄책감 혹은 무의식적인 불안감을 느끼며 살게 되는데, 문제는 영적인 유산도 마찬가지라는 것이다.

예를 들면 평생 쌓은 직장에서 해고가 된다든지 중요한 시험에서 낙방을 한다든지 아니면 모든 것을 투자한 사업에서 실패를 한다든지, 신체의 일부가 사고로 잘려나가거나 아니면 아예 태어나면서부터 불구의 몸으로 태어나는 경우, 건강의 상실, 이혼, 심지어 애완동물의 죽음에 이르기까지 우리의 삶속에는 극단적인 슬픔을 경험하게 되는 것이 널려 있는 것이다.

그러나 중요한 것은, 이러한 슬픔에 매여 있는 한 더 이상의 성숙은 없다는 것이다. 그러면 어떻게 해야 하는가?

대답은 아주 간단하다.

주님과 함께 다시 시작하는 것이다. 실패한 그 자리로 돌아가서 다시 꿈을 꾸고 다시 시작하는 것이다.

어릴 때 강에서 수영을 하다가 물에 빠져서 구사일생으로 살아난 친구가 있었다. 모두들 그 친구는 절대로 다시는 수영을 안 할 것이라고 생각했었다. 그런데 사람들의 예상을 깨고 바로 그 다음 날 또 강에서 수영을 했는데, 지금 그 친구는 단순히 수영만 즐기는 것이 아니라 스쿠버 다이빙까지 즐기는 건강한 사람이 되었다.

만약 그 친구가 물에 빠져 죽을 뻔한 경험을 이겨내지 못하고 다시는 물에 들어가지 않았다면, 그는 평생토록 수영을 통해 얻을 수 있는 그 많은 기쁨을 절대로 누리지 못했을 것이다. 물 근처에도 안 간다는 당신 주변의 누구처럼….

어떤 사람들은 다시는 성가대, 교사, 속회, 선교회 등의 교회 봉사를 안하는 경우도 있다. 마음이 상했거나 상처를 받은 것이다. 그러나 바로 그 실패의 현장에서 다시 시작해야 한다. 상처와 포기에 매여 있는 한 더 이상의 축복은 없기 때문이다.

하지만 건강한 사람은 다르다. 유산을 했더라도 용기를 가지고 다른 아이를 또 임신하기 때문이다. 즉 일곱 번 넘어져도 또 일어나기 때문이다.

"대저 의인은 일곱 번 넘어질지라도 다시 일어나려니와 악인은 재앙으로 말미암아 엎드러지느니라"(잠 24:16).

10-4
내면적인 아픔과 죄책감

　외부로부터 주어지는 아픔이 아니라 자기 내면에서 스스로 만들어지는 내면적인 아픔을 이해하는 좋은 방법 중 하나가 유산한 여인의 아픔을 이해하는 것인데, 유산한 여인들이 느끼는 또 다른 아픔은 바로 죄책감이다.

　유산한 여인들이 죄책감에 시달리는 이유는, 우선 태속에서 죽은 아이에 대해 미안한 마음을 느끼기 때문이다. 단순히 물건을 부서뜨린 것이 아니라, 태아의 생명과 삶을 송두리째 망쳤으니 죽어버린 아이에게 왜 미안한 생각이 들지 않겠는가? 또한 자기의 임신을 기뻐하고 아이를 진심으로 기다렸던 남편에 대해서도 더욱 미안하고 부끄러운 생각이 들 것이다.
　거기다가 보통 사람들이라면 당연히 해내는 일을 나만 못했다는 자격지심일 수도 있고, 엄마로서 책임을 다하지 못했다는 열등감일 수도 있는 것이다.

그런데 이러한 죄책감은 단순히 유산한 여인에게만 있는 것이 아니다. 인생에서 가지고 있었던 꿈과 희망을 잃어버린 사람들의 많은 경우가 이러한 종류의 죄책감을 갖게 되는데, 이러한 죄책감의 상처를 근본적으로 치유하지 못할 때 가장 많이 찾아오는 현상이 자포자기 혹은 자학이다.

한 번의 실수가 인생 자체의 실수가 아님에도 불구하고 어떤 치명적인 실패, 즉 영적 유산을 반복하게 되면 자신을 무가치한 존재로 인식할 뿐만 아니라 자기 스스로를 학대하게 되는 것이다.

예를 들면, '나 같은 놈이 그러면 그렇지. 내가 무슨 대단한 사람이라고'라고 생각할 수도 있고, 더 나아가서 '어차피 버린 몸이니까 아주 망가져도 싸다'라고 생각을 하게 되는데, 이런 케이스는 몸을 파는 직업여성들에게서 흔히 보게 되는 현상이다.

그리고 이러한 일들이 자연스러운 과정으로 흘러가는 이유는 영적 유산, 즉 결정적 실패와 절망의 원인이 자기 자신이라고 생각하기 때문에, 자기 스스로를 학대 즉 벌을 줌으로써 마음속의 죄책감을 지워버리고자 하기 때문이다. 하지만, 자신을 학대하면 학대할수록 자신의 자아는 더욱 파괴될 것이며, '기왕 이렇게 된 것, 갈 데까지 가보자'라고 생각하여 돌아오기 어려운 길을 끝까지 가게 되는 것이다.

또 한 가지 중요한 것은, 이러한 내면적인 죄책감이 작용하는 경우, 이 죄책감을 해결하기 위해 선택하는 또 다른 현상은 약물을 사용하게 된다는 것이다.

　미국에서는 마약이 가장 많이 사용되지만, 한국에서는 마약을 구입하기가 어렵기 때문에 술이나 담배를 많이 사용하게 된다. 특히 술은 구하기도 쉽고 효과가 금방 나타나기 때문에 가장 많이 사용된다. 즉 술을 마시면 금방 취하게 되어 정상적인 사고체계가 무너지게 되고, 동시에 무거운 죄책감도 사라지게 되는 것이다.

　그래서 자신을 조절하던 에고로서의 이성은 점점 마비가 되고, 이드에 해당하는 본능, 즉 긴장을 해소하고 쾌락을 추구하고자 하는 본능적인 감성은 활발하게 작용하게 되는 것이다. 그리고 이런 일이 반복되면, 습관이 되고 생활패턴이 되면서 결국은 중독에까지 이르게 되는 것이다.

　식사할 때도 반주를 먹어야 하고, 잠들기 전에도 먹어야 하고, 술을 먹지 않는 날이 거의 없을 정도로 술을 먹지만, 술을 먹을 수 없는 형편이 되면 한동안 술을 안 먹을 수도 있다. 그래서 자신은 술에 중독이 되지 않았다고 생각을 하는 것이다.

　하지만 조금만 감정의 상처가 생겨도 또 술을 찾게 될 것이고, 술에 의존해서 마음을 달래게 될 것이다. 결국 이런 과정을 거치면서 무능력자가 되고, 아주 중요한 4-50대를 그냥 흘려보내기도 하는 것이다.

어떤 사람은 아예 죄를 짓기 위해서 술을 마시는 경우도 있다. 제정신으로는 양심의 가책이 되어서 도저히 하지 못할 일들을 술의 힘을 빌려서 하고자 하는 경우이다. 그러나 이런 일이 반복되면 결국 자신의 신실성은 파괴되고 거짓 가면만 남게 되는 것이다.

그렇기 때문에 비록 자신의 실수로 인해 인생에서 아주 중요한 일을 그르치고 실패했다고 해도, 즉 영적인 유산을 경험해서 한순간 절망에 빠졌다고 해도 그 한 번의 유산을 인생의 유산과 동일시하지 않는 것이 너무도 중요하다. 바람에 흔들리지 않고 예쁘게 피는 꽃이 세상 어디에 있겠는가?

그래서 도종환 시인은 '흔들리며 피는 꽃'이라는 시에서 "이 세상 그 어떤 아름다운 꽃들도 다 흔들리며 피었나니"라고 말한다. 그런데 흔들리는 정도가 아니다. 그 다음 소절을 보면 "젖지 않고 피는 꽃이 어디 있으랴. 이 세상 그 어떤 빛나는 꽃들도 다 젖으며 젖으며 피었나니, 바람과 비에 젖으며 꽃잎 따뜻하게 피웠나니"라고 노래한다. 그래서 흔들리는 것은 실패가 아니다. 오히려 나무는 태풍에 흔들릴 때 뿌리를 더 깊게 내린다.

10-5

내면적인 아픔과 두려움

    타인이나 환경에 의해 내게 주어지는 외부로부터 오는 아픔이 아니라 자기 스스로 만들어내는 마음의 아픔 중의 한 가지는 바로 실패에 대한 두려움이다. 왜냐하면 유산한 여인은 '나는 엄마, 혹은 아내로서 실패한 사람'이라는 생각을 하게 되기 때문이다.

    물론 별로 중요하지 않은 일에 실패하는 것은 큰 영향을 주지 못하지만, 문제는 인생의 진로를 결정하는 일이거나 혹은 삶의 목표, 꿈, 간절한 소원 등 자신의 인생에서 아주 중요하다고 느끼는 일들에 있어서 실패할 경우, 특히 이런 종류의 극단적 실패를 반복해서 경험하게 되면, 아예 자기 자신의 인생을 실패한 인생으로 규정하는 실패자 의식을 갖게 되는 것이다.

    그래서 그때부터 자신도 모르게 자기를 비하하는 합리화가 시작된다.

즉 내 주제에 이 정도면 족하다는 것이다. 나 같은 실패자가 어떻게 큰일을 이룰 수 있겠는가를 반문하면서, 이젠 인생의 꿈이나 삶의 목표 혹은 가치관과 관계없이 단순히 생존에 매달리는 삶을 살아가게 되는 것이다.

몸의 길이가 2-4mm밖에 안 되는 벼룩은 자신의 키보다 약 200배까지 점프할 수 있다는 것에 대해서는 별로 이의가 없다. 보통 30cm 높이까지 점프할 수 있는 벼룩을 작은 병에 넣고 10cm 높이의 뚜껑을 닫아놓으면 당연히 벼룩이가 점프할 때마다 충격을 받게 된다. 그렇게 얼마동안 가두어 놓으면 뚜껑을 벗겨내도 벼룩은 10cm 이상 뛰지를 않게 된다. 반복되는 실패를 통해서 자기의 한계가 거기까지라는 거짓된 자의식에 길들여진 것이다.

결정적 실패를 통하여 인생의 실패자 의식을 갖고 살던 사람 중에 모세가 있다. 당대 최고의 나라 애굽은 모세의 고향이었는데, 그것도 공주의 아들로서 모든 부귀영화를 누리며 살았다. 그러다 철이 들면서 조국과 민족을 생각하게 되었는데, 준비되지 못한 애국심 때문에 애굽 사람을 쳐서 죽이게 되었고, 결국 배은망덕한 사람이 되어 광야로 도망을 간다.

40세에 도망을 해서 80세가 되도록 모세를 짓누르는 자의식은 모두 5가지였다. 살인자, 배신자, 도망자, 실패자, 그리고 무슨 꿈이나 이상 혹은 사명이나 가치를 추구할 만한 인생이 전혀 아닌

무가치한 자였다.

　이것이 한번 스치고 지나가는 생각이 아니고, 정말 모세는 자기를 그렇게 인식을 했다.

　그래서 하나님이 다시 애굽으로 가서 하나님의 백성을 구원하라고 말씀하실 때, 모세는 몇 번이나 자기는 그런 그릇이 아니라고 거절을 하는데, 겸손을 가장해서 하는 말이 아니었다. 하나님께서 화를 내실 정도로 자기는 자격이 없다고 고집을 부린 것이다.

　모세처럼 실패에 적응하면서 꿈을 버리고 사는 사람들을 만나는 일은 그렇게 어려운 일이 아니다.

　한번은 한국에서 이름을 대면 알만한 한 대형교회 목사가 미국에서 목회하는 신학교 동창친구들을 만난 이야기를 글로 쓴 적이 있었는데, 친구들을 만나서 좋았다는 이야기가 아니었다.

　신학교 학생일 때는 세계를 가슴에 품고, 비전과 열정으로 가득 찼던 친구들이 그 꿈과 비전을 다 잃어버린 채, 아무런 희망도 없이 자조하며 목회하는 친구들로 변해버린 것을 보며 슬퍼했던 글이었다.

　온몸으로 충격을 경험하면서 점프의 높이를 낮게 조절한 벼룩처럼, 이민목회의 아픔을 온 몸으로 경험하면서, 자기의 높았던 이상과 꿈을 포기하고 현실에 적응되어 버린 친구들을 보며 슬퍼했던 것이다.

이런 사람들이 이민교회에만 있는 것은 아니다.

한국이건 이민교회이건 선교현장이건, 아니면 일반직장이건 이런 사람들을 만나는 것은 별로 어려운 일이 아니다.

그러나 하나님의 시각은 전혀 다르시다는 것을 알 필요가 있다.

이스라엘 백성이 가나안에 입성하려면 반드시 광야를 거쳐 가야 하는데, 그 일을 과연 누구에게 맡기시겠는가?

광야에서 40년을 보내면서 광야의 구석구석을 꿰뚫고 있는 모세보다 더 적격자가 있을까?

광야의 변화무쌍한 기후와 환경에 대처하는 방법, 뱀과 전갈을 피하는 방법에 대해서 모세보다 더 잘 아는 사람이 있을까?

모세는 자기를 실패자로 인식했지만, 하나님은 모세를 광야에서 40년을 버티며 살아남은 광야 전문가로 보고 계시는 것이다.

그러므로 자라 보고 놀랐다고해서 솥뚜껑 보고 놀라지 말고, 자라와 솥뚜껑은 구별해야 한다. 과거에 실패했다고 비통하게 앉아 있지 말고 다시 일어나 애굽으로 가야 한다. 내려놨던 지팡이를 다시 부여잡고….

10-6
내면적인 아픔과 불신감

　내면적 아픔에서 비롯된 부정적 성격 중의 또 하나는 바로 불신감이다. 이 불신감이란 한번 유산을 경험한 여인이 그 아픔을 딛고 다시 임신했을 때 나타나는 증상인데, 다시 또 유산을 경험하게 될까 봐 자신은 물론 자신에게 가까이 오는 사람들을 조심시키기 위해 간섭이나 잔소리로 나타나게 되는 것이다.

　예를 들면, 만약 누군가가 와서 갑자기 부딪치게 되면 또 다른 유산을 경험할 수밖에 없기 때문에, 주변의 모든 사람들은 신뢰의 대상이기보다 또 다른 아픔을 만들 가능성을 지닌 믿을 수 없는 대상으로 인식이 되는 것이다.
　그래서 유산의 상처를 딛고 간신히 또 임신을 한 여인에게 아이들이 갑자기 뛰어들거나 혹은 주변 사람이 갑자기 나타나게 되면, 당장 손 사래를 치며 "조심해 조심"이라고 외치게 되는 것이다.
　이렇게 다른 사람들이나 환경을 통제하려는 것은 그 사람이 교만하거나 나빠서가 아니라 그 사람의 상처 때문일 수가 있으며, 또 다른 상처를 미연에 방지하려는 무의식적 행동일 수가 있는 것이다. 중요한 것은 이러한 증세가 육체적 유산은 물론 인생의 모든 영역에서 실패를 가지고 온 영적 유산을 경험한 사람들에게서 흔히 나타나는 성격적인 증세라는 것이다.

특히 목회 현장으로 들어가 보면, 이러한 일들을 쉽게 경험할 수 있는데, 자기의 삶에서 성공적인 길을 걸으며, 사회에서의 자기 역할이 분명하고 사람들에게 존경 받는 교인들 중에는 목회자를 힘들게 하는 사람들이 거의 없다. 반면에 자신의 삶에서 치명적인 실패를 경험하고, 스스로 자기 삶에 만족하지 못하는 사람들 가운데 목회를 간섭하려 하고 목회자를 힘들게 하는 경우가 많은 것을 볼 수 있는 것이다. 즉 세상에서는 전혀 특별하지 않은 사람이 교회에 와서 큰 소리를 내는 일은 교회마다 흔히 볼 수 있는 풍경이다.

한 이민교회 목사는 자신의 목회가 마치 둘이 함께 탈 수 있는 2인용 자전거를 타고 가파른 언덕길을 오르는 것과 같았다고 하소연한 적이 있었다. 목사가 앞에 타고, 그 교회의 중직인 교인이 뒤에 앉아서 함께 페달을 밟고 높은 언덕을 오르는 것을 목회로 본 것이다.

이 목사가 언덕꼭대기를 향해 열심히 페달을 밟고 있는데, 이상하게 자전거가 언덕 위로 올라가지를 않았다. 젖 먹던 힘까지 다해서 페달을 밟아도 여전히 자전거는 움직이지 않았다. 너무도 기진맥진하여 뒤를 돌아보니까, 뒤에 탄 그 교인이 페달을 밟는 대신에 브레이크를 꽉 밟고 있는 것이 아닌가?

너무도 놀라고 화가 난 목사가 물었다.

"아니 장로님! 같이 페달을 밟아야 위로 올라 갈 텐데 왜 브레이크를 밟고 있습니까?"

이때 그 교인의 대답이 걸작이었다.

"위로 올라가는 것은 좋은데 만약 위로 못 올라가면 뒤로 굴러 낭떠러지로 떨어지지 않겠습니까? 그러니 최소한도 굴러 떨어지지 않도록 내가 브레이크를 밟고 있는 것입니다."

브레이크를 결사적으로 밟고 있는 이 교인은 인생의 다른 언덕에서 치명적으로 굴러 떨어진 경험이 있었던 것이다. 그리고 그 결과가 얼마나 참혹하고 비통한지를 알고 있었다. 그래서 교회 일이 잘못되지 않도록 매사에 간섭하고, 꼼꼼하게 따지고, 늘 잘못된 것을 바로잡는 비판적인 시각, 즉 부정적인 시각으로 바라보니 목회가 얼마나 힘들었겠는가?

노인들의 잔소리도 같은 맥락에서 이해할 수 있다.

평생토록 얼마나 많이 낭패를 보았겠는가? 당연히 실패를 막기 위한 통제가 시작되는데 그것이 바로 잔소리이다.

"칼질을 왜 그렇게 하느냐, 차 조심해라, 물건을 왜 거기에 두느냐?" 등등.

 중요한 것은, 이러한 잔소리가 상대방에게 고통을 주려는 나쁜 의도에서 시작되는 것이 아니라 다시 태어난 아기나 가족에게, 또 다른 죽음 즉 실패의 아픔이 올까 봐 모든 것을 미연에 방지하기 위한 노력일 뿐이라는 것이다.

 하지만 누구든지 실패에서 오는 불신감이 있는 사람이라면, 무언가 잘못된 것을 바로잡아야 할, 즉 실패를 미연에 방지하기 위한 보초병으로서의 사명을 빨리 내려놓아야 한다. 그렇지 않으면 실패의 고통으로 가득 찬 무의식에 이끌려서, 자기도 모르게 사사건건 간섭하거나 따지는 사람이 되고, 실패할 경우를 대비하는 일에 자신의 생각과 힘을 모두 써서, 좋은 의도와 관계없이 모든 사람을 불행하게 만드는 트러블 메이커가 될 수도 있기 때문이다.

10-7
내면적인 아픔과 우울증

내면적인 아픔으로 인해 만들어지는 중요한 증상 중 하나는 우울증이다. 아이를 잉태해서 기뻐했던 산모에게 만약 유산이 되었다면, 우울한 감정이 찾아오는 것은 당연한 일이기 때문이다. 마찬가지로 누군가의 꿈이 유산이 되면, 즉 삶에 대한 중요한 계획이나 정열을 가지고 추구했던 일들이 실패로 돌아가게 되면 기쁨은 사라지고 대신 슬픔이 찾아오는데, 이 슬픔은 혼자 오지 않는다. 언제나 우울한 분위기를 동반한다.

또한 태아의 유산뿐만이 아니라 모든 종류의 죽음은 우리를 슬프게 만든다. 그러나 그 죽음을 인정하고 그 죽음을 정리하는 장례식을 성대히 치르게 되면, 그 장례의 과정을 통해서 모든 아픔을 토해낼 수도 있다. 그러므로 장례식은 죽은 자를 위한 예식이 아니고, 산 자를 위한 치유의 예식이 될 수도 있기 때문에, 효과적인 치유와 함께 치러진 장례식을 우리는 호상이라고 부르는 것이다.

 그러나 문제는 그 죽음을 인정하지 못하고 부정하게 되면 그 후유증이 오래 가게 된다. 말하자면 '열심히 살아보려고 노력하는 나에게 어떻게 이런 일이 일어날 수 있는가?'라고 생각하면서 자신의 아픔을 현실로 받아들여서 정리가 되지 못하면 그때부턴 우울증에 시달리게 된다.
 그렇기 때문에 원인에 상관없이 모든 슬픔이나 아픔은 억눌려지지 말고 토해내는 것이 중요하다. 만약 그렇지 못하면 상처가 곪듯이 마음이 곪아서 자신의 이성이나 의지로 자신의 마음이나 삶을 조절하지 못하는 병적인 우울증에 빠지게 되는 것이다.

 이러한 우울증의 초기 증상으로는 우선 감정의 기복이 심하게 된다. 당연히 우울하고 슬프고 스스로 불행한 사람이라는 느낌을 갖게 되고, 작은 자극에도 눈물이 먼저 흐른다. 감정적으로도 아주 약한 사람이 되어서 자신감이 없어지고, 사람들을 만나는 것이 두려워지게 되기 때문에 자연히 사람들이 모이는 곳을 피하게 된다.

 정신적인 변화도 나타나는데, 가장 보편적인 것은 자신이 쓸모없는 사람이라는 극단적인 열등감에 빠지게 되며, 스스로를 비하하거나 비관하게 된다. 이전에 잘한 일도 별로 잘한 것 같지 않고 자기는 아무짝에도 쓸모없는 사람이라는 생각이 들게 되는 것이다.

당연히 비관적이 되면서 자살의 유혹이 시작된다. 그냥 사는 것 자체가 너무 힘들다고 느껴지기 때문에 그냥 인생을 끝내고 싶은 유혹을 받게 되는 것이다.

행동에도 변화가 나타나게 된다.

우선 자신의 외모에 대해 무관심해진다. 어차피 정신집중이 되지 않기 때문에 삶 자체도 게을러지기 시작하고, 무언가 해보아야겠다는 의욕도 사라진다. 흥미 있는 일이 없어지고 모든 것이 귀찮게 느껴지기 때문이다. 삶이 무기력해지기 시작하면서 점점 상태가 나빠지면 자살을 상상하고 나중엔 자살의 흉내를 내보기 시작하는 것이다.

상태가 더욱 악화되면 신체적인 증상들이 나타난다.

없던 변비가 생기기도 하고, 식욕과 성욕이 감퇴되며, 여성이라면 생리도 불규칙하게 된다. 그중에 아주 심각한 것은 불면증이 온다는 것이다.

불면증의 고통은 잠을 못 이루는 긴 밤에만 있는 것이 아니다.

잠을 못 잤기 때문에 다음날이 되면 두통과 함께 온 몸의 기관들이 비정상적으로 움직인다. 그래서 가슴도 두근거리고, 심장의 박동수가 빨라지며, 식은땀도 흘리는 것이다. 이런 증상이 있다면 전문의사의 도움과 함께 약물치료를 받는 것이 훨씬 좋을 수도 있다.

하지만 이런 극단적인 우울증도 초기단계에서 얼마든지 예방이 가능한데, 우선 내게 일어난 아픔을 현실로 받아들이고 인정하는 일이 필요하다. 즉 상처와 배신, 그리고 실패와 고통을 인정하고 마음이 아플 때 마음껏 아파하는 것이 중요한데, 물론 주변의 사람들이 도와주면 훨씬 효과적이다.

예를 들면, 장례식장에서 슬피 우는 유가족에게 울지 말라고 말하지 말고 마음껏 울 수 있도록 따뜻하게 감싸안아 준다든지, 우는 일이 부끄럽지 않은 당연한 일이라는 인상을 주어서 마음껏 슬픔을 토해낼 수 있도록 해야 한다. 물론 울지 말라고 권면하는 일는 절대로 없어야 한다.

또한 우울증 초기 환자를 홀로 두면 더욱 증세가 악화될 수 있기 때문에, 가까운 곳을 함께 여행하며 분위기를 바꾸어주기도 하고 함께 시간을 보내는 일들도 아주 중요하다. 즉 따뜻한 사랑과 섬세한 배려를 통해 자신이 얼마나 중요한 존재인지를 인식시킬 수만 있으면 우울증도 바람처럼 사라지기 때문이다.

10-8
내면적인 아픔과 정신질환의 시작

　그동안 우리는 외부로부터 오는 아픔이 아니고 스스로 만들어 내는 마음의 아픔들을 연구하기 위해, 유산한 여인의 마음속에서 자연스럽게 만들어지는 내면적인 아픔을 생각해 보았다. 그런데 그동안 살펴본 바와 같이 상실감, 슬픔, 죄책감, 두려움, 불신감, 우울증, 그리고 분노의 감정까지 다양하게 표출되는 것을 볼 수 있었다.

　중요한 것은 이러한 내면적인 상태가 악화되면 몸에도 이상이 생기기 시작한다는 것이다. 기본적으로 신경쇠약이 시작되고 두통이나 호흡곤란, 그리고 가슴이 두근거리는 심장병이나 불면증이 나타나기 시작한다는 것이다.

　분명 무엇인가 염려가 되고 마음이 안정이 안 되어서 식은땀을 흘리면서도 그 이유를 본인도 모른다. 이런 증세가 점점 심화되면 몸의 이상을 지나 정신적인 질병의 초기 증상인 히스테리가 나타날 수도 있다.

　히스테리란 한국말로 번역하면 '다중 인격증세'라는 의미인데, '다중 인격증세'란 똑같은 사람, 똑같은 이름, 똑같은 얼굴인데 그 한 사람에게서 전혀 다른 종류의 인격체계가 나타나는 것을 의미한다.

　예를 들면, 일반적으로 말하는 노처녀 히스테리도 마찬가지인데, 평상시엔 상냥하고 겸손하던 그녀가 어느 한순간 배우자를 구하지 못하는 데서 오는 조바심과 염려, 그리고 분노와 짜증으로 얼룩진 마음을 여과 없이 드러내는 것, 그래서 갑자기 고성을 지르거나 화를 내고 신경질을 부리는 것을 의미하는데, 문제는 노처녀만 히스테리가 있는 것이 아니라는 것이다.

　평상시에는 정상으로 보이는 사람들 중에도 이런 분들이 많기 때문에, 어느 기분에 맞춰야 하는지 혼란한 상황들이 많이 발생한다는 것이다.

　히스테리와 함께 찾아오는 정신질환의 초기 증상은 강박관념, 즉 노이로제(neurose)이다. 노이로제란 극도의 의심, 비현실적 공포, 부당한 걱정, 두려운 일의 공포, 편견, 집착 등으로 인해서 무엇인가 하지 않고는 견디지 못하는 강박충동을 의미한다.

　그리고 이러한 강박충동이 무의식 속에 자리를 잡으면 결국 강박관념이 생기게 되고, 강박관념에서도 치료가 되지 못하고 증세가 점점 악화되면 결국 정신분열로 나타나게 된다. 그리고 여기서 더 발전하게 되면 사람들이 미친 사람이라고 부르는 정신이상으로도 발전하게 되는 것이다.

 특히 이러한 정신이상의 원인으로는 단순 사고로 인해서 뇌를 다친 것처럼 신체적 결함이 원인이 될 수도 있고, 또한 악한 영에 사로잡힌 결과일 수도 있지만, 지금 이야기하고 있는 심리적인 원인, 즉 내면적인 상처와 충격이 너무도 커서 자신의 이성으로 감정에서 발생되는 내면적인 아픔을 제대로 처리하지 못할 때도 올 수 있다는 것을 분명히 알 필요가 있는 것이다.
 말하자면, 정신이상이라고 해서 모든 것이 악한 영의 장난이 아닐 수 있다는 것이다.
 정신병적으로 나타나는 증상들 가운데는 인간의 아픔이 치료되지 못하고 계속 발전된 결과일 수가 있다는 것이다. 그러나 중요한 것은, 비록 이러한 현상의 동기 자체는 악한 영의 장난이 아닐 수 있지만, 일단 이러한 상황에 빠지게 되면 악한 영이 진정한 치유를 방해할 수도 있다는 것이다.
 악한 영은 언제나 우리가 파괴되기를 바라기 때문이기도 하지만, 상처가 있는 곳에 악한 영이 더 심하게 역사하기 때문이다.

 마치 상처가 나지 않은 건강한 피부에는 병균이 역사하지 못하지만, 일단 상처가 나면 그때부터 병균이 작용해서 상처를 곪게 만드는 것과 비슷하다. 피 냄새를 맡기 전의 상어들은 대부분 온순하지만, 일단 피 냄새를 맡으면 상어가 난폭해져서 공격을 하는 것처럼, 상처가 없는 사람들에겐 사탄이 공격할 만한 특별한 요소가 없지만, 상처가 크면 클수록 사탄이 알아보고 사탄의 통로로 사용하여 자기 요새로 만들기 때문이다.

그러므로 마음의 상처는 누구라도 다 있을 수 있다. 하지만 상처를 받았을 당시에 적절한 치유가 되도록 돕는 것이 무엇보다 중요하다.

"호미로 막을 것을 가래로도 못 막는다"는 말이 있듯이, 이렇게 극단적인 정신병으로 발전하여 주변의 모든 사람들을 고통으로 몰아넣기 전에, 마음의 상처를 이해하고 도와줄 수만 있으면 초기 단계에서 미리 예방이 될 수도 있기 때문이다.

제 11 장

내면의 아픔 씻어내기

11-1

관심과 배려를 통한 내면의 치유

일반 상담학을 목회에 도입하면서 목회상담학의 문을 열었던 클레어몬트 대학원의 하워드 클라인벨 교수는 내면적인 상처의 지수를 체계화해서 우리에게 보여주고 있다.

상처지수란 외상을 치료하는 외과 의사가 상처의 정도에 따라서 전치 3주, 6주 혹은 3개월 등의 다른 진단서를 발부하는 것처럼, 마음의 상처도 역시 그 충격과 치료의 시간이 달라진다는 뜻이고, 상처가 큰 사람일수록 세심한 관심과 배려가 필요하다는 말이다.

우선 상처가 가장 극대화된 상태, 즉 인생을 살면서 가장 힘든 고비를 지나는 상태를 상처지수 100으로 보았는데, 이 상처지수 100에 해당하는 것을 배우자의 사망으로 보았다. 남편과 아내가 서로 사랑하고 의지하고 살다가 배우자 중 한 사람이 먼저 세상을 떠났을 때에 느껴지는 마음의 상처가 제일 크다고 본 것이다. 그래서 배우자 중 한 사람이 죽게 되면, 남아 있는 배우자도 우울하게 세월을 보내며 시름시름 앓다가 세상을 떠나가는 일들을 주변에서 흔히 볼 수 있는 것이다.

그 다음은 이혼으로부터 오는 아픔인데, 이혼의 상처지수는 73이라고 보았다. 사람들은 이혼이 무슨 그리 상처가 되겠느냐고 생각할지 모르지만 당사자들에게는 너무도 힘든 시간이 아닐 수 없는 것이다.

자신이 교도소에 가는 것과 가까운 가족 중에 누군가가 죽는 것은 상처지수 63으로, 그리고 치명적인 부상이나 질병에 걸리는 것은 53 정도의 지수에 해당한다. 평생토록 몸 바쳐 일한 직장에서 구조조정의 대상이 되어 명퇴, 조퇴 등의 해고를 당하면 상처지수 47로 보았고, 나이가 많아서 정년퇴직을 해도 그 은퇴로 말미암은 충격과 상처도 45가 된다.

실제로 필자가 아는 어떤 원로목사님은, 나이가 정년이 되어 은퇴를 했음에도 마음을 잡지 못하고 너무도 허전해 하는 것을 볼 수가 있었는데, 그분의 신앙이나 인격이 부족해서가 아니라 은퇴를 함으로써 이제부터는 인생의 마지막을 준비해야 한다는 삶의 허무함 때문일 수도 있는 것이다.

비슷한 의미에서 여성들이 폐경기를 맞게 되어도 같은 아픔을 겪게 된다. 생리가 끊어지게 되면 이젠 더 이상 아이를 낳을 수 없는 상태, 즉 여인으로서의 생명력도 끝났다는 생각이 들기 때문에 자연히 마음에 갈등과 아픔이 오게 된다. 이 시점에 다다른 어떤 여성들은 우울증을 비롯한 또 다른 마음의 병, 즉 갱년기로 고생을 하게 되는데 이때의 수치를 44 정도로 보고 있다.

많은 사람들이 좋아했던 〈My Way〉란 영화에서도 같은 주제를 다루었었다. 남성들이나 여성들이 나이가 많아지면서 성관계가 불편해지면 '나도 이젠 늙었구나'라는 생각이 들면서 마음의 상처로 다가오는데, 이때의 지수가 39나 된다. 이 지수는 개인 비즈니스를 하다가 파산했을 때 느끼는 지수와 같은 양에 해당이 된다.

아주 가깝고도 친한 친구가 죽으면 37로 보았는데, 이 슬픔을 이기지 못하고 동반 자살을 하는 경우를 종종 뉴스에서 접하기도 한다. 친구가 죽으니까 다른 친구가 따라 죽는 것이다.

아주 심한 부부싸움은 상처지수 35에 해당하고, 직장 상사와의 마찰로 비롯되는 마음의 상처는 23, 교통법규를 위반해서 벌금티켓을 받게 되어도 마음이 상하게 되는데, 이때 받는 마음의 상처의 강도는 11에 해당이 된다.

중요한 것은, 눈에 보이는 몸을 다쳤을 때에는 주변의 모든 사람이 관심을 가지고 도와줄 줄 알면서도 마음을 다쳤을 때에는 아예 관심도 없고, 오히려 아픈 말만 골라서 하는 경우도 있는 것이다. 예를 들면, 등산을 갔다가 누군가의 발이 부러져 걸을 수 없다면 당연히 동료들이 업고 내려오든지 최소한 부축은 해 줄 것이다. 그러나 마음을 다쳤을 때에는 마치 혼자 해결을 해야 되는 일인 것처럼 관심도 없고 배려도 없다.

하지만 극단적으로 반항을 하는 마음을 가진 사춘기 자녀들에게 따뜻한 관심과 사랑을 베풀면 거리의 불량배가 되는 것을 막을 수 있고, 상처지수 44의 갱년기를 보내는 아내에게 따뜻한 사랑과 배려를 아끼지 않는다면 심각한 우울증으로 발전하는 것을 미연에 막을 수도 있는 것이다. 왜냐하면 상처 초기에 누군가의 따뜻한 사랑의 도움을 받으면 극단적으로 악화되지는 않기 때문이다.

그러므로 고통의 바다에서 허우적거리는 사람에게는 누군가의 진정한 관심과 위로가 그를 구원할 구명정이 되는 것이다. 그래서 성경도 용서를 넘어서서 서로를 진심으로 불쌍히 여기고 위로할 것을 권면하고 있다.

"서로 친절하게 하며 불쌍히 여기며 서로 용서하기를 하나님이 그리스도 안에서 너희를 용서하심과 같이 하라"(엡 4:32절).

11-2
복음을 통한 내면의 치유

　김 군의 어린 시절은 너무도 가난했다. 아버지가 없는 가정이었는데, 설상가상으로 어머니는 병상에 누워 있었기 때문이다. 그러나 김 군은 성격이 좋아서 친구들도 잘 사귀고, 거기다가 똑똑하고, 성실한 성격 덕분에 공부도 잘하는 아이였다. 당연히 친구들에게 인기가 좋았고, 급우들의 투표에 의해서 반장이 되었다.

　문제는 반장이 되고 나서부터 생기기 시작했다. 반장이라면 당연히 모든 학교생활에 모범이 되어야 하는데, 이 학생은 그렇지를 못한 것이다. 우선 공납금을 제때 내지 못했다. 돈이 없었기 때문이다. 교장 선생님은 담임선생님을 채근했고, 교장에게 꾸중을 들은 담임선생은 김 군을 몰아 세웠지만 이 어린이의 가정엔 공납금으로 낼 돈이 없었다.

　학교 소풍을 가면 반장의 부모가 교사 도시락 정도는 챙겨줘야 하던 시절이었는데, 운동회건 소풍이건 교사를 대접하는 일이 없었다. 그뿐이 아니었다. 체육시간에 체육복도 못 가져가고, 미술시간엔 남들이 다 가지고 가는 크레용도 챙겨가지를 못했다. 수업도구가 없으니 수업에 방해가 되는 것은 당연했는데, 이런 일이 반복되면서 교사에게 미운 털이 박혔다.

담임선생에게 꾸중을 들을 때마다 이 어린이는 돈이 없다고 말을 했지만, 선생님은 이 어린이가 자신의 말을 무시한다고 생각했다. 보나마나 어머니가 준 돈으로 크레용을 사지 않고 군것질을 했을 것이라고 생각한 것이다. 그래서 벌을 주기 시작했다. 수업시간 내내 무릎을 꿇리기도 하고, 의자를 들고 서 있도록 시키기도 하고 매를 때리기도 했다.

그래도 간신히 초등학교를 졸업할 때가 되었는데 결국 일이 터졌다. 그날도 모든 친구들이 보는 앞에서 선생님의 투박한 손으로 많이 얻어맞았다. 너무 마음이 아프고 부끄러워서 결국 이 어린이는 교사의 횡포를 이기지 못하고 가출을 하게 된다.

어린 소년이 건축현장 공사판을 전전하면서 일꾼들에게 매를 맞고 이리저리 이용만 당하면서 청소년기를 보낼 때 이미 이 청년은 순박한 청년이 아니었다. 그 마음에는 울분이 싹텄고, 가진 사람들, 소위 잘난 사람들에 대한 상대적인 분노와 미움으로 가득 차게 되었다. 자연스럽게 같은 입장, 같은 또래의 친구들을 사귀게 되었고, 그들이 건강한 청년으로 자라났을 때 그들은 자신들의 울분을 쏟아낼 하나의 조직을 만들게 되는데, 그것이 바로 온 나라를 떠들썩하게 했던 지존파의 시작이었다.

지존파의 젊은이들이 감옥에 있었을 때에 그들에게 복음을 전했던 이재명이라는 분이 쓴 『낙엽이 지기 전에 사랑을』이라는 책을 보면 이런 이야기가 상세히 쓰여 있는데, 필자가 이 책을 읽었을 때는 이미 사형장의 이슬로 사라진 청년들의 이야기였지만 그렇게도 마음이 아프고 안타까울 수 없었다.

가난하지만 똑똑했던 초등학교 4학년 어린아이에게 크레용을 가져오지 못했다고 억센 손으로 뺨을 때리는 대신, 크레파스를 예쁘게 포장해서 크리스마스 선물로 줄 수 있는 따뜻한 크리스천 선생님을 이 소년이 만났다면, 아마도 이 아이의 인생은 크게 달라졌을 것이기 때문이다.

불행 중 다행인 것은, 그래도 지존파들의 아픔을 이해하고 따뜻한 관심과 사랑으로 다가간 사람들이 있었다. 인간이기를 포기했다고 스스로 말하는 지존파들을 보면서 "인간이 이럴 수도 있나, 희대의 살인마, 섬뜩한 반인륜" 등의 제목으로 신문기사를 내고 온 국민은 분노로 몸을 떨었으나, 그들을 상처 입은 가녀린 영혼으로 본 사람들이 있었던 것이다.

가난이라는 상처를 유산으로 물려받고 태어난 그들, 사회의 구조적 악에 노출된 채 어린 시절을 보낸 그들, 아픔과 상처를 넘어 증오와 적대감을 키운 그들을 바라보면서, 늦었지만 그들도 여전히 변화될 수 있음을 확신하며 당사자 지존파들의 반항과 사회의 질시를 무릅쓰고 그들에게 다가간 사람들이 있었다.

살아 계신 하나님의 사랑을 먼저 경험한 사람들이었고, 하나님의 사랑이 가지고 있는 놀라운 능력을 확신한 사람들이었다. 시편 147장 3-4절의 말씀, "상심한 자들을 고치시며 그들의 상처를 싸매시는도다 그가 별들의 수효를 세시고 그것들을 다 이름대로 부르시는도다"처럼 그들을 이름으로 알고, 그들의 상처를 싸매어 줄 수 있는 하나님의 복음을 제대로 알고 있는 사람들이었다. 그분들의 헌신적인 사랑으로 말미암아 지존파의 두목은 물론 모든 사람들이 감옥에서 복음을 깨닫게 되고 주님을 만나게 된다.

지존파의 두목이었던 김 군은 자기를 독종이라 부르며 주먹질을 해댄 담임선생의 이름을 끝내 밝히지 않았다. 눈물과 함께 최후 진술을 할 때도 그 이름을 감추어 주었다. 어머니를 죽이지 못해 한이었다고 말한 또 다른 김 군은 다음과 같은 편지를 쓰고 사형장의 이슬로 사라졌다.

"밖에 있는 사람들이 생각하기에 이곳 교도소는 삭막한 범죄자들이 우글대는 곳으로 생각할지 모르지만 제게는 이곳이 천국 같은 곳입니다. 왜냐하면 나는 이곳에서 하나님을 만났고, 그 하나님의 사랑을 받고 있기 때문입니다. 또한 내가 왜 이제야 하나님의 사랑을 깨닫게 되었는가 후회도 많이 했지만, 지금이라도 하나님을 만난 것이 천만다행이라고 여기며 살고 있습니다."

11-3
자기 상처에 눈뜨기

마음의 상처를 치유하는 일은 육체의 상처를 치료하는 것만큼 중요하다. 몸에 병이 들어서 건강을 잃었다면 정상적인 생활을 할 수 없는 것처럼, 마음의 상처가 그대로 남아 있다면 어떤 형태로든지 간에 반드시 그 후유증이 나타나서 정상적인 삶의 풍성한 열매를 방해할 수 있기 때문이다.

치유 세미나를 진행하다 보면 자신에게 상처가 그렇게 많은 줄 미처 몰랐다고 고백하는 분들을 자주 만나게 된다. 상처를 상처인 줄도 모르니까 치유는 고사하고 그 상처가 반복되는 것이다. 심지어 어떤 경우는 상처를 인정한다는 것과 자신의 부끄러운 치부를 드러낸다는 것을 동일시하기 때문에 무의식적으로 상처를 부인하기도 한다. 그래서 대부분의 사람들은 특별한 경우가 아니고는 자기가 문제 있는 가정에서 자랐다는 것을 인정하는 데 어려움을 겪게 되는데, 심지어 알코올 중독자나 전형적인 폭력이 행사되어진 가정에서 자라난 사람들조차도 그럴 수가 있다.

더욱 문제가 되는 것은, 이러한 내면적인 상처로 인해 성인아이들로 자라게 된 분도, 이미 육체는 성인이 되었지만 감정적으로는 여전히 부정적인 권위자에게 종속되어 있기 때문에, 자기도 모르는 사이에 자기의 부모나 가족 구성원들을 보호하고자 하는 태도가 나타나게 되는데, 이것이야말로 직접적인 부정 즉 "나는 아무런 상처가 없다"고 생각하게 만드는 요인이 되는 것이다.

그리고 이렇게 상처를 부정하게 만드는 또 하나의 요소는, 대부분의 사람들은 자신들이 원하는 것만을 기억하게 되고, 정말 슬프고 부끄럽고 기억하기조차 싫은 일들은 머리에서 지워버리는 기억체계를 가지고 있기 때문이다. 그러므로 어떤 사람에게 성인이 된 후에도 뚜렷이 기억에 남는 상처가 있다면, 기억에서 지우지도 못할 만큼 너무 큰 상처를 받았다는 말과도 같다.

또한 어떤 사람들은, 다른 사람들의 가정에 대해서는 전혀 모르고 자기가 자란 자기 가정만 알기 때문에, 다른 가정들도 모두 자기 가정 같은 줄 알면서 자신의 가정을 정상적인 가정이라고 오해를 해서 자기에게 상처가 없는 줄로 아는 경우도 있다.

캐나다에 사는 한 목회자의 딸이 대학에 입학을 했는데, 그 목회자인 아버지에게 큰 고민거리가 생겼다. 그 딸과의 사이가 너무도 나빴기 때문에, 이제 대학을 간다고 딸이 집을 떠나면 다시는 집으로 돌아오지 않을 것 같은 염려가 있었기 때문이다. 아버지를 모멸하는 태도가 고 3때부터 나타났는데, 학교에서 집으로 돌아오면 부모에게 인사도 없이 자기 방으로 가서 문을 걸어 잠그고 나오지를 않는다는 것이었다.

이렇게 딸과 헤어지면 영영 헤어질 것 같은 두려움이 생겨서 아이와 화해를 해보려고 용돈도 주고 선물도 주고 외식도 몇 번 했는데, 그럴수록 아이가 아빠를 경멸하는 태도를 보이더라는 것이다. 그러면서 "이런 경우 어떻게 해야 합니까?"라며 내게 물었다. 분명히 무슨 이유가 있을 것이라고 생각한 내가 되물었다.
"혹시 아이에게 상처를 주거나 심하게 대한 적이 있습니까?"
그분이 아니라고 대답을 했다. 그럴 리가 없다고 생각한 내가 "그러면 혹시 아이를 때린 적이 있습니까?"라고 물었더니, 아이를 때린 적은 여러 번 있다고 했는데 그 대답이 너무 충격이었다.

아주 어릴 때부터 아이를 때렸는데 뺨을 때리는 것은 예사였고, 막대기로, 심지어는 벨트를 풀어서 아이를 때렸다는 것이다. 사춘기가 되면서 아이가 반항을 하자 얼굴을 때렸는데, 그래도 아이가 반항을 하자 아예 아이를 쓰러뜨리고 발로 목을 밟았다고 했다. 이런 일이 몇 번 반복되면서 아이에게서는 웃음이 사라지고, 집에 오면 자기 방에 들어가서 나오지를 않고, 한집에 살아도 전혀 대화도 없이 이 아이가 자라서 이제 대학을 가게 된 것이다.

그래서 너무 놀란 내가 어떻게 아이를 그렇게 때릴 수가 있느냐고 했더니 그분의 대답이 놀라웠다.

"아니 남들 다 그렇게 애들 키우는 것 아닙니까? 이 정도 일은 보통 다른 집에서도 모두 있지 않습니까? 우리 어릴 때는 그보다도 더 많이 맞고 자랐는데요."

그러면서 아빠가 그럴 수도 있는 것인데 아빠가 좀 심하게 매를 댔다고 아빠에게 그렇게 무례하게 대하는 자녀가 어디 있느냐고 서운해 하는 것이었다.

중요한 것은, 이분은 자기 자신이 육체적 학대 속에 자랐으면서 그것이 상처인지도 모르고 있을 뿐만 아니라 그 상처를 자녀에게 대물림하고 있었다는 것이다. 다시 말하면 자신이 자라난 환경을 자신도 모르는 사이에 객관화시켜서 다른 가정들의 분위기가 모두 자신의 가정과 같은 줄로 잘못 알고 있었던 것이다. 즉 우리 집이 그랬으니 다른 집들도 모두 그럴 것이라고 생각을 한 것이다.

그러나 사실은 그렇지가 않다. 아이들에게 함부로 화를 내고 아무 때나 손찌검을 하는 가정은 그리 많지가 않은 것이다. 중요한 것은, 누구든지 내면적인 치유를 경험하고 새로운 삶의 열매를 얻기 위해서는 자기 스스로 치유가 필요한 환자라는 사실에 눈을 떠야 하는데, 이것이 쉬운 일이 아니라는 것이다. 자기 자신이 문제 있는 가정에서 자라났다는 것을 인정하는 일이 감정적으로 쉽지 않기 때문이다.

11-4
내면적 상처 치료의 방해물

　삶에서 나타나는 부정적인 열매를 치료하고자 할 때 나타나는 첫 번째 장애물은 자신의 상처를 부정하는 것, 즉 "나는 아무 문제가 없다"고 생각하는 것이다. 누구든 자기 자신의 가정에서만 자라나기 때문에 다른 가정의 분위기를 잘 모르기 때문인데, 대부분의 가정들도 자기들의 가정과 별반 다를 것이 없다고 생각하면서, 자기도 남들처럼 정상적인 가정에서 자랐다고 생각하기 때문이다. 어쨌든 특별한 문제가 있음에도 불구하고 그 문제 자체를 부인한다면, 삶 속에 나타나는 부정적인 열매들을 치유하기란 현실적으로 어려워지는 것이다.

　삶 속에서 나타나는 부정적인 열매들을 치료하고자 할 때 나타나는 두 번째 방해물은 바로 타협하고자 하는 태도이다. 타협하는 태도란 자신이 상처를 받은 것은 인정을 하지만 상처를 준 부모는 나름대로의 이유가 있으니까 그것을 상처라고 생각하면 안 된다고 스스로 타협을 하는 경우이다.

예를 들면, 피해자인 나는 물론 많이 힘들었고 속상했지만 내게 고통을 준 권위자는 나를 사랑했기 때문이고, 또한 나 역시 착하거나 좋은 아이가 아니었으며, 나의 권위자가 비록 힘들게 했다 할지라도 그것은 나를 잘되게 하려는 좋은 의도였기 때문에 그들을 비난해서는 안 된다고 스스로 타협하는 것을 의미한다.

말하자면, 나에게 무섭게 매를 때린 아버지도, 혹은 너무 심하게 화를 내고 엄격하며 냉정했던 어머니도 사실은 나를 위해서 한 것이기 때문에 내가 그들을 미워하거나 비난해서는 안 된다는 생각을 하는 것이다.

심지어 내게 무관심했던 부모나 아니면 가난해서 학교를 보내주지 못한 부모라 할지라도, 더 나아가 아예 나를 버린 부모라 할지라도 그들의 속마음은 그렇지 않았을 것이라고 생각하고, 아마도 자기 부모도 형편만 좋았다면 자신에게 필요한 모든 것들을 충족시켜 주었을 좋은 사람들이라고 생각하기도 한다. 그리고 어쩌면 그러한 생각이 사실일 수도 있다.

하지만 중요한 것은, 우리가 우리의 부모를 비난하려고 하는 것이 아니라 우리의 상처를 치유하고자 하는 것이기 때문에 '좋았던 의도'와 '안 좋았던 방법', 그리고 '권위자들의 추구했던 의도'와 '빗나간 결과와 상처' 등을 객관적으로 분석해 보는 일들이 필요하다.

왜냐하면 상한 곳은 머리가 아니라 마음이며 그 상한 마음을 그대로 안고 자라왔기 때문에 아직도 내 삶 어딘가엔 그 후유증이 있을 수 있기 때문이다.

예를 들면, 자신의 딸아이가 말대꾸를 한다고 뺨을 때리고 심지어는 땅바닥에 넘어뜨려 발로 목을 밟기도 했던 한 아버지에게 당신도 부모에게 매를 맞은 적이 있느냐고 물었더니, 부모에게 매를 많이 맞긴 했지만 모두 나를 잘 되라고 때린 매인데, 지금에 와서 그것이 왜 문제가 되느냐고 오히려 내게 되물었다. 그러면서 자신의 경험을 이야기해 주었다.

그에 의하면, 초등학교 시절 아버지를 따라 이사를 하게 되었는데, 새로운 동네의 거친 친구들이 자기를 괴롭혔다는 것이다. 얕보이면 안 되겠다 싶어서 혼자서 몇 명을 상대로 힘겹게 싸우고 있는데, 갑자기 아버지가 나타나셨다. 순간적인 생각에 "이젠 살았다"고 생각을 했는데, 아빠가 친구들 보는 앞에서 "이사 오자마자 또 싸움질이냐?"고 하면서 오히려 자기를 때렸는데, 아빠에게 매를 맞으면서 얼마나 아프고 창피한지 견딜 수가 없었다고 했다.

또 다른 경우였는데, 공부를 잘 못한 성적표를 받았을 때 어머니가 보시더니 "이걸 성적표라고 받아왔느냐?"고 하시면서 신고 있던 슬리퍼를 벗어서 자기의 뺨을 때렸다는 것이다. 그러면서 하는 말이 "그러나 부모님이 나를 때린 것은 나를 잘되게 하기 위해 때린 것인데, 그것이 이제 와서 왜 내게 문제가 되는 것이냐?"고 되묻는 것이었다.

그런데 바로 그것이 함정이라는 것이다.
길거리 폭력배로 자라지 않도록 친구들 앞에서 자기를 때린 아버지나, 공부를 좀 더 열심히 하도록 자극을 주기 위해 슬리퍼로 뺨을 때린 어머니나, 비록 그 의도는 좋았을지 모르지만 그 의도와는 전혀 다르게 발전한 자신 속의 쓴 뿌리를 구별해 보아야 한다는 것이다.

아버지에게 매를 심하게 맞았다고 해서 그 이후로 싸움을 안 한 것도 아니고, 어머니에게 매를 많이 맞았다고 해서 그 이후에 공부를 썩 잘하게 된 것도 아니다. 대신 부모가 자기에게 했던 것처럼, 자기 역시 부모로부터 자녀들에 대한 폭력이 학습이 되어서 자기 자녀들을 같은 방법으로 키우면서 상처를 대물림하는 것이 바로 문제이기 때문이다.

11-5

장례식을 통한 내면적 아픔의 치료

요즘은 컴퓨터 프로그램이 좋아져서, 성경에 나오는 단어를 검색하는 일이 그리 어려운 일이 아니다. 그리고 하나님의 말씀인 성경 속에 '구원'이란 단어가 541번, '사랑'이라는 단어가 558번이나 사용된 것도 그리 놀랄 일이 아니다. 당연히 성경은 구원을 위한 책이며, 성경의 핵심은 또한 하나님의 사랑이기 때문이다.

'믿음'이란 단어도 중요할 수 있는데 성경엔 모두 233번이 사용되었고, '복음'이란 단어는 113번, '용서'란 단어는 48회가 쓰였다. '마음'이나 '생각' 혹은 '심령'이란 단어는 몇 번이나 쓰였을까? 우선 '심령'이란 단어는 모두 50번이 쓰였고, '생각'이란 단어는 325번이 쓰였는데, '마음'이란 단어는 무려 1,059번이나 쓰였다. 특히 '심령'이나 '생각'이나 '마음'이 거의 같은 의미인 것을 감안하면, 마음에 대한 말씀이 모두 1,434번이나 된다.

이러한 현상은 여러 가지 의미로 해석할 수 있지만, 누구나 인정할 수 있는 쉬운 설명은 의외로 단순할 수 있는데, 그것은 곧 하나님은 우리의 마음을 중요하게 여기신다는 것이다.

조금 더 나아가면, 우리의 외모보다 마음의 중심에 관심이 많으시다는 말씀이고, 우리 마음의 상태나 원리를 누구보다도 잘 알고 계시고, 따라서 상처받은 마음을 누구보다도 잘 치료하신다는 말씀이다. 그래서 성경은 심리학책이 아님에도 불구하고 우리의 마음에 대해서 그 어떤 심리학 이론보다 더욱 정확하게, 그리고 분명하게 설명해 주고 있는 것이다.

그러므로 우리가 경험할 수밖에 없는 삶의 유산들, 즉 목표의 실패, 허무하게 끝나버린 우리의 꿈들, 모든 삶의 좌절과 고통, 그리고 영적 유산의 결과로 마음속에 쌓이는 상실감, 슬픔, 분노, 죄책감, 부끄러움, 실패감, 두려움, 불신감, 우울증 등의 내면적인 아픔을 진정으로 치료받기 위해서는 확실히 알아야 할 것이 있는데, 그것은 곧 하나님께서는 우리의 상한 마음을 치유하시기를 진심으로 원하신다는 것을 믿어야 한다는 것이다.

이사야 61장 1절에도 보면 메시아로서 오실 예수님에 대해서 이렇게 예언한다.

"나를 보내사 마음이 상한 자를 고치며"

또한 시편 34장 18절에도 "여호와는 마음이 상한 자를 가까이 하시고"라고 선포하고, 시편 147장 3절에도 "상심한 자들을 고치시며"라고 말씀하신다.

안타까운 것은, 어떤 사람들은 신유라는 말과 치유라는 말을 혼돈한다. 그래서 치유라고 하면 육신의 병을 고치는 신유의 기적만을 생각하는 경향이 있지만, 정작 하나님께서는 상한 육신에만 관심을 갖고 계신 것이 아니라, 우리의 상한 마음을 정말 불쌍히 보시고 치유하기를 원하시는 것이다.

그리고 진정한 내면의 치유를 위해서는 주님께 나와서 우리의 아픔을 있는 그대로 주님께 말씀드리고, 그 아픔을 인정하는 의미로 영적 장례식을 거행하는 것이 너무 중요하다.

장례식이란 상징이 아니고 현실이다. 생명이 떠난 죽은 시체가 눈앞에 누워 있다. 다시 살아날 가망성은 절대로 없다. 죽었기 때문이다. 이미 유산이 되어서 피가 땅에 쏟아졌다. 즉 모든 것이 처절하게 실패로 끝났음을 철저하게 현실로 인정하는 것이다.

변명하지 말고, 핑계 대지 말고, 하나님이 내게 주신 것을 잃어 버렸음을 인정하고, 그 인정하는 표현으로 마음의 장례식을 거행하는 것이다. 여기에서 말하는 장례식이란 내면적 아픔의 원인이었던 영적인 모든 실패들, 특히 아기가 이미 유산되었기 때문에 현실로는 불가능하지만 장례식과 버금가는 슬픔을 쏟아 냄으로써 장례식의 의미를 극대화시키라는 것이다.

"하나님이 주신 꿈을 잃어 버렸습니다"라고 엉엉 울면서 하나님 앞에서 잃어버린 것을 인정하는 장례식을 거행하라는 것이다. 실패, 배신, 이별 등 어떤 아픔도 상관이 없다. 하지만 장례식을 거창

하게 치룰 필요는 있다. 의도적으로 시간을 내서 본격적으로 울라는 것이다.

예수님도 때론 뜨거운 눈물을 흘리셨다.
예수님도 겟세마네 동산에서 당신의 아픔을 인정하고 표현하셨다.
"지금 내 마음이 심히 고민하여 죽게 되었다"라고 하셨는데, 고민하여 죽게 되었다는 말은 죽을 정도로 지금 마음이 아프고 상해있다는 말이다.

상실과 죽음을 인정하는 사람만 장례식을 할 수 있고, 장례식을 현실로 인정한 사람이 과거를 훌훌 털고 새로운 삶을 살게 되기 때문이다. 그러므로 할 수만 있다면 시간을 만들어서 엉엉 울 일이다.

제 12 장

이너힐링의 기본 원리

12-1

상처에 대한 거룩한 각성

    그동안 살펴본 바와 같이 고전적 정신 분석학이나 일반 심리학 이론의 대부분은 모든 인간의 행동은 정신에너지(Psychic Energy)와 초기 어린아이 시절의 경험에 의해 좌우된다는 것을 보여주고 있다. 이것은 한 사람의 현재의 행동을 이해하고 치유하기 위해서는, 그 행동을 이끌어 내는 그 사람의 의식 혹은 무의식적 갈등과 동기를 유발하는 구체적인 원인들을 발견해야 된다는 말과 같은 것이다. **바로 이것이 내적치유의 첫 번째 단계이다.**

    찰스 휫필드는 이것을 '각성'(awakening) 혹은 '갑작스러운 인식' (Emergence Awareness)이라고 불렀는데, 그에 의하면 '각성'이란 '사물'이나 '현실'이 우리가 생각해 오던 것과 동일한 것이 아니라는 것을 처음으로 보게 되는 과정이다.

    말하자면, 과거의 상처가 무엇이든지 그 출발점 혹은 촉발점을 찾아내어 이미 고착되어진 우리의 현실에 대한 과거의 이해나 신념체계, 가치관이나 사고방식, 인생관이나 삶의 태도를 바꾸어 줄 만한 획기적인 과정이 필요하다.

물론 우리의 참자아는 깊이 은폐되어 있고, 우리의 부정적 자아나 상호 의존적 자아는 너무나도 뚜렷하게 고착되어 있기 때문에 이러한 각성은 쉽게 일어나지 않는다.

왜냐하면 많은 사람들은 이미 프로이드가 말한 합리화(rationalization), 거부(denial), 투사(projection), 퇴행(regression) 등과 같은 방어기제(Defense Mechanism)나 생존을 위한 자기 나름대로의 대처기술, 즉 반항이나 공격 혹은 속임수나 타협 같은 요소들로 이미 무장되어 있기 때문이다.

또한 내담자가 자기의 문제를 의식하는 것도 힘들지만, 설사 의식했다 하더라도 치유를 시도하려 하면 내담자 자신은 그것이 저항인 줄도 모르는 채 저항 현상을 만들어낸다.

왜냐하면 많은 사람들이 이 기간 동안에 혼란, 두려움, 슬픔, 분노, 자포자기 같은 감정을 경험하게 되는데, 사람들은 이러한 감정에 대처하는, 이미 자기에게 익숙해져 있는 자기 나름대로의 방법으로 이러한 감정을 해결하려고 시도하기 때문이다.

일찍이 이런 현상을 프로이드는 이미 방어기제와 연관시켜 설명한 바 있지만, 강한 저항 현상이 내담자 자신도 모르게 나타날 수 있다는 것을 예상할 수 있게 해주고, 그 강하고도 집요한 저항 현상이 무의식적인 저항이라는 것을 깨닫게 해줄 수만 있다면, 내적치유의 가능성은 훨씬 높아질 것이다.

또한 내담자의 '피해의식'이나 '상처'를 지혜롭게 건드리면 내담자에게 도전하는 데 도움도 되지만, 만약 문제를 드러내는 과정에서 정죄나 책망 혹은 꾸짖음이나 비난 등으로 또 다른 상처를 입히게 되면, 내담자는 다시 상처만 체험하고 치유자를 떠날 것이다. 실제로 필자가 '이너힐링 세미나'를 통해 내적치유를 시도할 때 나타났던 저항 현상은 크게 두 가지로 볼 수가 있다.
첫 번째는, 자존심을 자극한 결과로서의 격렬한 '반항'이었고, **두 번째는,** 문제는 알지만 이미 나는 '버린 사람'이라는 자포자기였다. 그러니까 상처가 많으면 많은 대로 그냥 살 테니까 건드리지 말고 놔두라는 의도적 포기였다.

그러나 여기에는 더욱 중요한 다른 문제가 있다.
제3자는 물론 내담자 자신도 여러 가지 자료들을 이용하여 눈으로 드러난 삶의 문제를 인식하고 인정하지만 정작 내담자 자신이 그 상처의 근원을 기억하지 못할 때이다.
이 경우 일반 심리 치료자들이 흔히 쓰는 방법은 연상법이나 꿈의 해석 혹은 그림의 분석 등이다.
여기에서 말하는 연상법이란 여러 개의 단어를 내담자에게 보여주고, 내담자의 마음에 떠오른 최초의 단어와 내담자의 무의식 속의 감정, 생각, 강박 관념 등과의 관계를 조사하는 것이다.

그들은 이 언어 연상법을 통해 그 사람의 무의식을 지배하는 콤플렉스의 성향을 어느 정도 파악할 수 있다고 보았다. 또한 프로이드는 말할 것도 없고 융도 꿈을 매우 중요하게 생각했다. 왜냐하면 꿈이란 무의식의 한 단면이며, 무의식으로 통하는 길일 뿐 아니라 무의식은 꿈을 통해 의식을 조절한다고 보았기 때문이다.

이러한 경우, 나는 영적 치료자로서 사용할 수 있는 한 가지 방법을 조심스럽게 제안한다. 치유자나 내담자가 치유의 현장에서 성령의 도우심과 치유를 열망하는 마음으로 '지식의 은사'를 이용하는 것이다. 이것은 치유자와 내담자가 문제의 근원을 알기 위해 진심으로 기도한 후 머릿속에 떠오르는 단어나 환상, 그림이나 냄새, 사람이나 느낌 등을 분석해 보는 것이다.

물론 이것이 비과학적 방법일 수 있지만, 위에서 언급했듯이 세속적 일반 치료자들은 연상법을 통해 이 방법을 이미 사용하고 있는 것이다. 차이가 있다면 하나는 기도 없이 연상법을 사용한 것이고, 또 다른 하나는 성령의 도우심을 구하는 기도와 함께 연상법을 사용했다는 것뿐이다.

성경에 보면 베드로도 하늘에서 보자기가 내려오는 환상을 통해 하나님의 뜻을 구별했고, 사도 바울도 마게도냐 사람이 나타나서 "와서 우리를 도우라"라는 환상을 통해 현실을 자각했다.

물론 이 경우, 주관적인 판단을 절대화시켜도 안 되고, 남용이나 오용은 금물이며, 일반 심리치료자가 연상법을 사용하는 수준으로만 사용되어야 할 것이다.

왜냐하면 기도한 후에 떠오른 정보가 성령의 역사에 의한 것이라면, 치료자가 설명하지 않아도 내담자 자신의 마음속에 '대 각성'(Great Awakening)이 일어나게 된다고 보기 때문이다.

어쨌든 치유의 첫 단계는 상처를 발견하는 것이다. 이것은 마치 환자들이 병원을 찾는 것과 같은 이치이다. 병을 고치기 전에 어디가 아픈지를 먼저 확인을 해야 한다. 환자는 자기에게 나타나는 증상과 통증을 유발하는 신체가 어느 부분인지를 의사에게 말할 수 있어야 하고, 의사는 환자의 호소를 들으면서 정확한 진단과 처방을 내려야 한다. 이것이 치료의 첫 단계이다.

하지만 이너힐링에서 자신의 상처를 발견하는 일이 매우 어려운 이유는 대부분의 경우 상처가 상처인 줄도 모르고 있고, 상처를 주면서도 상처를 주고 있다는 현실도 자각하지 못하기 때문이다. 왜냐하면 인간의 삶에 상처를 가지고 오는 요인들은 너무도 광범위할 뿐만 아니라, 자기 자신이 문제라고 스스로 생각하는 사람은 거의 없기 때문이다.

그러므로 상처를 진단하는 과정에서 성경적인 예화만 고집할 필요가 없다. 오히려 심리학, 상담학, 정신 분석학 혹은 교육학에 이르기까지 인간의 심성을 다루는 일반 학문의 성과와 함께 세상 학문이 가지고 있지 못한 영적 지도자로서의 목회적 자원을 통합하여 상처 자체에 눈뜨게 하는 것이 치료의 첫 걸음이다. 환자가 아니라고 항변하는 사람에게 어떻게 치료가 가능할 수 있겠는가?

그러므로 누군가가 이너힐링 사역을 하고 싶다면, 인간의 상처를 다양한 시각으로 다룰수록 효과가 좋다. 예를 든다면,'쓴 뿌리를 치유하라''사랑과 삶의 기초''성인아이의 치유''역기능 가정의 치유''성격의 기초''무의식의 형성과 결과''습관과 중독의 원리''삶의 권위자''하나님의 상처교실''내면적 아픔과 상실의 치유''잃어버린 꿈의 치유''하나님과의 친밀감 회복''성령님의 도우심''영적 전쟁''인간을 병들게 하는 학대''행복한 가정의 기초''부부의 사랑기술''부정적 가계의 치유''좋으신 하나님''성령님의 도우심''MBTI 성격테스트''에니어그램' 등이다.

또 한가지 주목할 것은, 인간의 상처 구조는 인종이나 문화에 상관없이 전 세계에서 동일하게 나타난다. 못 먹고, 못 배우고, 못 입고, 매 맞고, 가난하고, 무지하고, 인격적으로 무시당하고, 특히 감당하기가 너무 어려웠던 고통의 경험들은 세계의 어디서나 통한다. 이 말은 세계 선교도 치유적 관점으로 접근하면 어마어마한 열매를 거둘 수 있다는 말이다.

12-2

배우는 것이 약

    요즘은 많이 줄었지만, 예전에는 버섯을 잘못 먹고 죽은 사람들 이야기가 뉴스에 많이 보도가 되었다. 하지만 어디 버섯뿐인가? 복어 잘못 먹고 죽은 사람 이야기도 많이 있었다. 이러한 보도가 점점 줄어드는 것은 사람들에게 식용버섯과 독버섯을 구분하는 능력이 갑자기 생겨서가 아니다. 아름다운 버섯이 독버섯일 수 있다는 단순한 지식 때문이다. 너무도 단순한 지식이지만, 이러한 기본적 지식이 없으면 먹음직스럽고 보암직스러운 독버섯에 손이 가겠지만, 듣고 배운 것이 있어서 조심하게 되고 더 이상 버섯으로 인해 고통을 당하지 않게 되는 것이다.

    치유가 그렇다. 물론 인생에서 상하고 망가진 부분들을 회복하고 치유하는 것은 너무도 중요하지만, 더욱 중요한 것은 상처를 미리 예방하는 것이다. 대부분의 사람들은 상처가 상처인 줄도 모르고 그냥 살아간다. 남들도 대부분 같은 모습으로 살기 때문이다. 하지만 이런 치유 과정을 통해서 상처의 경로나 양상, 혹은 그 후유증에 대해 제대로 이해를 하게 된다면, 자연히 그런 부분에 대해서 조심을 할 것이고, 그러면서 자연스럽게 성숙해 나갈 수 있는 것이다.

나는 좌골신경통을 오래 앓았다. 젊어서부터 그랬는데, 한번씩 신경통이 도지면 며칠씩 자리에서 일어나지도 못했다. 걷는 것도 허리가 한쪽으로 휘어졌고, 심지어 누워 있어도 편하지가 못했다. 마침 미국 UCLA 의대에서 목회자들을 위한 특강이 있었는데, 목회자들을 위한 '시체해부학' 강의였다. 인간의 영혼을 다루는 치유자로서 인간의 질병과 신체에 대한 이해가 목회자들에게 도움이 될 수 있다는 판단으로 대학이 특별세미나를 열어 준 것이었다. 이 세미나가 오래 앓아온 나의 좌골신경통을 한방으로 치료했다.

UCLA 의대 시체 해부학실에는 약 40구의 시신이 있었다. 글자 그대로 남녀노소의 다양한 시신이었는데, 모두가 옷이 벗겨졌을 뿐만 아니라 모든 신체가 분리되어 있었다. 기본적으로 혈관에서는 모든 피를 빼내었고, 신체를 부위별로 나눌 수 있는 데까지 모두 나눠놓았다. 인디언들이 사람의 두피를 벗기듯 모든 두피는 벗겨져 있었고, 머리끝의 뼈도 냄비뚜껑 열 듯이 열어서 지렁이처럼 파인 뇌도 직접 볼 수 있었다. 남자들의 가슴 근육이 하나가 아니라 큰가슴근, 작은가슴근, 빗장밑근, 앞톱니근 등 여러 개의 근육이 포개져 있다는 것도 처음 알았다. 더욱 중요한 것은 다리를 꼬고 앉으면 허리의 뼈가 신경을 누르는 것을 실험적으로 체험했다.

당일 세미나 강사였던 교수가 말했다.
"여러분 가운데 허리가 아픈 분은 손들어 보세요."
당연히 나는 손을 높이 들었다. 그러자 그 교수는 한 건장한 남자 시신의 넓적다리 근육을 걷어냈다. 그리고는 드러난 다리의 무릎뼈를 다리를 꼬아서 앉는 것처럼 옆으로 비틀었다. 그러자 다리와 허리를 연결하는 달걀처럼 동그란 뼈가 허리의 신경을 꽉 누르게 되는 것이 아닌가? 그 교수는 나에게 말했다.
"만약 당신이 정기적으로 허리가 아프다면 아마도 당신은 이렇게 다리를 꼬고 앉는 습관이 있을 겁니다."
그 말이 맞았다. 나는 다리를 아주 많이 꼬고 앉는 습관이 있었다. 심지어 운전할 때도 나는 한발을 다른 발 위에 얹어놓고 운전을 할 정도였으니까.
그날 이후 나는 절대로 다리를 꼬고 앉지 않았다. 다리를 꼬고 살짝 옆으로 앉는 모습이 멋이 있을지는 모르지만, 나는 더 이상 아프기를 원치 않았기 때문이다. 그 이후에 나의 좌골신경통은 동화처럼 내 인생에서 사라졌다. 지금까지 단 한 번도 허리가 아파서 누워본 적이 없다.

치유란 그런 것이다. 모르는 것이 죄이고 무지가 병이다. 즉 아는 것만큼 약이 되고 배우는 것만큼 성숙해진다. 그러므로 치유의 과정을 무조건 심리학이나 영적인 차원으로 이해하려는 시도도 바른 것이 아니다. 단순하게 배우면서 인생을 좀 더 폭넓게 이해할 수 있게 되고, 심지어 나와 다른 사람들을 이해하는 폭도 넓어질 수 있고, 더욱 중요한 것은 나와 다른 것이 잘못된 것이 아니라, 옳고 그른 것이 아닌 단순하게 다른 것임을 인정하게 되면서 다른 사람의 삶도 긍정적으로 받아들일 수 있는 것이다.

특히 MBTI와 같은 성격테스트를 통해서 훨씬 더 많은 사람들을 이해할 수 있게 되고, 심지어 자기 배우자를 비로소 이해하는 계기가 되기도 한다. 이러한 객관적 지식이 없을 때는 배우자가 왠지 모자란 것 같고, 결혼도 잘못 한 것 같고, 그래서 배우자를 원망하거나 심지어 이혼을 생각하기도 한다. 그러나 인간의 성격에 대한 객관적 이해를 통해 자기 배우자가 모자라거나 괴팍한 사람이 아니라는 것을 비로소 깨닫고 행복을 누리는 사람들도 얼마나 많은지 모른다. 그러므로 치유 사역자는 꼭 무의식 속에 있는 삶의 부정적 모습만을 치유의 대상으로 생각하지 말고, 삶의 건강을 위한 다양한 상식과 지식들에 대한 훈련도 중요하게 생각한다면, 생각하지 못했던 놀라운 변화들을 체험하게 될 것이다.

12-3
아픔(Grieving)을 드러냄

　내적치유 과정을 통해 배워서 도움을 받는 부분들이 많이 있지만, 단순한 배움을 통해서 모든 것이 치유되는 것은 아니다. 특히 쓴 뿌리로 남아 있는 마음의 상처와 후유증은 더욱 그렇다. 그러므로 평생 후유증에 시달리는 마음의 쓴 뿌리를 치유하기 위해서는 특별한 경험들이 큰 도움을 줄 수 있는데 그것은 '슬퍼함' 혹은 '애통'이다.

　여기에서 말하는 애통이란 어린 시절에 당한 경험들 가운데 너무나도 고통스러워서 당시에는 현실로 받아들일 수 없었던 경험이거나, 혹은 여러 가지 이유로 충분히 슬퍼하지 못했던 '상처'나 '상실'들로 인한 슬픔들을 재확인해서 그때의 슬펐던 감정으로 다시 한 번 돌아가라는 것이다.

　그리고 이러한 과정에서 자신의 언어로 담담히 자신의 상처를 고백하게 하는 것이 매우 유용하다. 고백이란 자신만의 지하실에 꽁꽁 숨어 있던 상처로 얼룩진 자아가 드디어 어둡고 음침한 지하실 창문을 통해 햇살을 보는 순간이다.

그러나 이런 고백은 쉽지 않다. 오래 망설일 것이고 부끄러움 혹은 두려움 때문이다. 그러나 진정으로 새 삶을 원한다면, 새 삶을 방해하는 마음의 쓴 뿌리들을 해소하기 위해서는 어쩔 수 없이 과거의 슬픈 현장으로 갈 수밖에 없다.

여기에서 말하는 슬픔이란 사건 자체에 대한 기억이나 상처의 후유증에서 느껴지는 사실 자체에 대한 슬픔의 기억들이 아니다. 말하자면 "당시엔 내가 정말 슬퍼했었다"거나 "너무 힘들어서 그럴 수밖에 없었다"는 안타까운 과거의 슬픈 기억으로 돌아가라는 것이 아니다. 그것은 당시에 맛보았던 슬픔의 경험을 감정적으로 기억해내어, 과거의 슬퍼하던 순간으로 되돌아가 그 슬픔 속으로 다시 한 번 빠져드는 것을 의미한다. 말하자면 타임머신을 타고 시간을 거슬러 올라가 결정적인 상실과 상처, 그리고 슬픔을 당하던 시간에서 내리라는 것이다. 그리고 그 슬픔을 이어받아 계속해서 마음껏 슬퍼하라는 것이다.

이러한 순간의 대부분은 이성으로 통제할 수 없는 격정적인 울음과 몸부림, 혹은 절규가 수반되지만, 마음껏 슬픔을 토해낼 수만 있다면 바로 이 순간에 상처의 찌꺼기가 쏟아져 나와 감정의 정화가 이루어진다고 볼 수 있다.

물론 슬픈 기억을 끌어내는 일은 쉽지 않다. 이미 과거에 있었던 사실의 기억이나 감정의 기억들은 우리의 의식 혹은 무의식 속에 깊이 감추어져 있기 때문이다. 그러나 만약 내적치유의 과정에서 이 슬픔을 다시 느낄 수 없다면, 진정한 의미에서의 내적치유는 이루어지지 않을 수도 있다. 말하자면 내적치유의 성공과 실패를 좌우하는 것이 과거의 슬픔으로 돌아갈 수 있는가 없는가에 달려 있다고 봐도 과언이 아닌 것이다.

이렇게 말하는 이유는, 과거의 상실이나 상처를 경험할 때, 그러한 심리적인 작용들은 우리 안에서 억울함이나 서러움 혹은 '한'의 에너지를 발생시키는데, 그렇게 발생된 부정적인 에너지는 방출될 필요가 있기 때문이다.

만일 그 에너지를 충분히 분출하지 않으면, 스트레스가 쌓이고 만성적인 고통이 오는데 크리츠버그(Kritsberg)는 그것을 '만성적 충격'(Chronic Shock)이라 부르고 찰스 휫필드는 '강박 충동의 반복'(Repetition Compulsion)이라고 부른다. 그리고 슬픔이 충분히 해소되지 못한 사람들은 만성적 염려, 긴장, 공포, 과민반응, 분노, 원망, 슬픔, 공허함, 혼란, 죄책감, 수치심 혹은 감정의 마비 등의 증세를 보일 수 있고, 더 나아가 자신은 물론 다른 사람들의 삶에까지 악영향을 끼칠 수가 있는 것이다.

여기에서 제기되는 문제는, 내담자가 과거의 슬픔을 분출해야 되는 이유를 충분히 인식하더라도 현실적으로 매우 어렵다는 것이다. 왜냐하면 과거 사실의 기억을 불러오는 것은 이성적으로 얼마든지 가능하지만, 슬픈 감정은 이미 사라져 버렸기 때문이다.

여기에서 우리는, 하와이 코나의 브루스 탐슨 박사 팀들이 그들의 치유 사역에서 사용하는 한 가지 방법을 주목할 필요가 있다. 치유그룹을 인도하던 한 사역자는, 아버지에게 근친상간을 당했던 한 여성의 마음을 치유하는 과정에서 옆에 앉아 있던 한 남성으로 하여금 그녀의 아버지를 대신해서 용서를 빌도록 했다. 즉 그녀 옆에 앉아서 모든 이야기를 듣고 있던 남성이, 마치 자기가 그녀에게 씻지 못할 상처를 준 아버지였던 것처럼 그녀의 아버지를 대신해서 진심으로 용서를 빈 것이다. 이때 이 남성은 "아빠를 용서해다오"라고 말하지 않았다.

"내가 정말 나쁜 아빠였다. 정말 너에게 큰 죄를 지었다. 나를 용서해 줄 수 있겠니?"라고 물었다.

그러자 그 여인은 흐느껴 울며 다시 과거의 슬픈 상태로 돌아갈 수 있었고, 그 청년의 팔에 안겨서 한참을 울고 난 뒤 그녀를 괴롭히던 증세들이 사라졌다고 보고하고 있다. 그러나 엄밀히 따지면, 이것은 이미 번(Berne)과 다른 TA 치료사들이 사용하는 '시간 보내기'(Pass Times), '연극이나 연회들'(Games And Rackets), 혹은 '대본 분석'(Script Analysis) 등에서 사용하는 '교류'(transactions)의 방법들과 매우 유사한 것이다. 그런 점에서 브루스 탐슨(Bruce Thompson) 박사가 이미 시도했던 것처럼, 이 TA 이론을 조금 변형하여 때에 따라 분위기를 진지하게 이끌고, 누군가로 하여금 가해자를 대신하여 피해자에게 용서를 구하는 방법은 상당히 효과가 있을 것이다.

　이렇게 미처 토해내지 못했던 슬픈 감정들 속에는 다양한 경험들이 뿌리처럼 얽혀있다. 감당할 수 있는 한계를 넘어버린 극단적 학대를 비롯해서, 철저하게 뭉개져버린 자존감, 뼛속까지 들춰 보이고 싶었던 억울함, 그냥 죽어 버리고 싶었던 수치감, 삶의 의욕이 무너져 버린 거절감, 더 나아가 세상의 모든 것을 파괴하고 싶었던 반항심 등이다. 바로 이러한 순간의 감정상태까지 들어내는 아주 좋은 도구가 바로 '아픔의 고백'이다.

　물론 처음부터 과거의 감정 상태로 돌아가지는 않는다. 그러나 누군가가 용기를 가지고 아픈 과거의 일들을 사실대로 묘사하다 보면 어느 순간 감정의 밑바닥에 숨어있던 고통도 얼굴을 드러낸다. 바로 이때가 중요하다. 내담자가 아픔의 기억을 흐느낌으로 쏟아내기 시작하면 인도자는 그 슬픔을 충분히 쏟아내게 배려를 해야 하는 것이다. 기도 중이라면 기도를 끊지 말고 기도의 분위기를 계속 이끌어 주어야 하고, 나눔 중이었다면, 그룹의 멤버들이 조용히 공감을 하면서 충분히 다 울 때까지 기다려 주어야 한다.

　여기에서 우리가 정말 주목해야 하는 중요한 요소가 있다. 바로 성령님의 도우심이라는 것이다. 위의 방법은 일반 심리치료사들이 사용하는 방법을 빌려온 예이지만, 영성치료자들에겐 그야말로 강력한 힘의 원천이신 성령님의 도우심이 있다는 것이다. 그리고 이러한 성령님의 도우심이 있을 때, 내담자들은 위에 소개한 '역할대행'과 같은 방법을 쓰지 않더라도 얼마든지 과거의 슬픔으로 돌아갈 수 있고, 마음껏 슬퍼함으로 마음의 상처를 후련하게 씻어낼 수가 있는 것이다.

예를 들면, 약 40여 명이 모인 그룹에서 모든 강의를 마친 후에, 그저 "자기의 상처를 깨달아 알 수 있도록 조용히 묵상하면서 성령님의 도우심을 구합시다"라고 이야기를 했다. 그리고 잠시 시간이 지나자 여기저기서 깊은 탄식의 눈물들이 쏟아지기 시작했다. 흐느끼며 우는 사람도 있었고, 엉엉 우는 사람들도 있었는데 남자들도 예외가 아니었다.

이런 일은 대중적으로도 일어난다. 선교지에서 진행되는 이너힐링 세미나는 어쩔 수 없이 대중 집회로 진행이 되는데, 약 500명 이상이 될 때도 있다. 공개적으로 전체가 함께 기도할 때 어떤 사람들은 안수하지 않아도 바닥을 데굴데굴 구르면서 아예 절규에 가까운 통곡을 한다. 브라질과 멕시코 같은 남미지역, 아프리카 전역, 태국이나 라오스 같은 인도차이나 혹은 미국이나 유럽도 마찬가지이다. 상처엔 국경이 없고 성령께서도 비자가 필요 없으시기 때문이다.

우리 한국에서도 기독교 초창기엔 이런 일이 있었다.

내적치유나 이너힐링이란 말을 사용하지 않았지만 성령께서 강하게 역사하실 때, 즉 그들의 마음을 만지실 때 성도들이 회개의 눈물을 흘리고 심지어 엉엉 울었던 일들이 수없이 많았는데, 지금도 이런 일들은 얼마든지 가능하다. 같은 성령님의 역사이기 때문이다.

이렇게 과거의 상처 현장으로 돌아가 미처 쏟아내지 못한 슬픔을 토해 내는 것은 매우 중요한 과정이지만, 특별히 조심할 것이 있다면 내담자들이 거부반응을 갖지 않도록, 자연스러운 분위기와 좋은 시설을 갖추는 것, 그리고 인위적인 방법으로 슬픔을 유도하려 한다는 인상은 절대로 주지 말아야 할 것이다. 또한 단순한 감정적인 설움의 눈물이 아니라, 성령님의 어루만짐에서 오는 치유의 눈물을 구별할 줄도 알아야 한다. 왜냐하면 울리기만 하면 자동으로 치유되는 것이 아니기 때문이다.

결국 성령님의 도우심으로 슬픈 기억을 끌어내서 과거로 돌아가고, 미처 토해 내지 못한 마음의 찌꺼기들을 토해 낸 후 새로운 삶을 받아들이게 하는 일이 실제로는 쉽지 않다. 하지만 전혀 불가능한 일도 아니다. 다만 이 부분은 치유 사역자의 경험과 역량에 대한 문제이다. 기본적인 지식과 영성만 있다면, 그리고 함께 하시는 성령님을 자기 스스로 체험한 사람이라면, 그래서 정말로 성령님의 살아 계심을 믿고 의지하는 사역자라면 얼마든지 가능한 이야기이다.

12-4
용서를 통한 치유와 해방

　상처를 발견하고, 아픔을 드러내는 작업에 이어서 이루어져야 할 내적치유의 세 번째 단계는 용서의 작업이다. 상처를 발견하는 일은 우리의 기억력과 훈련, 분석을 겸한 판단력에 의해 이루어질 수 있으나 과거의 슬픔을 다시 느낀다든지, 그 슬픔을 유발한 피해자를 용서하는 일은 더 이상 의식이나 냉철한 판단력으로 해결할 수 있는 문제가 아니다.

　이것은 감정의 문제이며, 이 감정이란 사건이나 사실 자체가 아니라 사건에 대한 반응들을 의미한다. 또한 권위자의 그릇된 행동에 의해 내가 상처를 받을 수도 있지만 권위자의 정당한 행동, 즉 나의 잘못에 대한 정당한 처벌로도 상처를 받을 수 있다.

　여기에서 중요한 것은 내게 피해를 준 권위자의 잘잘못을 따지는 것은 중요한 일이 아니다. 말하자면 실수와 허물이 피해자에게 있든지 내담자에게 있든지 간에, 그 사건이나 상처 혹은 동기를 따져서 책임의 소재를 묻는 일은 아무런 의미가 없다는 것이다.

예를 들면, "그것은 당연히 네가 잘못했기 때문이다"라는 비난이나, "너의 아버지는 당연히 그럴 수밖에 없었다"는 등의 이야기는 그 말이 사실이라 하더라도, 오히려 치유를 시도하는 치유자도 나에게 상처를 준 사람과 같은 사람이라는 인상만 줄 뿐 전혀 도움이 되지 않는다. 내담자 자신이 이미 자기의 잘못을 알고 있지만, 상한 곳은 감정이지 머리가 아니기 때문이다.

린다 엘리엇(Lynda D. Elliott)도 이점에 동의하는데, 그녀에 의하면 도움을 주고자 하는 사람은 도움을 줄 수 있는 방법을 발견하고, 그의 슬픔을 받아주며, 그 사람 곁에 있어 주는 것도 모두 중요하지만 절대로 비난이나 판단하지 말 것을 또한 권면한다. 그러므로 이 시점에서 매우 중요한 것은, 내담자의 마음에 남아 있는 위로받지 못한 슬픔의 처리이며, 이 경우 조금은 유치하게 보일지 모르지만 어린아이를 달래는 것과 같은 무조건적인 용납이 내담자에게 필요하다.

왜냐하면 내담자가 자신을 무조건적으로 용납하는 후원자가 있다는 것을 마음으로 느낄 수 있다면, 의외로 '슬픔 토해내기'의 과정이 쉬울 수 있고, 이 과정을 진정으로 거친다면 후련한 마음과 함께 상대방을 용서할 수 있는 마음까지도 생길 수 있기 때문이다.

내적치유에서 치유의 최대 장애물이 있다면 용서하지 못하는 마

음이다. 그리고 많은 경우에, 내담자들이 가해자들을 용서하였음에도 불구하고 계속 그들에 대해 쓰라린 감정을 가질 때가 있다. 그러나 이 말은 아직도 완전한 용서가 이루어지지 않았다는 말에 다름 아니다. 왜냐하면 진정한 의미에 있어서의 용서는 우리의 마음속에 있는 분노, 원망, 앙심 혹은 복수심 등의 올무로부터 해방시켜줄 수 있는 열쇠이기 때문이다.

그런 의미에서 찰스 크래프트(Charles H. Craft)는 용서를 일종의 '영적 배설 기관'으로 보았다. 인간의 신체 구조로 볼 때, 배설 작용이 제대로 이루어지지 않거나 노폐물을 몸에 지니고 있다면 그로 인해 몸에 이상이 오듯이, 누군가에 대한 용서가 제대로 이루어지지 않는다면 그로 인한 영적인 질병을 갖게 된다는 것이다.

그러나 용서의 필요성을 아무리 강조한다 해도 진정한 의미에서 용서가 이루어지는 것은 결코 쉽지 않다. 왜냐하면 이 용서의 작업은 우리의 냉철한 판단력이나 이성에 의해 일어나는 것이 아니고, 내면 깊은 곳에 숨어 있는 감정의 밑바닥에서 일어나는 심리작용이기 때문이다.

더욱 중요한 것은 이 용서의 작업은 바로 자기 자신을 위한 일이라는 것이다. 영적인 악취가 나는 영적인 배설물을 내가 가지고 있다고 해서 내게 상처를 준 사람이 고통을 당하는 것이 아니다. 내게 고통을 준 사람은 자기가 내게 한 일을 전혀 기억하지 못할 수도 있다. 결국 용서하지 못하는 악한 마음의 열매는 고스란히 내 몫이라는 것이고, 그래서 주님은 끝없는 용서가 참된 지혜임을 우리에게 이렇게 알려주셨다.

"예수께서 이르시되 네게 이르노니 일곱 번뿐 아니라 일곱 번을 일흔 번까지라도 할지니라"(마 18:22).

치유 세미나에 참여했던 한 브라질 목회자를 오랜만에 만났을 때 내게 들려준 이야기가 있다.
"용서에 대해 알기 전에는 자기 마음의 그물이 얼마나 좁았는지 작은 멸치들도 모두 걸렸었고, 그래서 목회가 너무 힘들었었는데, 지금은 마음의 그물이 얼마나 넓어졌는지 상어도 그냥 지나가요."
그런데 정말 달라진 것은 그분의 편안해진 얼굴이었다.

치유자는 내담자의 마음속에 용서가 일어나도록 도와주어야 하는데, 그런 과정 속에서 내담자가 화를 내거나 용서하지 않을 권리가 있음을 확인시켜주며, 동시에 용서하지 못했을 때의 예상되는 부정적인 삶에 대해서도 친절하게 설명해줄 필요가 있다.
또한 내담자가 용서하려는 사람이 결코 무죄가 아니라는 점을 치유자도 인정해야 된다. 하지만 내담자에게 피해를 입힌 가해자의 삶을 내담자와 함께 살펴봄으로써, 가해자 역시 또 다른 사람에게 피해를 입은 피해자임을 상기시켜 주는 일은, 내담자의 마음속에 일어나야 하는 용서의 과정을 크게 도울 수 있을 것이다.

용서의 과정에서 제기되는 또 다른 문제는, 용서의 대상이 비록 가해자에게만 국한되는 것이 아니라는 것이다. 왜냐하면 어떤 피해자들은 비록 가해자로 인해 문제가 시작됐다 하더라도, 보다 나은 방법으로 대처하지 못한 자신의 선택을 후회하며 괴로워하기 때문이다.

특히 어렸을 때 상처를 당한 경우에는 더욱 그러하며, 이러한 경우는 피해자가 자기 자신을 또 다른 가해자로 간주하고 있는 것이다. 그러므로 진정한 용서란, 더 이상 과거의 사슬에 매이지 않도록 가해자는 물론 자기 자신까지도 용서하며 용납하는 것이다.

위에서 언급한 '슬픔 드러내기'의 과정과 '용서를 통한 치유와 해방'의 과정에서 반드시 다루어야 할 것이 있다. 그것은 이 과정들이 공개적인 고백으로 이루어질 때 효과가 높을 수 있다는 것이다. 마음속 깊이 숨겨놓았던 부끄러운 사실들이 사람들 앞에 공개된다면, 더 이상 비밀스러운 일이 아니며 자신의 고통을 객관적으로 처리할 수 있는 장점을 가지고 있기 때문이다.

그러므로 치유를 인도하는 지도자가 내담자로 하여금 자신의 수치를 드러낼 수 있도록 용기를 북돋우는 것과, 드러낸 이후에 또 다른 상처를 받지 않도록 세심한 주의를 기울여야 함은 물론이다.

12-5
회심의 심리학적 도전

웨인 오츠(Wayne E. Oates)에 의하면 회심(conversions)을 어떤 한 종교의 전유물로 여기는 것은 큰 오산이며, 종파에 따라 차이는 있지만 회심을 중요하게 여기지 않는 종교가 없다는 것을 지적하고 있다. 동시에 그는 회심을 어떤 한 신념으로부터 다른 신념으로, 한 종교로부터 다른 종교로, 또는 한 종교집단으로부터 다른 종교집단으로 옮기는 행위로 보았으며, 이 경우에 지속적이든 일시적이든 간에 격렬한 감정과 열렬한 종교적 태도가 수반된다고 보았다.

그렇다면 그가 말하는 기독교적 회심이란 무엇인가?

그가 말하는 성경적 회심이란 하나님과 만나 화해를 이룸으로써 우리에게 일어나는 내면적이면서도 객관적인 변화를 의미하며, 동시에 이것은 그리스도 안에서 하나님과 자신을 동일시함으로써 일어나는 영적인 변화의 결과로 보았다. 만약 우리가 회심에 대한 웨인 오츠의 정의를 수용할 수 있다면, 동시에 내적치유가 달성해야 할 중요한 과제 중 하나로서 클라인벨이 말하는 성장 지향적인 목표를 인정한다면, 위에서 언급한 피해자의 가해자에 대한 용서가 일어나는 시기야말로, 피해자에게 회심을 일으킬 수 있는 결정적인 기회라고 생각한다.

왜냐하면 내게 상처를 준 권위자를 용서할 수 있다는 것은, 더 이상 과거의 권위자들이 심어준 신념들과 가치체계에 얽매일 이유가 없다는 것을 의미하기 때문이다. 따라서 이제야말로 진정한 의미에서의 완전하고도 완벽한 권위자, 그 누군가에 의해 조정되거나 조작되어지지 않는 절대적인 선으로서의 진정한 권위자인 하나님을 소개할 수 있기 때문이다. 물론 이 순간에 내적 치유자가 할 일은 하나님이 왜 우리의 권위자가 되어야 하는지를 이론적으로 설명할 수 있어야 한다.

이런 과정을 위하여 특별한 프로그램을 개발하거나, 이미 내적 치유를 경험한 훈련된 팀을 활용하는 것은 좋은 시도이다. 그러나 중요한 것은 내담자를 진정으로 위로하며, 왜 하나님이 좋으신 아버지인지를 분명하고도 설득력 있게 밝힐 수 있어야 한다. 왜냐하면 하나님은 당신 스스로를 우리의 아버지라고 밝히며, 더 나아가 사랑이 충만하신 정말 좋으신 아바 아버지(Abba Father)라고 말씀하셨지만, 아버지로부터 상처가 있는 사람들은 아버지라는 단어에 이미 부정적 이미지를 갖고 있기 때문이다.

한번도 아빠라고 불러 보지 못하고 엄격한 유교적 가정에서 매만 맞고 자란 사람들이 과연 아빠라는 뉘앙스를 이해할 수 있을까? 늘 바람을 피우며 술과 노름에 찌들고 어머니를 구타하며 언제나 행패를 부리는 아버지에 대한 부정적인 선입관을 가진 사람은 하나님 아버지, 즉 아버지라는 단어만 들어도 벌써 적개심과 폐쇄, 그리고 반항심이 작용하게 되는 것이다.

그러나 내담자가 부정적인 아버지의 창으로 하나님을 바라보던 무의식적인 반작용을 스스로 인식하고, 모든 사람을 진정 사랑하시는 하나님의 신실성을 발견할 수만 있다면, 그리고 그 하나님을 새로운 권위자로 받아들이기만 한다면, 우리는 이것을 기독교적 회심 혹은 거듭남의 사건이라고 부를 수 있는 것이다.

물론 이 과정은 쉽지 않다.

왜냐하면 본인이 인정하고 느끼고 결단함으로써 하나님을 새로운 권위자로 인정한다 해도, 새로운 삶의 변화를 결정적으로 방해하는 요소가 있는데, 그것은 이미 자기의 삶 속에 깊이 뿌리를 박고 있는 삶의 습관, 특히 죄의 습관들이다.

그동안의 사역경험으로 볼 때, 이 문제는 매우 중요한 의미를 가진다. 말하자면 내담자들이 설령 권위자에 의한 상처가 우리 마음의 숨겨진 부분, 즉 무의식에까지 깊숙이 영향을 준 것은 인정한다고 해도, 그 영향력으로부터 완전히 해방되기엔 아직 또 다른 문제가 남아 있는데, 그것은 이미 고착되어 굳어진 죄의 습관인 것이다.

그 문제를 추적해 보자. 우선 권위자로부터 받은 거절이나 증오, 혹은 상처에 대한 내담자의 첫 번째 반응은 그것이 수동적이든 공격적이든 간에 우선 마음에 상처가 된다. 그리고 마음이 상한 피해자는 자기 스스로를 불쌍히 여기는 자기연민에 빠질 수 있고, 자기를 위로하고자 하는 자아연민의 방식은 반항심에 기초를 둔 것이기 때문에 그것은 곧 비행으로 이어질 수가 있는 것이다.

만약 청소년들의 경우라면 술, 담배, 자위행위, 폭력, 마약, 가출 등으로 이어질 수 있고, 이러한 삶의 태도가 반복될 때 습관으로 고착되며, 성인이 되어서도 고칠 수 없는 정욕적인 죄의 습관으로 우리의 마음속에 존재할 수 있기 때문이다. 너무 비약적인 발전이 될 수도 있겠지만, 교인은 물론 성직자 가운데서도 문제가 발생할 수 있으며, 습관적으로 술, 담배, 마약 혹은 비정상적인 이성과의 관계를 찾는 것, 혹은 그것들에게 중독이 되어서 끊거나 절제할 수 없는 것도, 문제가 생길 때마다 자기를 위로했던 방법에 길들여져 있기 때문일 수 있는 것이다.

여기에서 아주 중요한 것은, 습관이 되어버린 삶의 태도들은 치명적 상처에 대한 2차적인 반응이지만, 이미 자기의 삶 속에 무의식으로 고착되어 막강한 힘을 발휘하며 기생하는 것이다.

예를 들어보자. '이너힐링 세미나'에 참석했던 한 여성은 자신에게 영향을 주었던 부정적 권위자들과, 그로 인해서 상처로 얼룩진 자신의 모습을 발견하곤 뜨거운 눈물을 흘렸다. 그는 과거의 권위자들을 용서한다고 선포하고, 그리스도를 새로운 권위자로 인정한다고 고백했다. 그러나 그녀의 삶은 전혀 변하지 않았다. 물론 고백하던 순간은 진실이었으며, 그녀 또한 진정으로 그렇게 되기를 원했다. 그러나 그녀는 사춘기 시절, 가출을 시도한 이후 그날에 이르기까지, 자기에게 뿌리깊게 자리잡고 있었던 습관적 정욕의 뿌리, 즉 술, 담배, 춤, 그리고 이성이 주는 쾌락의 깊이에 너무 깊게 중독되어 있었기 때문에 그 생활을 완전히 버리지 못한 것이다.

말하자면 그 여성은 자신의 문제와 문제의 시작은 정확히 인식했지만, 자아연민의 결과로 주어진 습관적 죄의 쾌락과 충동을 떨치지 못하고 다시 과거로 돌아간 것이다. 이 여인의 경우, 우리는 내적치유에서 실패했다고 볼 수 있다. 왜냐하면 진정한 내적치유는 그 사람의 습관을 형성시켰던 마음속에 있던 뿌리깊은 상처의 치료를 의미하며, 이 상처가 진정으로 치유된다면 더 이상 자아연민의 감정을 느낄 이유가 없고, 따라서 자아연민의 감정이 사라지면 더 이상 비정상적인 방법으로 자기를 위로해야 할 이유가 없어지기 때문이다.

그리고 이것은 결국 습관적인 행동을 유발했던 '충동의 근원이 약해지는 것'을 의미하기 때문에 그동안 자신을 지배했던 중독을 끌어당기는 욕구가 매우 약해진다. 심지어 중독에 대한 충동이 전혀 나타나지 않을 수도 있다. 그러므로 그 어느 때보다도, 이미 중독이 되었던 부정적인 습관들을 고쳐 나갈 수 있는 좋은 기회가 되는 것이다.

 따라서 진정한 내적치유란 뿌리 깊은 상처는 물론 상처의 후유증까지도 극복할 수 있는 힘을 얻게 되는 것이며, 그 힘으로 말미암아 여전히 남아있는 모든 유혹들을 극복하고, 그 마음과 영혼, 그리고 삶의 태도까지를 새롭게 변화시키는 역동적인 목회의 도구인 것이다.

 이너힐링 사역의 특별한 힘이 바로 여기에 있다.
 이너힐링 사역을 통해 근본적인 치유와 변화를 이룬 사람들이 수없이 많기 때문이다. 특별히 주목할 것은, 제자훈련의 마지막 단계에서 마지막까지 방해하는 것이 대부분 숨겨놓은 죄의 문제와 진정한 회심의 문제인 것이 사실이라면, 진정한 제자훈련의 마지막 단계에서 치유사역을 진행해 보는 것은 아주 좋은 아이디어이다. 그 모든 것을 씻어내고 진정으로 결단하는 회심에 이를 수가 있기 때문이다. 그래서 이너힐링 사역은 제자훈련의 꽃이라고 볼 수도 있다.
 그러나 중요한 것은, 이러한 모든 과정은 하나님의 은혜와 성령의 역사하심이 없이는 결코 불가능하기 때문에, 지도자 자신이 먼저 치유가 되어 있어야 하고, 성령의 도우심에 대한 확신을 갖고 사역에 임해야 할 것이다.

12-6
지속적인 양육

　내적치유를 잘못 시도하면 오히려 역효과가 나타나는 것은 말할 것도 없다. 내적치유의 전 과정은 처음부터 마지막까지 세심한 용납과 사랑이 필요하다. 특별히 내적치유를 시도하는 지도자는 물론 내담자 자신들도 치료의 과정에서 드러난 상처나 상처의 고백들로 인해 또 다른 수치심, 분노, 두려움, 죄책감 등의 감정에 빠지지 않도록 마무리를 잘해야 한다. 그런 의미에서 지속적인 양육의 과정은 내적치유 과정의 마지막 단계이며, 동시에 새로운 삶의 첫 발자국이기도 하다. 물론 이 경우에는, 위에서 다룬 모든 과정들이 순조롭게 진행되었음을 전제로 하는 것이다.

　이미 내적치유가 된 사람이라 하더라도 계속적인 양육이 필요한 결정적인 이유 두 가지가 있는데, 하나는 습관의 문제이며 다른 하나는 성장의 문제이다. 습관의 문제라고 하는 것은 일차적인 도전이었던 상처로 인해 형성된 자기연민의 방식 혹은 탈출구로서, 이미 중독이 되어 있는 쾌락을 포기해야 하는 것을 의미하며, 만약 포기하지 못한다면 다시 과거로 돌아갈 수밖에 없기 때문이다. 뿐만 아니라 새로운 삶의 태도가 그 사람에게 새로운 삶의 습관으로 정착이 될 때까지 그를 도와야 하기 때문이다. 그리고 성장의 문제라는 것은, 이미 고백을 통해서 청소가 된 마음을 그대로 방치할 경우, 또 다른 종류의 부정적 요소가 마음의 주인으로 자리를 잡아 새로운 고통을 내담자에게 줄 수도 있기 때문이다.

이 두 가지 문제를 동시에 해결할 수 있는 방법이 바로 계속적인 양육 프로그램이다.

예를 들면, 내적치유의 과정을 마친 사람들로 하여금 교회 내에 있는 '성경공부 프로그램'이나 '제자훈련 프로그램' 등에 합류하게 하여 새로운 권위자이신 예수님에 대한 새로운 가치를 발견하도록 도와주는 것이다. 이런 과정을 통해 새로운 가치관이 형성될 때마다 습관적인 쾌락을 이겨야 하는 동기부여가 될 것이고 자기 자신의 신앙적인 성숙을 지향하는 삶에 대한 새롭고도 건전한 요구가 생기게 될 것이다.

특히 지도자가 목회자이며 내담자가 그 교회의 교인이라면, 목회자는 내담자의 변화되고 성숙해 가는 과정을 인정해주고 목회자로서 내담자를 신뢰하고 있음을 보여주어야 한다. 이 경우에 그 사람이 감당할 수 있는 교회의 중요한 일을 맡겨서 신앙적 성취감에서 오는 보람을 느끼게 할 필요가 있고, 혹시 아직도 치료되지 않은 상처의 흔적이 나타난다 해도 양육의 전 과정을 내적치유의 과정으로 이해해서 계속적으로 치유가 될 수 있도록 도와주어야 한다. 왜냐하면 치명적인 상처는 일회적이거나 같은 종류의 것들로만 형성된 것이 아니며, 마치 양파껍질처럼 매우 다양한 양상으로 우리의 마음을 감싸고 있기 때문이다.

지속적인 양육을 위해 특별히 좋은 방법은 내적치유 프로그램을 세미나나 혹은 힐링 캠프 등의 교회의 정기적인 행사로 정착시켜서, 이미 이 과정을 끝낸 사람들로 하여금 또 다른 사람들을 돕는 일에 헌신시키는 것이다. 내적치유의 과정을 마치고 또 다른 사람의 치유를 위해 헌신된 봉사자들은, 다른 사람들의 감격적인 변화를 지켜보는 가운데 자신들의 변화를 현실로 인식할 것이며, 또한 다른 사람의 문제를 통해서 이전에 몰랐던 자신의 새로운 문제들을 발견하여, 보다 성숙한 자아를 위해 나아갈 수 있을 것이다.

지속적인 양육에서 주목하는 것은, 양육이 배우는 과정을 통해서만 이뤄지는 것이 아니라, 자신이 그 사역자의 입장이 되거나 사역을 돕는 지도자의 역할을 통해서 더 큰 양육이 이루어질 수 있고, 이러한 양육이 곧 지도자로 성장해 가는 과정이라는 것이다. 이러한 지속적인 성장이 우리 모두를 그리스도의 장성한 분량에까지 이르게 할 것이다.

12-7
치유 인도자를 위한 12가지 주의 사항

1. 이너힐링을 본인이 먼저 경험하라.

인도자는 이 과정을 시작하기 전에 내적치유에 대한 이해와 목표를 분명히 해야 한다. 그러기 위해서는 인도자가 먼저 배우고 자기 스스로 치유된 경험이 있어야 한다. 한 번도 가본 적이 없는 길을 어떻게 인도할 수 있겠는가? 광야에서 40년을 보낸 모세이기에 백성들을 광야에서 안전하게 인도할 수 있었다. 인도자가 치유된 만큼, 즉 인도자가 경험한 만큼 다른 사람들의 치유를 효과적으로 도울 수 있는 것이다.

2. 히든 커리큘럼에 눈을 뜨라.

만약 당신이 치유그룹을 인도하는 지도자라면 커리큘럼을 잘 사용할 줄 알아야 한다. 커리큘럼에는 눈에 보이는 교과과정으로서의 커리큘럼도 중요하지만, 또 한 가지 감추어져 있는 커리큘럼

(hidden curriculum)도 있음을 알아야 한다. 감추어진 커리큘럼이란 곧 환경을 의미하는데, 아름다운 테이블보를 비롯하여 꽃병의 꽃, 풍선장식, 음식 혹은 간식, 눈에 보이는 자연경치, 교실의 구조 등으로써 기본적으로 내담자들이 정말 귀하게 인정받고 있다는 느낌을 받도록 하는 것이 중요하다. 천대받는 느낌을 주면 마음을 열지 않게 되기 때문이다. 또 하나의 히든 커리큘럼은 회원들 간의 상호 조화이다. 갈등이나 마찰이 일어나지 않도록 상호간의 품위를 지키며 서로를 인정하고 존경하는 분위기를 항상 유지해야 하고 그것이 바로 지도자의 능력이다.

3. 정죄나 비난은 금물임을 기억하라.

인도자는 모든 과정을 진행하는 동안 절대로 회원들을 정죄하거나 비난해서는 안 된다. 신뢰와 무조건적인 사랑을 경험할 수 있도록 철저하게 내담자 편에 서 주어야 한다. 잘못하면 내담자의 피해의식과 열등감 혹은 자존심을 건드릴 수가 있고, 이 경우의 대부분은 내적치유에서 실패하기 때문이다. 또한 대부분의 경우 자신의 잘못은 자기가 알기 때문이며, 자기의 잘못을 알면서도 무조건 감싸주는 인도자를 보면, 인도자가 철저히 자기를 이해해 준다는 신뢰와 함께 비로소 마음의 문을 열기 때문이다. 즉 어떤 경우든지 정죄나 비난은 실패의 지름길이다.

4. 경청의 기술은 기본임을 명심하라.

인도자는 경청의 기술을 가지고 있어야 한다. 인도자는 회원들이 사용하는 단어, 자세 혹은 몸의 동작을 통하여 회원들이 말하고자 하는 의도와 감정을 이해하며, 동시에 그들에게 자기를 드러낼 수 있는 용기와 분위기를 독려해야 한다. 특히 무의식적으로 일어나는 저항이나 짜증 혹은 무의식적 도피나 무시와 같은 몸의 언어를 읽을 수 있어야 한다. 당연히 악한 영의 방해도 눈치 챌 수 있어야 한다.

5. 성령님의 도우심을 구하라.

내담자를 진정으로 사랑하고 보살핌으로 당신의 사역을 통해서 하나님의 사랑과 긍휼을 느끼게 하라. 즉 치유의 능력은 당신에게서 나가는 것이 아니라 오직 성령님의 도우심이다. 하지만 내담자는 당신의 인도에 따라 성령님의 도우심을 경험한다. 그 인도를 잘하는 방법은, 내담자의 영혼을 당신이 먼저 진정으로 사랑하는 것이고, 그것을 내담자로 알게 하라는 것이다.

6. 진단이나 처방은 금물이니 삼가하라.

내담자가 자신의 문제를 진단할 수 있도록 상처의 통로와 증상들에 대해서는 자세히 설명하되, 지도자가 개인의 문제를 진단해 주는 것은 매우 조심스러운 일이다. 당사자 스스로가 자가 진단이 되지 않는 문제라면 적극적 치유의지가 나타나지 않게 되고, 본인 스스로 문제의 심각성을 인식할 때 변화에 대한 의지가 강하게 나타나기 때문이다.

7. 비밀은 꼭 지키라.

세미나의 마지막 과정에서 이루어지는 '아픔 드러내기' 시간에 행해진 고백은 절대적으로 비밀이 지켜져야 하고, 그러기 위해서는 팀 구성부터 믿을 만한 사람들로 구성해야 한다. 보통은 두 가지로 진행하는데, 우선 함께 공부한 내담자 전원이 있는 자리에서 고백하는 시간을 갖든지, 아니면 공부한 내담자들과는 별도로 사역자나 훈련된 사람들, 즉 어느 정도 비밀이 보장될 것이라고 신뢰할 만한 사람들 앞에서 진행한다. 만약 고백이 새어나가서 더 큰 문제가 될 수 있다고 판단되면, 개인적 고백 없이 성령님의 도우심을 구하는 기도로 대신하는 것이 더 좋을 수도 있다.

8. 내담자를 판단하지 말라.

고백의 내용이 '죄냐 아니냐?' 판단하지 말고, 특히 사역자가 회개를 강요해서도 안 된다. 죄의 문제는 주님이 이미 십자가에서 해결해 주셨다. 부끄러움을 무릅쓰고 죄를 고백한 사람에게는 판단의 잣대가 아니라 진정한 사랑과 기도로 위로해 주어야 한다. "그러므로 너희 죄를 서로 고백하며 병이 낫기를 위하여 서로 기도하라" (약 5:16)는 말씀처럼, 용기를 내어 고백을 한 결과가 용납이 아니고 판단이라면 오히려 더 큰 상처를 받고 떠나게 될 것이다.

9. 사역자의 역할은 고치는 것이 아니라 돕는 것임을 명심하라.

내적 치유자의 책임은 최선을 다해 그들을 돕는 것이지 그들을 고칠 책임이 있는 것이 아니다. 그러므로 상처의 모든 가능성을 열어두고 다양한 방법을 동원해서 상처를 설명하면, 내담자들은 자기의 경우와 완전히 일치하지 않아도 비슷하게 진행된 자신의 모습을 스스로 파악하게 된다. 그러므로 결과는 하나님께 맡기고 기도하며 최선을 다해야 한다.

10. 배우는 것 자체가 치유임을 기억하라.

가르치고 배우는 과정 자체가 또 하나의 치유이다. 진정한 건강은 치유보다 예방이 더욱 중요하기 때문이다. 그러므로 내적치유의 과정을 책 한 권 공부하면 된다고 생각하는 것은 오산이다. 이것은 마치 제자훈련을 책 한 권 공부하면 되는 것으로 생각하는 것만큼 잘못된 것이다. 인간의 생명이 오묘하듯 상처의 세계도 다양하고 오묘하다. 실제로 상처가 변하여 보석이 되기도 하고, 상처를 잘 다루면 잡초가 장미로, 지렁이가 왕자로 변하기도 한다. 이러한 내용이 사실이라고 진주가 자기 모습으로 보여주고 있지 않은가? 그러므로 치유를 위해서는 다양한 노력과 연구가 필요하고, 상처예방을 위해 열심히 가르치는 일도 매우 중요하다.

11. 영적 자원을 활용하라.

내적치유 사역자는 상당한 훈련을 받았어도 전문적인 의사가 아니므로 수면제, 신경안정제, 항우울제 혹은 다른 약의 복용을 권면하는 등의 법을 위반하지 말아야 한다. 만약 그러한 경우라면 아예 전문 의사들의 도움을 받도록 권하는 것도 지혜로운 방법이다. 그들에게도 이미 입증된 좋은 자료들이 있기 때문이다. 다만,

우리는 차원을 달리해서 보다 높은 영성적 전인성을 추구하며, 완전한 해방과 그리스도의 장성한 분량에 이르도록 돕기 위해 성령님의 도우심을 간구해야 한다. 특히 성령님과 함께 하는 찬양과 말씀과 기도 속에는 인간의 삶을 송두리째 변화시킬 수 있는 두나미스, 즉 다이내믹한 능력이 있다. 오직 성령님만 우리의 숨겨진 깊은 마음을 만지실 수 있는 것이고, 바로 이것이 일반 심리치료자들은 전혀 갖지 못한 특별한 자원이다.

12. 모든 병을 고칠 수 없지만 그래도 병원은 필요함을 알라.

각종 암을 비롯해서 인간이 가지고 있는 모든 질병을 완벽하게 치료해 내는 병원은 존재하지 않는다. 심지어 어떤 경우는 치료는 물론 원인도 모르는 질병도 많이 있다. 그렇다고 해서 이 땅의 모든 병원이 필요가 없는 것일까?

어떤 점에서 이너힐링 사역도 마찬가지이다. 어떤 사역자도 모든 마음의 상처를 완벽하게 치유할 수는 없다. 모든 상처와 죄로부터 완벽하게 치유된 상태란 다른 말로 완전한 의인이라는 뜻인데, 성경은 이러한 의인은 하나도 없다고 선포한다. 어떤 경로로든지 상처가 있을 것이고 상처의 흔적이 남아 있다. 또한 어떤 치유는 시간이 많이 걸리기도 한다. 너무 오래 앓아왔기 때문이다. 또한 육신적 질병이 수백 수천 가지로 다양하고 거기에 맞는 전문 병원들이 모두 따로 있듯이, 내면의 상처도 마찬가지로 다양하다. 한 사람에게서 합병증이 나타나기도 하고 이전에 몰랐던 새로운 질병에 걸리기도 한다. 그러므로 완전한 치유가 되어서 순결한 천사가 될 수는 없는 일이다.

그렇다면 이너힐링 사역을 왜 하는가? 그것은 일반 심리 치료자들이 해결할 수 없는 영적인 문제가 인간의 삶 속에 너무 뿌리 깊게 박혀 있고, 그 문제로 수많은 사람들이 고통받고 있기 때문이다. 심지어 일반 심리학에서 문제가 없다고 보는 정상인조차도 그 내면에 갈등과 문제를 안고 있으며, 직업이나 신분에 관계없이 때론 성직자까지도 포함하여 해결은 물론 원인도 알지 못하는 이유들로 해서 자기 성장에 방해를 받고, 동시에 이런 이유들로 해서 부정적인 결과들이 삶 속에 나타나기 때문이다.

더욱 중요한 이유는, 모든 인간들이 가지고 있는 치명적인 갈등과 문제들을 완전하게 치유하지는 못하지만, 그중의 어떤 사람들에겐 정말 도움이 되기 때문이다. 모든 질병을 완벽하게 치유하지는 못해도 병원이 꼭 필요한 것처럼, 누군가의 삶을 변화시킬 수 있고, 새롭게 할 수 있으며, 하나님과의 막힌 담을 허물 수도 있고, 더 나아가 하나님의 형상을 닮은 진정한 지도자로 성숙하게 하는 일에 큰 도움이 될 수 있기 때문이다.

에필로그

부정적인 옷들을 벗어 버리는 작업

21세기를 준비하기 위해 동물들이 모였다. 그리고 다가오는 미래를 대비하는 가장 좋은 방법은 역시 교육이라고 결론을 내리고 동물학교를 세웠다. 그리고 동물들에게 가장 필요한 과목을 결정했는데 달리기, 나무 오르기, 날기, 헤엄치기 등이었다.

오리는 수영은 잘해서 좋은 성적을 받았지만, 달리기는 낙제였다. 할 수 없이 방과 후 연습까지 했지만, 결과는 성적의 향상이 아니라 물갈퀴가 너덜너덜해진 상처 난 발이었다.

토끼는 달리기는 너무 잘했지만, 수영의 기초를 연습하면서 물을 얼마나 많이 먹었는지 결국 물을 무서워하는 노이로제에 걸리고 말았다.

다람쥐에게 나무 오르기 과목은 너무도 쉬운 과목이었다. 하지만 근육에 무리가 될 정도로 날기 연습을 반복하다가 결국 근육에 쥐가 나서 그 잘하던 나무 오르기 과목도 통과하지 못했다.

독수리는 입학 때부터 문제아였다. 날기는 잘했지만 달리기 과목 연습을 할 때는 큰 날개를 퍼덕이며 운동장 전체에 먼지를 일으켜 다른 동물들에게 피해만 주었기 때문이다.

그런가 하면, 두더지는 동물학교에 땅 파기 과목이 없어서 아예 입학도 하지 못했다. 그리고 학교를 다녀 보지 못한 학력에 대한 열등감이 평생의 한이 되었다.

조금 각색은 되었지만, 교육학자인 조지 레비스(George H. Reavis)가 교육학적 관점에서 펴낸 '동물학교'(The Animal School) 라는 우화집의 내용인데, 위의 내용을 생각해 보면 우리들 인생과 비슷한 점이 많이 있는 것 같다.

누군가가 만들어 놓은 사회의 구조와 규범에 적응하기 위해 몸부림치는 일이 얼마나 많은가? 그리고 그런 과정을 거치면서 자기도 모르게 만들어진 무의식이나 고정관념, 혹은 부정적 선입견으로 인해 정체성의 상처를 받는 사람은 또 얼마나 많은가? 부정적인 성품과 태도는 물론이고, 왜곡된 인생관이나 가치관을 가진 사람들은 또 얼마나 많은가? 더욱 중요한 것은 절뚝거리며 인생을 살면서도 자신이 상처로 얼룩진 존재라는 것조차 모르는 사람들은 또 얼마나 많은가?

레비스 박사가 소개한 상처받은 위의 동물들이 동물학교가 만든 기준을 절대화하는 대신, 각자 자기의 삶을 있는 그대로 받아들여서 자기의 정체성을 극대화했다면 어떤 일이 벌어졌을까? 말할 것도 없이 가장 자기다운 삶을 살았을 것이다.

어떤 의미에서 이너힐링, 즉 내적치유는 이러한 과정과도 비슷하다. 자기에게 나타나는 모든 부정적인 옷들을 벗어 버리는 작업이라고 볼 수 있기 때문이다. 그리고 세상이 만들어서 내게 입힌 모든 상처의 후유증을 벗어버리고 나의 생명을 이 땅에 내실 때, 하나님이 계획하셨던 내 삶에 대한 하나님의 오리지널 디자인을 여쭙는 것이다.

그리고 하나님 앞에서 하나님의 형상으로서의 자신의 참모습을 발견할 때, 인생의 어느 시점에 있든지 우리는 대 감격, 대 감사의 길에 설 수 있지 않을까?

정체성에 상처 있는 이들을 생각하며...
- 우광성

일상생활에서 성령님과 친밀하게 교제하는 비결

오늘 우리의 삶에서 역사하시는
성령님의 인격, 능력, 목적, 사역!

해럴드 J. 살라 지음

내 영혼의 편지

따스한 아버지의 사랑!
감격하는 영혼!
시간이 흘러도 바래지 않는 은혜의
편지를 당신에게 드립니다.

전담양 목사 지음

반평의 천국

기적이 일상이 되는 삶의 비결!
반평짜리 간이 침대에서 만난 천국

사방이 막히고 조여드는 고통 속에서도
주님의 사랑이 다시 살린 삶의 이야기!

성화영 선교사 지음

<맞춤형 30일간 무릎기도문 시리즈>

염려대신 기도합시다! 기도하면 문제가 해결됩니다!

가정❶ 자녀를 위한 무릎기도문
가정❷ 가족을 위한 무릎기도문
가정❸ 남편을 위한 무릎기도문
가정❹ 아내를 위한 무릎기도문
가정❺ 태아를 위한 무릎기도문
가정❻ 아가를 위한 무릎기도문
가정❼ 재난재해안전 무릎기도문(부모용)
가정❽ 재난재해안전 무릎기도문(자녀용)
가정❾ 십대의 무릎기도문(십대용)
가정❿ 십대자녀를 위한 무릎기도문(부모용)

교회❶ 태신자를 위한 무릎기도문
교회❷ 새신자 무릎기도문
교회❸ 교회학교 교사 무릎기도문

365❶ 우리 부모님을 지켜 주옵소서(365일용)
365❷ 번성하게 하고 번성하게 하소서(365일용)
365❸ 자녀축복 안수 기도문(365일용)

기도❶ 선포(명령) 기도문

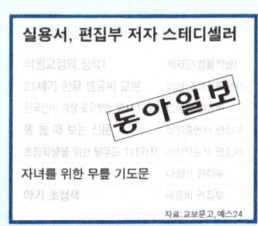

동아일보- 2016년 2월 4일자

망망한 바다 한가운데서 배 한 척이 침몰하게 되었습니다.
모두들 구명보트에 옮겨 탔지만 한 사람이 보이지 않았습니다.
절박한 표정으로 안절부절 못하던 성난 무리 앞에 급히 달려 나온 그 선원이
꼭 쥐고 있던 손바닥을 펴 보이며 말했습니다.
"모두들 나침반을 잊고 나왔기에… "
분명, 나침반이 없었다면 그들은 끝없이 바다 위를 표류할 수 밖에 없을 것입니다.

우리는 삶의 바다를 항해하는 모든 이들을 위하여
그 나침반의 역할을 하고 싶습니다.
우리를 구원하신 위대한 주 예수 그리스도를 널리 전하고 싶습니다.

"하나님은 모든 사람이 구원을 받으며
진리를 아는 데에 이르기를 원하시느니라"
(디모데전서 2장 4절)

이너힐링

지은이 | 우광성 목사
발행인 | 김용호
발행처 | 나침반출판사

제2판 발행 | 2019년 1월 15일

등   록 | 1980년 3월 18일 / 제 2-32호
주   소 | 07547 서울특별시 강서구 양천로 583
          블루나인 비즈니스센터 B동 1607호
전   화 | 본사 (02) 2279-6321 / 영업부 (031) 932-3205
팩   스 | 본사 (02) 2275-6003 / 영업부 (031) 932-3207
홈   피 | www.nabook.net
이 메 일 | nabook@korea.com / nabook@nabook.net

ISBN 978-89-318-1565-8
책번호 타-1013

값은 뒷표지에 있습니다.